ネクスト・シェア

EVERYTHING
FOR
EVERYONE:
THE RADICAL TRADITION THAT IS
SHAPING THE NEXT ECONOMY
NATHAN SCHNEIDER

ポスト資本主義を生み出す
「協同」プラットフォーム

ネイサン・シュナイダー［著］
月谷真紀［訳］

東洋経済新報社

その経済的奇跡には敬服するが、
私があなたに見せたいのは地域のお祭りだ。

――クリス・マルケル『サン・ソレイユ』［ドキュメンタリー映画。1983年。日本を旅するカメラマンが女性に書き送った手紙を読み上げるナレーションになっている。］

Everything for Everyone: The Radical Tradition that Is Shaping the Next Economy
by Nathan Schneider

序章

公正を志す先駆者たち
——資本主義への挑戦

社長になってもお金持ちにならなかったおじいちゃん

私の母方の祖父は1916年、コロラド州ジョンズタウンのすぐ北で生まれた。ロッキー山脈の麓の乾燥した高地で、はるか西の水平線に山脈が連なる。亡くなる数年前に録音されたカセットテープに、祖父が祖母と当時をめぐって言い合いをする声が残っている。祖母はネブラスカ州リンカーン出身だ。祖父と同じく、ロシア征服下のウクライナで何百年間も暮らしてきた先祖を持つドイツ系移民の子だった。祖父が読み書きと算数を少々覚えたところで学校をやめさせた祖父の両親はむごい、情がなかった、と祖母が愚痴る。すると祖父はとげとげしい口調で言い返す――あの時代のあの場所の生活に「現代の水準」をあてはめるな、当時は一家で借りていたテンサイ農場の壁もない差し掛け小屋で夏も冬も兄弟と寝起きし、夜はわずかな薪を焚く以外は暖も明かりも取れなかったんだぞ。祖父母は同年代で出身民族も同じだったが、当時の町と田舎はまるで世界が違ったのだ(1)。

現代の水準は最終的にジョンズタウン周辺の農家にもやってきたが、それは当然の時代の流れなどではない。リンカーンのような都会には祖母が生まれた頃すでに電気があったが、電力会社はぽつりぽつりと点在する農家に電線を引く気はまったくなかった。電気が来たのはようやく1940年代に入ってから、プードルバレー地方電力協会が拡大したおかげである――プードルバレー地方電力協会は、フランクリン・ルーズベルト大統領が1936年に議会に通した農村電化法により資金調達して設立された、顧客自身が組織し所有する会社だ。協会は現在も協同組合の形を保って運営を続けており、ソーラーファーム［太陽光発電所］を積極的に採り入れている。同協会がその一部を構成する住民所有の送電網は、アメリカ合衆国の国土の約75パーセントに電力を供給している。

祖父は十代の時、兄を頼ってグリーリーに移り住み、自動車部品店で働き始めた。祖父は副業としてドイツ語系移民の農家に電線を引き、彼らにとって初めての洗濯機を販売していた。戦争から復員後は移動金物店のマネージャーとしてキャリアを開始し、やがて重役になり、最後はリバティ・ディストリビューターズ社の代表取締役になった。この会社は祖父の在任中に全国規模の金物会社に成長した。

リバティ社のサービスを受けていた加盟会員は地域の金物卸売会社で、共同で鋸や紙やすりなど地元の店舗や材木店で売れそうな商品を仕入れていた。加盟会社は1社につき1株と1票を所有し、剰余金が発生すれば均等に分けた。つまり、協同組合だ。大規模チェーン店の猛攻が始まってからも祖父が愛した小さな金物店が存続できているのは、ほぼこのような協同組合のおかげといってよい。家族内の謎――おじいちゃんが全国規模の会社を育て上げながら特別お金持ちにならなかったわけも、協同組合モデルからおそらく説明がつく。

リバティ社は1980年代前半に3000社ほどを顧客とし、現在の金額にして年商約20億ドルを稼ぎ出していた。会社の使命は、同社のハンドブックによると、加盟会社の「事業が直面している経済的圧力に対抗したいという常に変わらぬ願いを、協同組合活動を通じて」満たすことだった。[2] リバティ社はまた、エース・ハードウェアのような他の協同組合が規約遵守を求める姿勢に比べると、柔軟な対応をしていた。だがその任務が生き残りであった点は他の協同組合と変わらない。

私の家系に関わった協同組合はリバティ社だけではない。今もグリーリー近郊で農業を営んでいる祖父の甥の一人とほとんど自動運転のトラクターに便乗させてもらうと、作ったテンサイを処理するためフォートモーガン［コロラド州モーガン郡の町］に持ち込む話をしてくれる。彼はウエスタンシュガーコオペラティブ［テンサイ生産者の農業協同組合］の加盟農家だが、この農協はわが家の祖先が移民として1907年にエリス島にたどりついた後、コロラド州に移住するきっかけとなったグレートウェスタン製糖会社の末裔である。[3] 協同組合のおかげで彼は一族代々作り続けてきた作物を今も作っている。

子供の頃、この特殊な事業形態がわが家の歴史とこれほど関わりが深いことを誰も教えてくれな

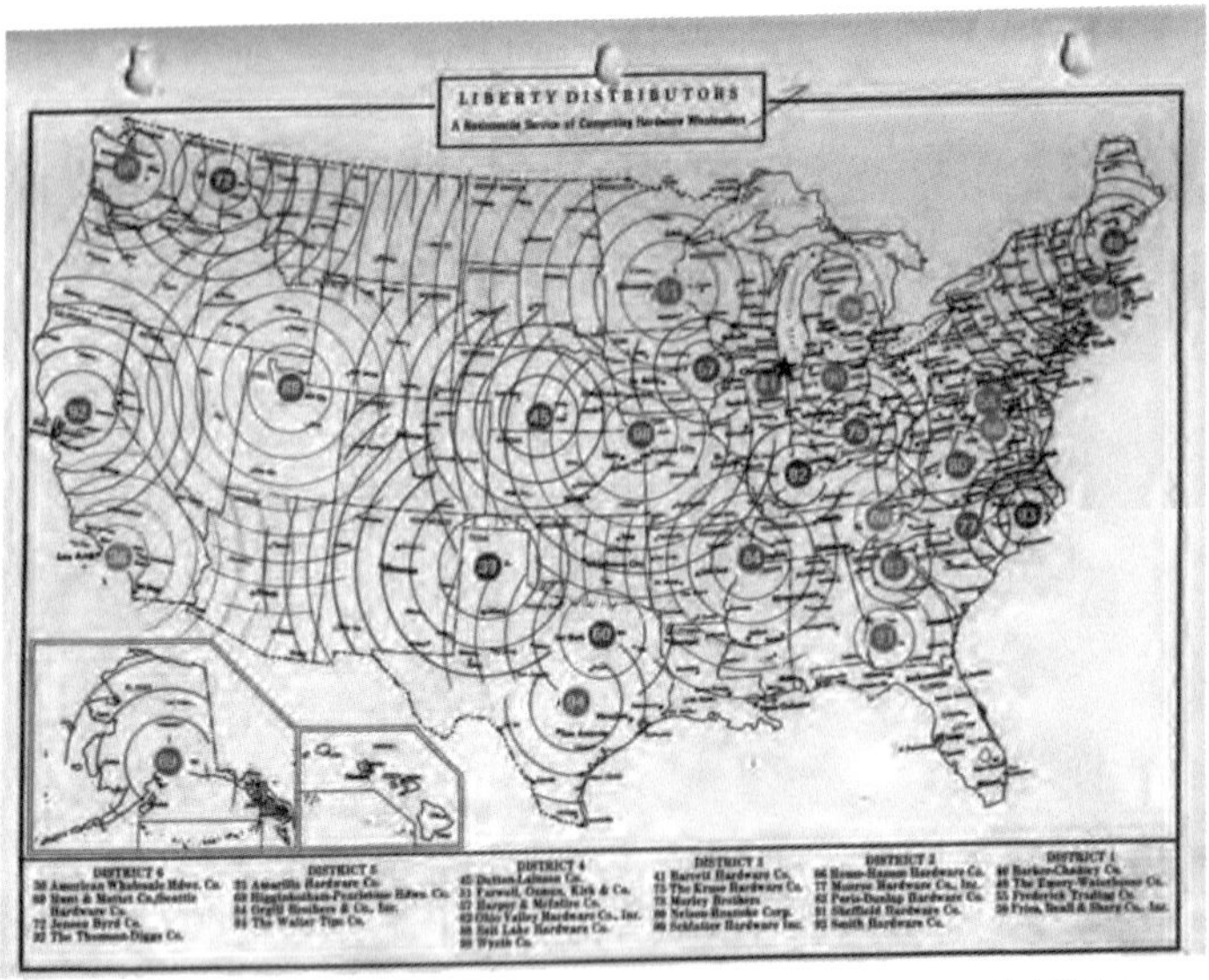

リバティ・ディストリビューターズ社の加盟卸売会社マップ。1980年の同社名簿より

かった。その必要もなかったからだ。会社の形態を問題にする必要などあるだろうか。

1世紀以上を経て、私は今ここにいる。私は東部で育ち、西海岸と東海岸の両方で暮らした後、妻と妻のお腹の中にいる息子とともにニューヨークからコロラド州に転居——Uターン——するめぐりあわせになった。息子は、祖父が生まれた名もない土地から車で1時間ほどの場所で誕生することになった。祖父の時代と比べるとコロラド州はすっかり様変わりし、今ではスキーリゾートや水圧破砕技術［シェールガス開発に使われる］のスタートアップ企業のメッカとなっている。急速に豊かになりつつあるこの地域を支えるのが協同組合事業だ——住宅ローンを貸し出す信用組合、ベビーシッターの時間銀行、消費者が所有するスキーウェアや登山用具のREI［レクリエーショナル・イクイップメント（Recreational Equipment Inc.)、アウトドア用品店〕の店。高地電力協同組合は有名なリゾートタウンのいくつかの開発計画に関与した。だがコロラド州は今も、人々が生活するために自力で経済を創り出さなければならない土地だ。グリーン・タクシーの運転手でオーナーでもある東アフリカ出身者の車に乗ったり、スペイン語しか話さない保育協同組合の組合員に会ったりすると、100年前に移民としてやってきた祖父の両親を思い出す。

　協同組合に注目するようになったのは、家族史を調べたからではない。2011年に始まった「ウォール街を占拠せよ《オキュパイ・ウォールストリート》」やスペインの15M運動などの抗議活動家たちのその後の動きに、レポーターとして気づいたのがきっかけだ。ほとぼりが冷めた後、彼らはまだ変革できていない経済の中で生計を立てるすべを考え出さなければならず、協同組合を作り始めた。助け合いのソーシャルメディア、クラウドデータ、音楽ストリーミング、デジタル通貨、ギグマーケット〔単発の仕事の依頼と請負をウェブ上でマッチングさせるサービス〕など、ソフトウェアでそれを実現しようとする者もいた。だがこの世代は必ずしもデジタル一辺倒ではない。地に足の着いた素朴な仕事で生計を立てるために協同組合を利用する者もいた。

　若き改革者たちは、叩き上げの昔気質で保守的な私の祖父がやっていたのと同じ形態の事業を始めていたのだ。彼らを追ううちに、私はいつしか祖父の足跡を追っていた。

協同《コオペレーション》が生まれるところ

祖父も抗議活動家たちも、19世紀のイギリスで近隣住民同士が組織した小さな団体――ロッチデール公正先駆者組合に由来する原則を掲げていた。この「公正先駆者」たちのほとんどは不当な低賃金で過酷な労働を強いられていた紡績工場の紡績工たちで、彼らは自分たちが決めた価格で小麦粉やロウソクを買える店を設立した。それを実現するための現実的手段が公正な共同所有と共同統治だった。彼らは民主的な方法でコストを節減し、品質を確保し、やがて一つの世界的な運動へとつながる糸を紡ぎ出した。だがどんな運動も時とともにほつれていく。各世代が彼らなりの公正先駆者を必要としてきた。そして公正先駆者たちは自分たちの生活圏をはるかに超え、はるか遠くにまで影響を及ぼせるのだと私は知った。

協同組合は社会秩序が変動し、誰にも頼れないことを人々が自力で解決しなければならない時代に定着しやすい。投資家に電線を敷設する意思がなければ、農民たちは自力で電気を引かなければならなかった。「地元で買おう」が流行る前、大規模小売店と競争するために小さな金物店は協同組合を組織した。雇用主や政府が保険を提供するようになる前は、人々が自前で保険を用意していた。協同組合は、後に当然のものとして普及する可能性のある社会契約の試行版として機能してきた。今また、同じことが起きている。

本書は過去から現在に至るまでの協同の最前線を取材した記録である――仲良くするという一般的

な意味ではなく、サービス対象者に正当な説明責任を負ったビジネスという特定の意味での協同だ。自分たちが働き、買い物をし、お金を預け、あるいは集まる場となるビジネスを、人々がリスクと報酬を分かち合いながら所有し統治できる、そんな経済の長い歴史と現代におけるリバイバルを書いた。それは、私たちが知っている世界がどのようにして生まれてきたのか、そこにどんな可能性があるのかについて、私たちが常識のように語る物語と並行して連綿と続いてきた、顧みられざる伝統だ。新しい協同組合活動家たちは未来を賭ける意気込みで、この伝統を創意あふれるネットワーク化された姿に再編しようとしている。

協同組合事業は源流をたどろうと思えばどこまでも過去にさかのぼることができる。その基本理念の多くは、歴史的にも地理的にも人間の経済活動に普遍的なものだ。これからの各章で、協同組合事業を今追体験している人々の目を通して語られた、歴史の一端を紹介しよう。私たちがやってみさえすれば生活の自治は可能であることを、何百年も受け継がれてきたその歴史は証明している。協同は伝統であると同時に革新であり、地元で生まれながらもそこでは異質なやり方である。それは私の家族史の一部であり、新世代の公正先駆者たちだ。それはフランスの農民思想家ピーター・モランがよく口にしていた「あまりにも古いために新しく見える哲学」だ。(4) それはひそかな復活を私がたまたま目撃し記録したある哲学、理想を追い求める苦労と地道な現実の哲学、何度も繰り返し実行されてきた、なのにいつも忘れられたり実現可能であることを頭から否定されたりする、そんな哲学だ。だが、実現は可能だ。

パンとバラ

祖父が協同組合員であると知らずに私が育ったのは、さして不思議なことではない。第二次世界大戦後、まだ1930年代の労働争議に揺れ、海外の共産革命に戦々恐々としていたアメリカでは、民主主義は選挙だけで企業経営は別、が暗黙の了解になっていた。法律も文化もそれを容認していた。生き残った大半の大手協同組合——リバティ・ディストリビューターズ社もその一つ——は手を尽くして企業社会の秩序に溶け込んだ。民主的な事業者は赤狩りの脅威にさらされて、古き良きアメリカ的資本主義の体裁を装ったのだ。(5)

しかしこの戦略によって、協同組合が創設された本来の主旨が一部なおざりにされることになった。祖父母が若かった頃に活動していた社会改革家たちは、「協同組合共同体《コモンウェルス》」、互いに連動しながらも個々に自治を行う事業体で形成された経済のビジョンを訴えていた。事業体は最も深く関与する人々の手に生産と消費の管理を委ねる。何をどのように生産し、利益をどう使うかはその人たちが決める。コモンウェルスとその形成に至るまでの漸進的に進化するプロセスは、当時右派でも左派でも台頭しつつあった権威主義的な傾向への解毒剤となった。アメリカ社会党から6度、大統領選に立候補したノーマン・トーマスは、1934年に「全体主義のファシズム国家に対する唯一有効な答えは、協同組合コモンウェルスだ」と書いている。農民たちは都市の大企業の勢力に対抗するため、何十年も前から購買と流通を行う協同組合を設立してきた。一方、W・E・B・デュボイスはアフリカ系アメリカ人の協同組合事業の「共同精神」の中にあったコモンウェルスを記録し、称賛している。[6]

これらすべては、ふつうの人々が自分の運命を選べるという信念に基づいていた。当時の労働争議で掲げられたスローガンの中でも記憶に残る一つは、児童労働者から活動家に転じたローズ・シュナイダーマンの言葉だ。「労働者にはパンが必要ですが、バラもまた必要です」。「パン」が賃金という購買力だとすれば、「バラ」は適正な労働時間によって自由な時間――人生を楽しみ自分の手で管理するための時間――を持つ権利だった。シュナイダーマンがこの言葉を語ったのは1912年、クリーブランドの富裕層の女性数百名の集まりを前にした演説の中である。当時の喫緊の問題は婦人参政権で、それがシュナイダーマンの演説のテーマでもあったが、彼女にとって投票権は数年おきに政治家に投票する行動以上の意味を持っていた。それはコモンウェルスの鍵だったのだ。当時シュナイダーマンが組織していた女性労働組合連盟は「職場での自治」を最優先要求事項とみなしていた。労働時間や賃金や参政権をめぐる個々の闘争はその目的のための手段だった。もう一つ彼女が関わっていた国際婦人服労働者組合は、組合員のための共有アパートメントを作ってコモンウェルスを追求していた。[7]

企業以外のあり方

現代の真面目なビジネスピープルは、投資家が所有する企業以外の事業モデルを異常、あるいはありえないとみなしがちだ。だが実は、今普及している事業モデルに先行して別のモデルが存在していた。イギリスでは、1856年に株式会社が法制化される4年前に、協同組合に関する初の法律が成立している。法学者ヘンリー・ハンズマンは、投資家が所有する企業は投資家の利益を誰の利益よりも優先する形にした、協同組合の変種であるという解釈を示した。[8] 今はふつうに思われている事業形態の方がかつては異例だったのだ。いつかそれはまた異例と感じられるようになるかもしれない。おそらく、その違和感はひっそりと戻ってきている。

　複数の調査で、世界の労働者の約85パーセントが自分の仕事に当事者意識を持てていないことがわかっている。一時しのぎの方策として、コンサルタントが企業経営者に架空の「所有権意識《オーナーシップ》」を植えつけよと教えている——それは多くの人々が経済生活の中で従業員としてばかりでなく、消費者としても味わいたいと願っている感覚だ。ウォルマートの「アソシエイト」〔ウォルマートで働く人の呼称〕向け社内ウェブサイトは「マイウォルマート・ドットコム（MyWalmart.com）」だし、スーパーマーケットのアルバートソンズは顧客に「あなたのお店です」と呼びかけるキャッチコピーを使っていた。特筆すべきはハーバード・ビジネススクールのフランチェスカ・ジーノ教授が、従業員が「心理的なオーナーシップ」を体験すると生産性にメリットがあると論文に書いていることだ。海軍ＳＥＡＬｓ部隊出身でエグゼクティブ研修コーチに転身した二人組は「極限《エクストリーム》の・オーナーシップ」を説く。だがこんな建前を守るのは、現実と乖離していればなおのこと難しい。せめて部分的な従業員持株制度（ＥＳＯＰ）を導入した方が効率がよいかもしれない。サウスウエスト航空やＷＬゴアのように会社の株式の一部を従業員が所有している会社はアメリカのビジネスに古くからある伝統だが、それすら経営学の文献にはめったに登場しない。[9] 実に奇妙だ。事業に本当に参加したいという願いをまともに取り上げるのが、なぜこうも難しく思われるのだろうか。

コモンウェルスの足跡

協同組合の新たなフロンティアの取材を始めてから、過去の部分的なコモンウェルスの残滓がまだ自分の周りで生きているのに目がとまるようになった。今では車で走っていると、あらゆるところで記念碑のない名所のようにそれらが車窓をよぎる。殺風景な駐車場でもあたりを見回すと、それらはショッピングセンターに点々とある。コモンウェルスの痕跡はまるで秘密結社のように、表向き現実とされているものの裏に潜む反転した現実のように、経済とはこう動くものとされるルールを拒絶した経済のように、見え始めた。競争市場にさえ隠れているそれらの痕跡の中に、協同組合の強みはしたたかに生き残っている。

一つひとつの事例が、今の世の中の成り立ちをめぐる通説に風穴を開け、競争と利潤の追求が進歩をもたらしたというほら話に異論を突きつける。ノー、世の中には別の原理が働いてきたのだぞ。

ハイウェイを走りながら通り過ぎるベストウェスタンホテルやデイリークイーンやカーペットワン――これらのフランチャイズモデルに購買協同組合が組み込まれているのがわかるだろうか。アンティーク店が営業窓口を兼業したりしているステートファーム保険は、今も自動車保険の契約者が相互に所有する協同組合の形をとっている。ホールフーズマーケットは協同組合が一端を担ったオーガニック食品需要によって成長し、やがて協同組合を飲み込んだが、ホールフーズの中には、そして同社を買収して親会社となったアマゾンの中にさえ、今も協同組合のかすかな影が残っている。路肩を通り過ぎていくバーレー自転車トレーラーに、この会社が労働者所有の協同組合だった時代の軌跡が残ってはいないだろうか。バーモント州でキングアーサー社の製粉工場を、フロリダ州でパブリックスの食品スーパーを、コロラド州北部でニューベルジャンの醸造所を車で走り過ぎる時、私はここで働く人々はアメリカでESOPの恩恵を受けている1400万人以上の労働者の一部なのだと思いをはせる。[10] 農業地帯でソーラーパネル群に出合ったら、そこで作られる電力は地域の電力協同組合の組合員たちに送られており、その資金を融資したのは何キロも離れた町にある資産1000億ドル規模の協同組合銀行かもしれない。食堂で手に取る地元新聞の紙面の半分はAP通信社の配信記事だが、同社は南北戦争前に設立された協同組合だ。農業の町の赤くさびた穀物サイロ、私の住む地域の病院に出入りするクリーニング業者、毎日前を通るブルータリズム建築のビルに入っている信用組合——どれもこれも協同組合だ。

国際協同組合同盟（ICA）の算定によると、大規模協同組合は世界全体で約2兆2000億ドルの売上高を上げ、G20参加国の被雇用者のおよそ12パーセントを雇用している。世界の全雇用の実に10パーセントを協同組合が生み出しているのだ。国連によれば、世界に260万ある協同組合の組合員と顧客は10億名を超え、資産は20兆ドル以上、収益は世界GDPの4・3パーセントに及ぶ。協同組合員——自分が協同組合員だと自覚していない組合員は多いが——の総数の世界第1位は、4万以上の協同組合事業体が本拠を置くアメリカである。[11] ある全国調査では、消費者の80パーセント近くに、選べるなら他の選択肢より協同組合を選択する意向があることがわかっている。[12] 協同組合がどこにあり、どうすればその存在に気づけるのか、私は今なお模索中だ。

民主主義の機能不全

コモンウェルスを構成する協同組合同士も、互いの存在をあまり認識していない。都市部の住宅清掃協同組合の労働者兼所有者は、飼料を共同購入する牧場主のカウボーイ協同組合や、コードを書きまくりながら共有サーバーをシェアしているハッカーには気がついていないかもしれない。私の町にはフェアトレード（公正取引）の香辛料販売店と労働者が所有するメンタルヘルスセンターが隣り合っているが、彼らはお互いが協同組合であることについて話し合ったことがない。慣れてくると、コモンウェルスが見えるようになる。歴史の古い大規模な協同組合の中には、隠すより主張すべきものとして、協同組合としてのアイデンティティを再び前面に出し始めたところさえある。自覚のあるなしにかかわらず、彼らはそれぞれ必要に迫られて民主的な運営に頼ってきた。

経済学者のブレント・ヒュースは、「見失われた市場」がある時、つまり世間の主流のビジネスが満たされていない需要に応えたり隠れた供給を活用したりできていない時に、協同組合は最も発生しやすいとしている。[13] コーヒー業者が環境や労働慣行を悪化させる一方の競争に陥っている間に、労働者所有の焙煎販売会社イコール・エクスチェンジから消費者所有の販売店や世界中に無数にある栽培農家協同組合まで、別の方向をめざすフェアトレード運動を創り出したのが協同組合だった。競合関係にある銀行同士がより信頼性の高い協調を必要とした時、彼らは協同組合としてＶｉｓａや金融取引の通信ネットワークシステムＳＷＩＦＴ（スイフト）を創設した。トップダウンモデルの企業が手を出したがらない分野で、民主的に運営される事業体は創意と柔軟性を発揮できるのだ。

とはいえ、協同は世界経済の中では依然として少数派の論理であり、今日の公正先駆者たちがつまずきながらめざす類の希望はけっして当然のように手に入るものではない。権威主義的で新封建主義的な傾向が各地で新たな人気を得はじめた。さまざまな意識調査によれば、世界中で民主政治への希求が衰退しているという。アメリカの若者は民主主義――少なくとも自分たちが知っているような――では国家をうまく運営できないと考えるようになっている。[14] 協同組合自身もその風潮に飲み込まれてきた。多くの大規模信用組合、電力協同組合、大手相互保険会社などでは創業当時のような組合員の関与がなくなり、経営陣は組合員に自分たちが実は共同所有者であることを意識させない方がむしろ好都合だと思っている。その結果が全般的な組織の停滞であり、時にはあからさまな汚職である。世界が民主主義の力を忘れているとしたら、協同組合もまた同じだ。

政治家が民主主義の普及を語る時、ふつう想定しているのは代議制政治とそれにともなう政治的権利を力ずくないし別の手段でより多くの国々に拡大していくことである。[15] だが民主主義の普及の形は投票権以外にもあるかもしれない。民主主義はシュナイダーマンのバラのように、自由時間が増えるという形で、また職場や市場や地域社会、私たちが生み出す富の変化という形で広がる可能性がある。これまでは存在しなかった社会秩序の層に根を張り始める可能性がある。でなければ、民主主義は観戦型スポーツやテレビのリアリティ番組のように、現実に存在はするが自分の手には届かないものになってしまう。

テクノロジー系の人が運転ナビやオンラインバンキングのように何かを「民主化する」と語る時、彼らが意味しているものは実はアクセスだ。アクセスはすばらしいが、しょせんアクセスにすぎない。アクセスはドライブスルーの窓であって、ドアではない。アクセスは民主主義に必然的にともなうもの――本当のオーナーシップ、統治権、説明責任とともに――の一部でしかない。民主主義はプロセスであって、製品ではない。

アップルはオーウェルの『一九八四年』を下敷きに製作したスーパーボウルのコマーシャルで、パソコンをビッグ・ブラザーに立ち向かう武器として表現した。同じ年の後半、大統領選挙の後に、同社は「民主主義の原則をテクノロジーに適用」し、「一人に一台のコンピュータを」と提案する印広告を『ニューズウィーク』誌に出した。同時期に未来予測の入門書としてベストセラーとなったジョン・ネイスビッツの『メガトレンド』（竹村健一訳、三笠書房、１９８３年）も、「コンピュータはピラミッドを破壊する」、コンピュータネットワークによって「組織を水平的な構造に作り変えることができる」と約束した。[16] しかしかわりに私たちが手に入れたのは、全権を握る株式市場に説明責任を負ったインターネット独占企業が出すアプリだ。私たちが自分の人間関係の管理を許しているそれらの企業は、私たちが代価として自分の個人データを引き渡すことを期待している。インターネットのシェアリング・エコノミーと称するものは、パートタイムの配達ドライバーやコンテンツ・モデレーター「インターネット上の不適切なコンテンツを監視し削除する人」に、かつては労働者が社会契約の一部として期待できた権利を永久に放棄せよと要求する。だが本来のシェアリング・エコノミーは以前からずっと機能してきた。

ロッチデール先駆者たちのルール

2016協同組合国際サミット中、私は開催地の古都ケベックで威容を誇るお城のような外観の豪華ホテル、シャトー・フロントナックでの晩餐会に出席した。ケベック市では協同組合コモンウェルスが特に発達している。多くの住民が典型的な一日を語れば、それは保育園、食品店、職場など、協同組合との関わりの連続になるだろう。会場で、協同組合セクターの世界的な統括団体、ICAの当時の会長だったモニク・ルルーが挨拶をした。代表として出席したカナダの国会議員、閣僚、外国の大使らが、司会者に名前と肩書を紹介されるごとに一人ひとり立ち上がった。その中には、世界中からやってきた協同組合の経営者がいた。スタートアップ起業家やヘッジファンド運営者が台頭する前のエスタブリッシュメント層らしい服装に身を包み、私が以前ニューヨークでゲストとして無料参加した豪勢なチャリティーディナーにも匹敵する料理を楽しんでいる。彼らが経営する信用組合や農業協同組合や卸売協同組合は、世界の経済秩序の無視できない大きな一部だ。これら大手協同組合のトップが投資家所有のコングロマリットのご同類に比べれば報酬は少ない——年俸数百万ドルではなく数十万ドル——と個人的に主張したとしても、エスタブリッシュメントの集まりにつきものの皮肉はここにもやはりあった。

カリフォルニア大学デービス校の協同組合研究者、キース・テイラーがアメリカから私にテキストメッセージを送ってきた。「今頃、組合員や地域社会に奉仕するという、口先だけの空疎なリップサービスをさんざん聞かされているところだろうね」。ご明察だ。

皮肉もひっくるめて、優雅な晩餐会が行われている事実は新たな発見だった。この数年間に私が会ってきた、孤軍奮闘しながら協同組合をゼロから立ち上げている若い協同組合活動家たちのほとんどは、世の中にこんな会合があるとは夢にも知らない。ケベックの現場で、協同組合運動――その最も官僚的な参加者さえこれを「運動」と呼ぶ――が理論上の、あるいはユートピア的な現象ではないのを思い知らされた。私は世界中の協同組合の理事たちに会った。組合の所有者は労働者、農家、預金者、住民、保険契約者などさまざまである。言語も身を包む正装もさまざまだ。一つの集団として見ると共通点はほとんどない。物欲にまみれた世界で協同を機能させるために、彼らが掲げ、時間をかけて磨き上げてきた一連の合意事項のほかは。

ＩＣＡの第１回目の会合は１８９５年、ロンドンで開かれた。この国際運動の定義および指針として採用されることになる原則は、１８４４年にロッチデール先駆者たちが自分たちのために制定したルールが下敷きとなっている。原則は時代を経て進化していった。１９９５年にＩＣＡが承認し、世界中の協同組合の会議室や給湯室の壁に額装され掲げられている最新版は、次の通りだ。

第１原則　自発的で開かれた組合員制
第２原則　組合員による民主的管理
第３原則　組合員の経済的参加
第４原則　自治と自立

第5原則　教育、訓練および広報
第6原則　協同組合間協同
第7原則　コミュニティへの関与

ＩＣＡは「協同組合のアイデンティティ」に関する資料の中で、この原則とともに原則の意味を伝える価値として自助、自己責任、民主主義、平等、公正、連帯を紹介している。[17] この原則と価値に込められたものはたくさんある。その意味は本書でやがて明らかになるだろう。後でまた触れるつもりだ。協同組合の原則と価値は、手法であるとともに記念碑でもある。いまだ完成を見ていない世界的なコモンウェルス全般で、人々が従っている反面、組織的な違反が行われている現実もある。だがそれでも、生きて脈動している心臓部であることに変わりはない。

協同組合の理念の大動脈は参加と管理《コントロール》だ。事業体の利用者は、その事業体を所有し統治する者でなければならない。事業体はその場にいない投機家のための単なる道具ではない。参加者が所有者であったなら、企業は所有者がそこから引き出せるもの以上の価値を持つようになる。協同組合員は個人でも、企業でも、他の協同組合でもよいが、いずれにせよ、協同組合というモデルは全人的な参加を促す。利益以上のものを求める自由がある。

それなりの規模の協同組合は日常業務を回すためにスタッフを採用するが、大きな意思決定や役員選出にあたっては、1人1票がルールだ。投資家所有の企業は持株の数が多いほどコントロール権が増すが、協同組合は投資金額ではなく連帯責任で組合員の価値を測る。組合員は共同所有者として全員が同じ立場で統治に責任を負う。その舵取りに事業の成否がかかっている。だから第5原則として教育が入っている。

このような責任を負うと、目の前の仕事の実務を一生学び続け、自主管理に求められる見識の域をめざさなければならない。協同組合は組合員が良き管理者となるために必要な知識とスキルをたえず与えるものとされている。また、自身の使命とモデルを一般社会に対して広報することも期待されている。この点でも他の多くの点でも、協同組合同士は手を結べる。第6原則は、協同組合に対して連盟を形成し協調することによって力を結集し、その協同を競争市場での優位性にするよう求めている。最後の第7原則に関して言うと、協同組合の所有者は協同組合が活動する場所で生活する人々だから、協同組合が地域社会に及ぼす影響を気にかけてしかるべき理由がある。地域社会は外部性ではなく、ビジネスの一部なのだ。

これらの原則はフィードバック・ループを形成している。一つひとつの原則が他の原則を補強して、組合員と公益に資する実行可能なビジネスを生み出すためにある。だが原則は何も保証はしない。

コモンウェルスの分断

コモンウェルスはかつて活躍していた地域や業界ですっかり勢いを失ってしまっている。協同組合コモンウェルスの歴史を築いた世代と、その存在を知らず自力でコモンウェルスを創ろうとしている新しい世代の間には分断がある。新世代はビットコインで実験を重ねているが、地元の信用組合の選挙で投票しようとはしない。そして信用組合の経営陣はむしろそれを望んでいるのかもしれない。私が所属する信用組合のCEOに、年次総会に一握りの常連以外の組合員たちにも来てほしくないかとたずねると、信用組合はもうそういう運営をしていないと言われてしまった。相互自動車保険会社の年次総会で投票するには、契約書の細かい条項の中から探し出した住所に、いまだに郵便で投票希望の手紙を送付しなければならない。

人々が自分の力を行使するには、そもそも自分たちに力があること、あるいは力を持ちうることを思い出すか、誰かがそれを思い出させなければならない。協同組合は経済から生まれている以上、支援と育成の土壌となる文化に下から支えられ、権限を与える方針に上から支えられている。協同組合は特定の時代に固定され凍結されていない、柔軟性のある民主主義に支えられている。協同組合に活力を与えるのは参加と関与だ。だがビジネスというたしかな基盤がなければ、その価値と原則は無に等しい。

協同は資本主義にあたるのだろうか、それとも別の何かなのだろうか。何人かの協同組合理事は資本主義だと私に主張した。資本主義が経済の中で自由に提携関係を持つこと、あるいは工夫とイノベーション、あるいは事業を立ち上げる苦労、あるいは価格に基づいた論理的判断を意味するのであれば、たしかに協同はそれと重なる。だがもし資本主義が、投資家のための利益の追求を最優先事項とするシステムを意味するのであれば、協同は闖入者だ。協同組合は富だけでなく、参加にも説明責任を負う。協同は資本主義的秩序の反転であるが、とはいえ資本主義的秩序のどまんなかで生き残ることができる。

たしかに、自分が買い物をし、働き、お金を預け、保険をかけている企業の株式に投資する人は多い。だがこのような形の所有は協同組合の組合員であることと同じではない。株式市場にまつわるルールは、所有者が金銭的な利得だけを求めると想定している。例えば、２０１７年にロンドンで発生し71人が犠牲となったグレンフェル・タワー火災の後、この人災に加担した資材供給業者を相手どり、同社の株主は訴訟を起こした――人命被害や倫理軽視に対してではなく、株主が被った損失に対してだ。エクソンモービルの従業員が気候変動リスク情報の虚偽開示をめぐって自社を相手取って訴訟を起こしたのも、そのために下がったストックオプションの価値を取り戻すためだった。[18] 法廷ではそれ以外はいっさい持ち出されなかった。このようなシステムは実際に関わっている生身の人間をゆがめてしまう。資本主義というシステムが見ているのは人間性のごく一部でしかない。資本市場は利益の匂いをかぎわける人工知能のようなマシンを創り出した。システムの中の人々はそのＡＩにかしずかれながら働き、買い物をし、発明し、安らぎさえする。もし私たちが貧困や気候変動のような、市場の外にある生死の問題を引き受けるつもりなら、世界を人間の目で見られる企業が必要だ。

協同組合は工業社会の誕生の一端を担ったのと同じように、これから出現する社会にも一枚噛もうとしている。ベンチャーキャピタリストのイージーマネーから権威主義的な政権と親密な企業まで、次の主流モデルとなりうるさまざまな候補の中に協同組合もある。そして協同組合コモンウェルス誕生の見込みはかつてないほど高まっているかもしれない。ペンシルベニア大学ウォートン・スクールの経営学の第一人者、ジェレミー・リフキンはケベックの協同組合国際サミットで行ったスピーチで、聴衆に協同組合の伝統こそ未来への道だと請け合った。「協同組合はこの新しいデジタル革命の拡大に理想的な場となるでしょう。かりに皆さんが存在しなかったとしても、私たちが今後創り出さなければならないであろうモデルは協同組合なのです」。

社会運動もこのモデルに賭けている。アメリカとヨーロッパで苦境に陥っている労働組合のいくつかが、労働組合的な協同組合という手段で新たな使命と新たな戦略を考案しつつあり、これは100年前には広く見られた労働組合と協同組合の共生を回復する作業といえる。先住民族からフランシスコ教皇まで環境保護を訴える人々は、気候正義と呼ばれるようになった課題の追求にあたって協同に頼るようになっている。人種差別撤廃の闘いにも同じ現象が見られる。例えば「黒人の生命のための運動」は「アクセス権にとどまらない」、経済の「共同所有権」を主張する綱領の「経済的正義」の部で、「協同組合」の同語源語を42回も使っている。イギリス労働党のジェレミー・コービンやアメリカのバーニー・サンダースなど最近になって躍進した政治家たちも、政策に協同組合を掲げてきた[19]。

これは新しい現象ではない。北欧の社会民主主義は広く普及した協同組合とフォルケホイスコーレ[民主主義思想を基にすべての人に開かれた教育機関]を根っことして成長した。1960年代のアメリカ公民権運動は、すでに自分たちの協同組合によって自給自足を成り立たせていた黒人農民たちを動員した。イギリスのインド支配に対する不服従運動で最もよく知られるモーハンダース・K・ガンディーは、糸紡ぎと村の自治という「建設的計画」を自分の戦略の真の中心と考えていた[20]。しかし協同は、特定の政治的見解や政党として限定的にとらえることはできない――私の祖父の時代も今も。

電力協同組合や信用組合はかつては進歩派議員の中に支持者を得ていたかもしれないが、現在では非効率な規制の緩和に積極的な右翼議員に共通点を見出している。民主党も共和党も、２０１６年の党綱領で従業員のオーナーシップを奨励した。若い協同組合活動家には、右派でリバタリアンのロン・ポールに心酔する者をよく見かける。

だがコモンウェルスの実現はけっして必然ではない。私はリフキン以上に資本主義を信頼する。デジタルネットワークはＰ２Ｐ生産者に力を与える一方で、過去に例のないグローバルな独占企業や以前は想像もできなかったような監視を可能にしている。公正先駆者たちが勝つ保証はない。だが彼らは出合った過去の協同の断片からヒントを得て、私の祖父の時代の協同組合の形態にも今の資本家が課してくる責務にも異議を唱える未来を創り出そうとしている。これから私が語ろうとしているのは立派な業績としての協同ではなく、今まさに進行中の協同についての物語だ。

未来の社会契約を作る

新世代の協同組合は従来の協同組合のさらに先に踏み込み、さらに懐の深いことをやろうとしている。協同組合活動家たちが異議を唱えている対象は、協同組合も例外ではなくアイデンティティが重なり合う者同士の中で経済の勝者と敗者をあまりにも簡単に決めてしまう境界線だ。彼らには、ネット時代に合わせて最初の協同組合原則のオープン性を特に重視する、オープン・コーポラティビズムと呼ばれるようになった傾向が見られる。彼らは過激なまでの透明性に果敢に飛び込んでいく。その困難な挑戦に説明責任を負うために、複合《マルチ》ステークホルダーによる複雑な所有権構造を採用する。例えば私が知っている少なくとも一つの協同組合は、「地球」に役員の席を与えている。[21] 新しい協同組合活動家たちは、単に組合員や組合員の周辺にサービスを提供するのではなく、その先にある世界に役立ちたいと願っている。彼らはその証明として、社会的影響に関する基準をクリアした事業者に与えられるBコーポレーション認証を取得する。資産を持たなくてすむことをめざして共有資産をシェアする。

これが協同組合の最先端が志向する場所であるとすれば、めざしているものは一種の逆説だ。協同組合の所有権の手法を使って所有権を消し去ろうとしているのだから。新しい公正先駆者たちには先人たちと同じく大胆なアイデアがあるが、目先にとらわれ、見かけの解放のために堅固な制度形態をおろそかにするリスクも冒している。

哲学者ジャック・デリダの謎めいた口癖に、「やがて来る民主主義」への言及があった。[22] 民主主義はけっして静的な、あるいは安定した条件ではありえないと彼は信じていた。なぜなら民主主義の最も基本的な約束事は、平等と多様性、自由と責任といった相反するもの同士の永久の緊張状態だからだ。私たちは民主主義を完全な意味で手に入れることはないだろう。相克するもの同士を繰り返し生活に練り込み、和解させようと試みながら民主主義をめざす努力の度合いだけが問題となる。例えば、ケベックのお偉方の晩餐会と友人キースからの皮肉なテキストメッセージの間、クラウドサーバー上のデータ共有と昔ながらの所有の間には相克がある。たゆまぬ努力がなければ、かつて民主主義と思われたものは化石化して反応しなくなる。今日の努力から私たちが見出すものが、未来の社会契約を作っていく。

ブレイクスルーがいつどこで起こるかはわからない。もっと進んだ完全形に近い民主主義は可能だという粘り強い希望から、そして人間が自分やお互いの運を信じリスクを取り続けることを通じて、コモンウェルスは生まれる。本書で私はそのリスクと希望の肖像を描こうとした。

目次

第2章 美しい人生のための原則——形成

第3章

もう一つのシェアリング・エコノミー
——破壊か創造か

第4章

分散自律型社会の「ゴールドラッシュ」
——アルゴリズムから「信頼」へ

第5章

スローコンピューティング——「協同」のプラットフォーム

第6章

土地を解放せよ《フリー・ザ・ランド》
――権力と自由

第7章

文明の危機と「所有権」のゆくえ——ピアツーピアとコモンウェルス

第1章

すべてのものが共有されていた
——前史

自由と責任

グレゴリオ聖歌とフリージャズはまったく異質な音楽ジャンルだ。かたや中世ヨーロッパの修道院で、修道女と修道士が聖書の詩を斉唱したことに端を発する。かたや1950年代から1960年代初めにかけて、白人の単一文化の中で暮らしながら同化しなかったアフリカ系アメリカ人が、決まったメロディとリズムを捨て不協和音の自由をめざして発明した音楽だ。これほどまでにかけはなれた音楽形式はなかなか思いつかない。だがこの二つはともに、自治の調べである。

バンドは暗闇の中で演奏している。ステージ上に見える奏者も見えない奏者も、それぞれの仕事をしている。パーカッション奏者はいっときあるビートを叩き、やがて切り替える。アップライトベース奏者はそのビートに合わせてリズムを刻んでいたかと思うと離れていき、数分後に再び溶け合う。ピアノ、サックス、セッションに参加している他の楽器も同様だ。長い間、それぞれがアドリブで独自のテンポとキーを奏でている。そして合流する――各自の気分に従って――一つの意思に全員が従う合奏法を聞きなれた者はほっとする。ハーモニーはそれが前提でない世界ではいっそう輝き、不協和音はやがて固有の美しさを帯びてくる。それは自由の音、強制ではなくみずからの選択によって生きる者の自由な連携の音だ。

フリージャズの影響を受けたアフロフューチャリズムの作曲家サン・ラは、１９７４年の主演映画『スペース・イズ・ザ・プレイス』で「惑星をまるごと念力で動かす」ように曲を演奏せよと提案している。「そうすれば、別種の運命という多重性が持てるようになる。それが唯一の方法だ」(1)。ジャズの音色は即興で作った経済によって生き延びること、自分には合わないルールの世界で生きることに寄り添う音だ。

修道士たちは暗闇に向かって歌う。夜明け前、冷たい石の壁に囲まれた礼拝堂の中。人生で迎えるすべての朝を、彼らは同じ言葉を発して始める。「主よ、わが唇をひらきたまへ　しからばわが口汝の頌美をあらはさん」。神の恩寵によってのみ救われる堕落した罪深い人間に可能なかぎり、声を一つに合わせて。これは務めだ。修道院では聖務日課という。まもなく太陽が昇る。さらに祈りを唱えた後、修道士たちは修道院の周囲にある畑や納屋に出て、礼拝堂での祈りと同じしきたりに従い、修道院の生活を支える肉体労働を始める。

礼拝堂で、修道士たちの多くは疲れているが、戦場の兵士のように互いのために眠らずにいる。12世紀のフランスの写本から発見された短い修道士の詩が、祈祷の最中に眠り込んでしまった若い修道士に対する神と悪魔と修道院長の反応を伝えている。悪魔は修道士の魂を勝ち取れそうだとほくそえんでいる。修道院長は神に助けを求め、神はそんなささいな事故への介入を断る。この出来事を誰よりも真剣に受け止めたのは修道士自身で、彼は凄惨な表現で悔いを述べている。「再び眠り込むようなことがあれば、私は自分の頭を切り落としてもらおう」[2]。

これは相互責任の音楽だ――居眠りしたことへの刺すような恥の感覚も、共通のビートをゆっくりと発見していくことも。これは「オラ・エ・ラボラ（祈り、かつ働け）」、使徒パウロが布教活動を支えるために天幕の杭作りをしていた時代にまでさかのぼる、古来の祈りと仕事の融合だ。これは「クジチャグリア」と「ウジャマー」、スワヒリ語でそれぞれ自己決定と連帯を意味し、奴隷となった子孫に受け継がれた概念だ。音楽はこうしたものたちの一部である。そして再びコーポラティビズムをめざす者たちが活用できる歴史の一部である。

ネオ・トライブな社会

このような本を書く過程には、過去を誰も知らないのをいいことに、先史時代は皆が協同していた時代だったと主張したくなる誘惑がある。人類が登場する以前にまで話を戻し、進化の歴史を持ち出して、生物が生き残るには過酷で孤独な競争ではなく共生と社会性にこそ価値があったと強調することもできるかもしれない。(3) 微小で形も定まらない原初の生命体が役に立つ酵素を食べさせ合っていたり、ボノボ［チンパンジーの一種］が子供の体についた汚れをなめとったりするさまを思い浮かべてみればいい。長く壮大な宇宙の歴史の中で、協同は自然界の事実だった。だが安易な逃げ道には抵抗しよう。それは唯一の事実ではないのだから。神秘に満ちた私たちの起源には、友好と殺し合いがそれぞれに寄与している。どちらかを強調するのでは、少なくとも一面の真実しか伝わらない。

また、多種多様な人間集団に時代や地域を超えた普遍的な事実が存在すると想定して、博物学に類する初期の人間の生態――「原始的な」血縁社会の神話にこだわるのもやめよう。そうした社会は遠すぎるかすでに消滅して久しく、反論できないのだから。結論を言い切るのをためらわない文化人類学者のマーガレット・ミードでさえ、『原始民族に見られる協力と競争（*Cooperation and Competition Among Primitive Peoples*）』と題した書籍の監修から「ある社会の構成員個人の競争行動や協力行動は、基本的にその社会が全体として重視するものによって条件づけられる」――つまり時と場合によるという以上の結論を引き出すことができなかった。だがあえて言うなら、株式仲買人のいない社会、生き延びることが互いを頼り合う少数の人々の日々の活動であるような社会では、経済は私たちがたぶん慣れているものよりも平等主義的な営みになるだろう。現代に新たに出現した協同組合活動家たちが、国籍を超えて連帯する集団を「ネオ・トライブ」と呼び始めたのは偶然ではない。(4)

共有するものをどう管理するのか

ノーベル賞受賞の政治経済学者エリノア・オストロムは、世界中のさまざまな共同体が、「共有資源（コモンズ）」と彼女が名づけた、共有し共同使用する物資をどのように管理しているかの研究に数十年を費やした。こうしたシステムが管理する対象は漁場、森林、水路、あるいは多数の戦略と何百年という時間を経て形成された知識体系かもしれない。オストロムはこのようなシステムに一定の特徴が見られることに気づいた。序章で紹介した協同組合の原則と響き合うかのように、彼女も7つの主要な「設計原則」を特定した。

1. 境界が明らかであること
2. 地域のルールが地域的な条件およびニーズと一致していること
3. ルールの影響を受ける者がルールを変更できるメカニズムがあること
4. 参加者の行動に対する監視がなされていること
5. 違反者には適切な制裁が与えられること
6. 紛争解決のプロセスが備わっていること
7. 自由で柔軟性のある自己組織［自発的に秩序が形成されていく組織］であること(5)

これらにオストロムは、大規模システムのための第8の原則を追加している。すなわち入れ子構造であること、小さな集団の中で行われる小さな意思決定は、課題が大きくなるごとにその集団より大きな組織に順々に従っていくこと——連合の原則である。この原則は、オストロムの他の原則と同様に、現代の協同と重なる部分が大きい。オストロムの発見はこの問題に関する膨大な先史時代の存在を示唆している。

孔子の書に出てくる金融互助会からアフリカの隊商まで、協同組合の先例は世界中に見られる。だが本書で今から考察する系譜は、地中海周辺に形成された諸文明に端を発し、世界的な経済秩序に特異な影響を与えるに至ったものだ。例えば古代ユダヤ教エッセネ派の共同体はいくつかの点において、現代のイスラエル国家の建設に寄与した農業共同体「キブツ」の前身となった。同様にイスラム教も、公益のために永久的に財産を共有する「ワクフ」の原則や、相互保険制度「タカフル」を制定した。このような制度は古代ギリシャの宗教結社から古代ローマの埋葬組合まで、地中海沿岸地域一帯に存在した。ユリウス・カエサルが禁止しようとしたほど、国家を転覆させかねない力を持っていたのだ(6)。

キリスト教会における管理

コモンウェルスの痕跡は初期のキリスト教会にとりわけくっきりと見ることができる。『使徒行伝』でイエス・キリストが去り、信徒が自分たちで活動するようになってまもなく、財産の共同管理を始めるところが2度出てくる。1度目が第2章の次のくだりだ。

みんなの者におそれの念が生じ、多くの奇跡としるしとが、使徒たちによって、次々に行われた。信者たちはみな一緒にいて、いっさいの物を共有にし、資産や持ち物を売っては、必要に応じてみんなの者に分け与えた。(7)

同じ慣行は第4章で再び出てくる。ここでさらに人々が「奇跡としるし」を体験した直後、「信じた者の群れは、心を一つにし思いを一つにして、だれひとりその持ち物を自分のものだと主張する者がなく、いっさいの物を共有にしていた」と記されている。続く章で語られるのはアナニヤとサッピラの話だ。2人は地所を売って得たお金の一部を共同体からごまかそうとして突然息絶えた。この話の最後に再び、「多くのしるしと奇跡とが、次々に使徒たちの手により人々の中で行われた(8)」。この世における神のわざを体験することと、キリスト教共同体のメンバーが財産を共有することは、明らかにリンクしている。その取り決めの中で不正なふるまいをすれば、恐ろしい結果をもたらす。アナニヤとサッピラの教訓は、その様子を祭壇画に描いたローマのサンピエトロ大聖堂にある「虚偽の祭壇」から警告を発している。

次の章で、使徒たちの共同体はさらに成長の痛みを経る。十二使徒は資源管理の仕事がもはや自分たちの手に余ると考えた。寡婦への配給がおろそかになっていたのだ。そこで使徒たちは共同体に、信頼のおける代表者を7人選び出して配給をまかせるよう依頼した。(9) 彼らの協同には、それなりの規模がある現代の協同組合と同じく、理事会の選任が必要だったのだ。

聖書に残されたこの協同組合の痕跡は、キリスト教世界がきわめて帝国的な様相を帯びるようになっても、たびたび復活して立ち戻ってくる。修道院が最初に出現したのは4世紀、コンスタンティヌス帝がイエス・キリストをローマの神として公認した直後だ。熱心な信者たちは堕落した帝国を離れ、簡素な共同体の中で孤高の信仰生活を送ろうと砂漠に逃げた。彼らの間で十二使徒の経済思想が再び現れた。5世紀初めの北アフリカで聖アウグスティヌスが記した修道規則は、修道士に「私物を持たず、すべてを共有せよ」と指導している。約100年後のイタリアでは、ヌルシアのベネディクトゥスがさらに踏み込んだ内容の戒律を著し、「修道院の中で大事なことを行う際には必ず、修道院長が全員を招集し」、決定する前に皆で話し合いをするよう定めている。[10] 聖ベネディクトゥスの戒律では共同体で修道院長を選出し、共同体は分担作業を行って自活することと定めている。いずれの会則も、民主的な協議より修道院長ないし女子修道院長への服従を重んじている。だが平等精神と共同経済を命じてもいる。

修道規則の精神は13世紀の托鉢修道会でよみがえる。この時代には裸足で説教して回る修道士らがヨーロッパ中に現れ、その清貧ぶりが教皇庁や裕福な修道院の贅沢な暮らしぶりと対照をなした。アッシジの聖フランチェスコの友人で同志でもあったアッシジの聖キアラは、フランチェスコ修道会の修道女たちのために書いた会則に反体制的な自治の手段を潜ませた。キアラの修道会に対して教皇インノケンティウス4世が提案した修道規則の草案では、修道女たちが選出した女子修道院長が男子修道会会長の承認を得るべしとしていたが、聖キアラは最終稿でこの規定を削除したのである。また彼女は、修道女たちが集まって過ちを告白し「修道院の福祉」を話し合う週1回の集会――教皇が女性には不要と考えていたらしい――の実践を加えた。キアラはこのプロセスに共同体の全メンバーが参加することを強調し、「主はたびたび、私たちの中の低きものにこそ何が最善であるかをお示しになります」と記している。[11]

キアラとフランチェスコの活動が影響力を増すと、教会の指導層はその管理方法を模索した。最大の争点となったのは、フランチェスコ会の共同体に所有権を認めるか、徹底した清貧を貫かせるかだった。[12] 初期のフランチェスコ派の学者の中には、修道士は食物や衣服などのモノを使用はしても所有することにはならない、と高度な法律上の主張を展開する者もいた。彼らはその根拠として、最初の人間が全世界を共同管理した原始の状態、エデンの園の経済を持ち出した。しかしこの戦略は失敗に終わり、教会法は修道会に私有財産の所有を求めることになった。欲にまみれた外部の世界からフランチェスコ派の清貧と共同体としての独自性を守るためには、所有が不可欠だと教皇庁は考えたのである。

共有するために所有するとは矛盾に思われるかもしれないが、これは初めて出てきた問題ではない。カノン法大全として800年にわたり教会統治の指針となった12世紀の『グラティアヌス教令集』は、「すべてのものはすべての人の共有である」としている。少なくとも自然法に照らすと財産の私有は逸脱した行為だが、ただし堕落した人間社会の条件下では必要な取り決めである。この逆説は財貨の普遍的使用目的と呼ばれるようになり、現在のカトリックの教理問答にも入っている。[13]

財貨の普遍的使用目的。なんと奇妙な言葉だろう。それによれば万物は――結局のところ、たとえ今ここにいる私たちには実行がほぼ不可能だとしても――何がどうあれ万人のものであるという。この言葉は実際的なビジネスモデルを提示するふりはしないが、しかしあらゆる暫定的な専有ビジネスに対して、公共のものという本来の事実を何らかの形で反映させよと求めている。とうてい不可能な期待と思われるのに、それは何度も立ち戻ってくる。

アンモナステリーの実験

イタリアのマテーラにある洞窟住居「サッシ」には、9000年前から人が住んでいたと言われている。渓谷沿いにそそり立つ険しい崖に、石をくり抜いてできた住居の正面が不ぞろいな段状に連なる。第二次世界大戦後、サッシはイタリア有数のスラムとして悪名をはせるようになり、政府は高台の現代的アパートメントに住民を移住させた。以来数十年間、古代の洞窟住居は無人のままだった。ピエール・パオロ・パゾリーニとメル・ギブソンが、それぞれイエス・キリストをテーマにした映画のロケ地に使っている。1990年代になって、教養ある不法占拠者のグループが住み着いて修復を始め、活気がなかった町に観光産業への道を拓いた。ユネスコが洞窟群を世界遺産に認定し、今ではマテーラのパトカーの側面には「チッタ・デイ・サッシ（サッシの町）」と誇らしげに書かれている。しかしマテーラの6万人の住民の大半が暮らしているのはロマンあふれる過去ではなく、グローバル経済の中で自分たちの居場所が見えかねている現在だ。満足のいく待遇とやりがいのある仕事は見つかりづらく、若者は町からどんどん流出している。

2014年初めに、マテーラの古代洞窟はある実験の場となった。「アンモナステリー［unMonastery, monasteryは修道院の意〕」の初の試みである。ヨーロッパと北米の各地から10名ほどの「アンモンクス〔unMonks, monkは修道士の意〕」がここに移り住み、数百名がネットでその生活の行方を追った。自分たちの生活を商品化《コモディティ》し監視下に置きつつあるテクノロジーに対してコントロール力を取り戻そうという、不遇な世代のドン・キホーテ的な希望を背負った実験だった。修道院は中世の暗黒時代に学者や発明家、そして書く技術をひそかにかくまい、文明を守りぬいた。教条主義や鞭打ち苦行抜きのアンモナステリーなら、人を自由にするインターネットの力を生きながらえさせられるのではないか。

アンモナステリーの萌芽は2011年にさかのぼる。欧州評議会の何やら不穏な響きのある「社会的結束研究および早期警告部門」が、その長の言葉によれば「社会不安の度合いについて理解を深めようとした」。この国際機関がスポンサーとなり、人々がソーシャルネットワークと一連の会議を通じて活動する「公開分散型シンクタンク」が生まれ、やがて「エッジライダーズ」と呼ばれるようになった。誰でも参加できるが、ふたを開けてみれば集まったのはほとんどが、テクノロジーに長け起業家精神のある、ほぼ西欧出身の若者たちだった。彼らを結びつけたのは政治的イデオロギーではなく、緊縮経済という行き詰まった状況と、よりよい今後を考え出せるのではないかという希望だった。彼らは経済危機についての報告書を出し、それを「未来へのガイド」と呼んだ。まもなく評議会からの資金援助は終了したが、エッジライダーたちはオンラインネットワークとして活動を続け、メンバー数2000名を超える法人組織となった。そして「オープン・コンサルティング」ビジネスを行う会社として頭角を現すようになる。

エッジライダーの小さなグループが2012年6月にストラスブールで初顔合わせをした後、教会を目の前にワインを飲みながら、アンモナステリーの構想を描いた。こんなアイデアだ。満たされていないニーズと使われていないスペースがあって、若いハッカーたちのグループに建物を貸してくれる場所を見つける。安く共同生活をしながら、地元の人々と一緒にオープンソースのインフラを構築しよう。それを繰り返して、ネットワーク化しよう。

アンモナステリーのビジョンはエッジライダーたちの間に口コミで広まった。それは多くの人々が抱いていた切実な願いにぴたりとはまった。ほころびの出た秩序に代わる別の現実的な選択肢を考え始めようという動きは、欧米各地で抗議運動が勃発していたことにも表れていた。米国家安全保障局（NSA）のエドワード・スノーデンが機密情報を暴露して内部告発したり、ハッカーのアーロン・スワーツが自殺に追い込まれたり、サンフランシスコでハイテク企業の通勤バスに対する運行妨害が行われたりしたのも同じ時期だ。グーグルは世界最大のロビイストに名を連ね、アマゾンのCEOジェフ・ベゾスはワシントン・ポストを買収した。インターネットはもはやポスト政治的サブカルチャーを自任することができなくなった。それ自身が帝国になったのだ。

テクノロジーがコンスタンティヌス帝のような権威の絶頂に達すると、かつての宗教用語が、失われた純粋さへの回帰を、シリコンバレーとは対極をなす逃亡先としての砂漠を提示するように見え始めた。テクノロジー系のカンファレンスにボンネットをかぶった「アーミッシュ・フューチャリスト」が現れ、あたかもインターネットのない世界からやってきたように、著名な指導者らに究極的な意味を問いかけるようになった。アリアナ・ハフィントンは自社開発のストレス管理アプリ「魂の

アンモナステリーの入った洞窟住居の外での晩餐

GPS」を収益化した。

アンモナステリーのアイデアは1年半かけて進展し、成長していった。エッジライダーたちはソーシャル・イノベーション、ネットワーク解析、オープンソースなど、愛用の概念的な語彙を持ち寄った。またハッカースペース、メーカースペース〔いずれもハッカーが集まって共同作業するコミュニティ〕、コワーキングでの経験も持ち寄った。オープンデータ提唱者でエッジライダーのリーダー的存在だったイタリア人のアルベルト・コッティカは聖ベネディクトゥスの戒律を熟読し、これを書いた人物はネットワーキングに長けた、エビデンス重視型のソーシャル・イノベーターではないかと気づいた。

「修道院はそれぞれが主権を持った機関で、修道院の間にヒエラルキーはない」とコッティカはエッジライダーズのオンラインディスカッションで説明した。「戒律は修道院に共通の通信プロトコルの役割を果たしている」。彼はベネディクトゥスをウィキペディアの創設者ジミー・ウェールズやオープンソースのOS「Linux（リナックス）」の創始者リーナス・トーバルズになぞらえた。「戒律は実に優れたオープンソース・ソフトウェアだった――今でもだ」。

コッティカはマテーラが欧州連合（EU）に欧州文化首都を申請したことをブリュッセルで知り、エッジライダーズにとってチャンスと見た。申請提案は「古き未来」を中心テーマに「忘れられた場所、現代の周縁に追いやられがちだが、今も本質的な深い価値の担い手であり続ける地域に、声を与えるために」と謳っていた。申請を担当する委員会が、ヨーロッパ中に支持者が広がっていたアンモナステリーのコンセプトをマテーラのポートフォリオに加える意義を認識するようになった。マテーラは小規模な洞窟の集合住宅と、旅費および4カ月間の生活費として3万5000ユーロを提供することに合意した。滞在期間は後に6カ月に延びた。

アンモナステリーの「不遜」なテックカルチャー

当時「アンアボット［Abbotは修道院長の意］」としてアンモナステリーの長を務めていたのはベン・ビッカーズだった。きれいに刈りそろえた髪の両サイドに白髪が混じり、バンドカラーの黒いシャツとフード付きの黒いコートがトレードマークの27歳だ。ビッカーズはロンドンのサーペンタイン・ギャラリー［近現代アート専門の美術館］で「デジタルキュレーター」の職をまがりなりにも維持しながら、アンモナステリーの理論形成と調整役を担っていた。多種多様な意見を消化してまとめ、メンバーがコミュニケーションに使っていたオンラインプラットフォーム上にドキュメント化する彼の能力は、おおむね皆から高く評価されていた。ビッカーズはジョージ・マイケルの曲を大音量でかけながら朝食の支度をし、失敗の予感の中にも一筋の光明を見出していた――おそらく終わりが見えた無政府主義者たちの根城で過ごす間にそういう心境が出来上がっていったのだろう。ドキュメント化は失敗すら克服できると彼は信じていた。他の人たちがその試みを検証して工夫を加え、再挑戦できるのだから。

アンモナステリーの中庭となった場所から見える、渓谷を隔てた向かいの崖の岩に穿たれた洞窟の暗い内部には、教会や僧院として使われていた時代の壁画の名残りがまだある。かつてそこで暮らしていた修道士や修道女たちが毎日守っていた規則正しい祈りの時間のかわりが、アンモナステリーのドキュメント化だった――どんなオープンソース・プロジェクトでも忠実に行われる基本行動だ。アルゴリズムがコピー、改変、再配備できるようにするためには、徹底した透明性が確保されなければならない。修道士は祈りを通じて神に自分をさらけだす。アンモンクスはネット上に自分たちの活動を公開する。

ドキュメント化の一部は外部向けだった。アメリカ出身の映像作家マリア・ジュリアナ・バイクは、マテーラ住民《マテラーニ》が互いにつながって連携しやすくすることを目的として、マテーラの町の共有資源をマップ化するプロジェクトに取り組んでいた。町内の交通機関の時刻表を対象にした「アントランジット［乗換案内］」アプリの製作や、オープンデータを紹介するワークショップが行われた。マテラーニのために手がけられていたプロジェクトには、太陽光発電用のオープンソース太陽光追尾装置、オープンソース風力発電装置、アンモナステリーの洞窟住居で開催された大人と子供向けコーディング教室もあった。

リアルな修道院と同じく、アンモナステリーの熱意の多くはこまごまとした日常生活の精査に向けられた。これにとりわけ執心したのは、エルフ・パブリクという名の、髪をポニーテールに束ねた31歳のソフトウェア開発者だった。彼は5年間お金も身分証もいっさい使わない生活をしてきた。彼は同じような純粋さで、食べ物からタンポンまで、モノの入手と消費をもっともっと精密にドキュメント化しろと仲間たちに熱心に説いた。お金ではなく資源そのものを単位として予算配分する力が身につくようにというのだ。オープン・エナジー・モニターというソフトウェアパッケージを使って、彼らはアンモナステリーの電力消費を部屋ごとに1分単位で記録した。

もっと長い単位の記録を担当したのは、カナダ生まれでノルウェーに国籍を移したベンボ・デイビーズだった。すでに妻を亡くし孫のいるデイビーズは現役時代、サーカスや舞台の仕事をしていた。彼が格調高い文章でWordPress（ワードプレス）のブログを更新した。それに付随する物理的エビデンス――骸骨の間取り図、頭のないマネキンの胴体――を提供したのはアーティストのカタリン・ハウゼルだ。彼女は母国ハンガリーで公的歴史の再編纂に参加した経験がある。2人はアンモナステリーが始まって数カ月の時点ですでに、これは200年続く歴史の始まりだと語り合っていた。200年くらい、1000年前からあった場所で展望してもたいした長さに思われなかった。

アンモナステリーが絶壁の上に立っていたというのは物理的な意味だけではない。アンモナステリーは不遜なテックカルチャーを代表する使者であると同時に、救済をめざす我慢強い試みでもあった。数百年先を見据えた計画を立てる一方で、アンモンクスはアジャイルソフトウェア開発の1度に1歩ずつという精神を実践していた。朝食が時間通り用意されなかったり、自分たちが果たしてマテーラの役に立てているのかと不安にさいなまれたりすると、彼らは「すべてはプロトタイプなのだから」と互いに確認し合った。

私が寝起きをともにした洞窟での日々には、取材に応じてくれた主宰者が自分たちの経験に詰め込もうとした、古いものから新しいものまでさまざまなリアルがあふれかえっていた。テックカルチャー、修道院の文化、非営利組織の文化、地元の文化、美術界の文化、抗議運動の文化、起業家の文化、不況の文化――すべてが数カ月間と限りある予算という枠の中にあった。期限付きというはかなささえなければ、協同組合を名乗ることもできたかもしれない。明晰さへの希求は、キリスト教修道院の始祖である、砂漠で隠遁生活を送った人々の言葉として残されているものとそう違わない。かつて、自分たちがやろうとしているのが何なのか本当にわかっている者は誰もいなかった。逸脱者とも言えたかもしれないいにしえの隠遁者たちは、考えられるかぎりのありとあらゆる形で「私たちはここで何をしているのか」を互いに問い続けたのだ。

修道院の戒律は、会社の内規のように規律を作った。戒律は生身の人間の現実を取り込んだ一定の型を与え、そのおかげで私たちは物事を進めて継続したり、どうしても避けられない理想への情熱の不安定な上下を許容したりできる。だが規律は具体的な取り組みなくしては意味がない。このような常識から逸脱した手探りの挑戦の物語がなければ、協同組合の過去を理解することも協同組合の未来を想像することもできない、と私が考えるのはそのためだ。たいていの物語がそうであるように、結末はたどりつくまでわからない。そもそも結末があるとすればだが。

プロトタイプの行方

風の強い5月のある日、アンモナステリーが入った洞窟住居の1階を突風が吹き抜け、興奮と希望で熱く盛り上がったミーティングから生まれた、色分けされた付箋と手書きのポスターを壁からさらっていった。付箋とポスターに書かれていたのはスケジュール、原則の箇条書き、覚えておきたいスローガン、やることリストだ。例えばエッジライダーズの信条であるドゥオクラシーの格言、「その仕事を担当している人が責任者になる」。これらの遺物はどうやら拾い上げるモチベーションを喚起しないまま、数時間床に放置されていた。

アンモナステリーの最初の数週間は修道院的なルーチンがあった。決まった時間にグループで輪になって座り、気持ちを共有したり気になることを話し合ったりしていた。ドローンを飛ばして撮影した、ベンボ・デイビーズの指導による演劇的な朝のエクササイズの動画も残っている。しかし5月には車座のミーティングもエクササイズも無期限休止の状態になっていた。

ある朝、7時の起床ベルが30分遅れで鳴った後、デイビーズは下着一枚でシャワーに向かいながら「われわれは原始時代に戻ってしまっている」と愚痴った。彼はブログで、持ち込んだノートパソコンを皆がまたぞろ「自分のだ」と言い始めるようになったと嘆いた。ベネディクトゥスの戒律は私有を厳しく戒めている。「何にもまして、この悪しき慣行を修道院から根絶やしにし、取り除かなければならない」[14]。

数カ月目に入ったアンモナステリーのコミュニケーション事情はプラットフォームが乱立し、その多くが内部向けと外部向けの区別が定かでない専用プラットフォームというありさまだった。エッジライダーズの公開ウェブサイト、Trello（トレロ）［タスク管理アプリ］の公開掲示板、非公開のグーグルグループ、グーグルドキュメントファイルで満杯になった公開フォルダーなど。エルフ・パブリクが設計し「思想的にコーディングした」アンモナステリーのウェブサイトはあまりにも時代遅れで使いづらかったため、フェイスブックページが外界とのメインの情報共有手段になっていた。あるアンモンクは以前はずっと主義としてフェイスブックの利用を拒んできた。彼がアカウントを開設せざるをえないと感じたのは、オープンソースを前提としたこのハッカー共同体に参加してからだ。オープンソースの生き方を掲げたアンモナステリーのビジョンは、所有を大原則とする世の中の現状の縮小版にあやうくなりかけているように見えた。

何が本当の問題か、堂々めぐりの議論が交わされた。儀式を守らなくなったことだろうか。朝のエクササイズを再開する試みがなされては頓挫した。マテーラの人々との絆ができていないことだろうか。なぜ市が外国人グループの支援に資金を出すのかと地元住民の間に不満の声があるのは彼らもわかっていた。ソフトウェアが多すぎるのか、それとも足りないのか。離れて住むアルベルト・コッティカがエッジライダーズのプラットフォームを通じて、リアルの社会的交流よりもテクノロジーにとらわれていると注意してきた。自治のルール、ルールの有無そのものについても意見がまとまらな

ソフトウェア開発者のエルフ・パブリク。アンモナステリーのキッチンにて

かった。マテーラ住民としてアンモナステリーと連携していたリタ・オーランドは偏った内容のミーティングにしびれを切らし、「ここは会社じゃないけど、会社的な物の考え方をしてみましょうよ——お願い！」と懇願した。少なくとも会社なら、誰かにとって価値のあることを手がけなければならない。

　実験の最後の2カ月はイベントが目白押しとなったのがせめてもの救いだった。「迷いという名の悪魔がほぼ退散し、労働意欲のエンジンが快調にうなりをあげている」とベンボ・デイビーズがいつもの凝りすぎた名文で最後の日々を報告した。パブリクが新たなハッカーの精鋭集団を一時的に呼び入れ、数十名の地元の子供たちがコーディング教室に参加した。マテーラの路上での「共同昼寝《コ・ナッピング》」実験の動画が、一部のマテラーニには眉を顰められながら、ネットでバズった。風力発電装置と「アントランジット」のプロジェクトは独自のプロトタイプとして巣立とうとしており、アンモナステリーのプロトタイプが終了したとしてもそれぞれ継続するだろう。地元の若者グループがアンモナステリーについてのドキュメンタリーの編集を始めていた。ベン・ビッカーズはアンモンクスの熱い記録をかき集め、「アンモナステリー ＢＩＯＳ」にまとめた。ＢＩＯＳというネーミングの由来はコンピュータの初期化用ファームウェア――将来のイテレーション〔短期間の開発を繰り返しながら機能を充実させていくプロセス〕を想定し、教訓と設計パターンを詰め込んだボックスだ。彼の言葉には大言壮語と謙虚さが代わるがわる見える。エッジライダーズのウェブサイト上のあるスレッドには、「僕にとってアンモナステリーは世界の苦悩を解決するために企画されたユートピア・プロジェクトではなく、消火栓の発明という規模感で機能するものだ」と書いている。

リタ・オーランドはアンモナステリーがやってくる前からマテーラに居住しており、アンモナステリーが去った後も残った。実験のその後に彼女はもどかしさを感じていた。町の人々からは世間知らずな外国人が変わったことをやったという見方が大半で、プロジェクトの将来性やビジョンが伝わっていない。「時間があまりにも足りなかった」とオーランドは語った。

２０１４年末に、少なくとも多少はアンモナステリーの功績で注目されたおかげで、マテーラはＥＵから２０１９年の欧州文化首都の一つに選定された。アンモンクスのうち何人かは町にとどまり、他の者はギリシャで新たなアンモナステリーの開設に挑んだ。アンモナステリーが移転可能なプロトコルなのか、使われていないスペースと世の中の役に立ちたいと願いながら活躍の場がない人々のいる別の場所にも展開できるのかどうかを、今も見定めようとしているところだ。その一方で、高齢化の進む多くの宗教団体が、空いた建物を伝統の核を守りながら今どう活用しようかと知恵を絞っている。

頭についた「アン」には過去の欠陥を排して新たな始まりを画すという意味があるが、いつまでもすべてを否定して再創造し続けることはできない。いにしえの修道士たちもそれを学ばなければならなかった。最初は砂漠の隠遁者たち、次にベネディクト会の修道士たち、そしてフランチェスコ会の修道士たちはいずれも俗世から離れたものの、やがて続いてゆく世の現実の一部となった。マテーラで生まれたプロトタイプの特色を持ち、精神性と社会性とテクノロジーを兼ね備えた組織が、納得して名称から「アン」を外し、単純にモナステリーを名乗る時代がいつか来るかもしれない。

暗喩《メタファー》は当座をしのぐうえでそれなりに役に立つ。遠い中世は新しい協同組合活動家たちにとって暗喩に事欠かない。修道院が俗世間から魂を隔離しようとした一方で、俗世のただなかで魂に奉仕した組織もあった。そのような組織では、『使徒行伝』をなぞるために別の戦略が必要になった。

産業革命の後遺症

マテーラに滞在した数カ月後、私はマンハッタンのヘルズキッチン地区にあるビルの屋上にいた。そばでは差し渡されたI型鋼材やどこかから持ってきた梯子の上でクリス・チャベス、ジェローン・スー、ダン・テヨンがくつろいでいる。私たちは彼らが創設した新しいコワーキングスペースと世界の歴史について語り合った。二十代後半から三十代前半の3人は、ビルの改修工事を監督しているところだった。1919年にガレージとして建てられたこのビルは、地下がアートスタジオ、1階が間仕切りのないオープンスペースのオフィスとカフェ、2階がワークショップや瞑想用の部屋に変えられようとしていた。建設作業員らが通りかかると、チャベスは一人ひとりの名前を呼んで挨拶した。

3人は世界史の中で自分たちの計画をどう位置づけているかを話し始めた。「産業革命の後遺症を克服するまでに数百年かかった」とチャベスは言った。その後遺症はデジタル時代に入っても尾を引き、直近では迫りくる自動化の波によってもたらされた不安定さという形で顕在化した、と彼は説明した。産業革命前のテンプレートに再び光を当てるべき時だ、と彼らは信じていた。3人は、スーが数年前に立ち上げていた小さな非営利組織「プライム・プロデュース」を、中世のギルドをモデルに復活させることにした。

彼らがこの着想を得たのは前年の春、ニューヨークからメトロノース鉄道で北に1時間ほど離れたブルースターでエコフェミニズム活動をしている米国聖公会の修道女たちのコミュニティ「ブルーストーン・ファーム」の敷地を借り、起業家のためのリトリート〔忙しい日常から離れて過ごすプログラム〕を開催した時だった。数年前からさまざまな形態の起業に関わってきて、同世代の変わりゆく労働条件に最も適しているのはどんな組織だろうと3人は模索していた。労働組合も商工会議所も、安定した職があることをあてにできない世代にはそぐわないように思えた。ブルーストーン・ファームの向かいに住んでいた牧師でエグゼクティブコーチでもあるレン・リム師が、チャベスと仲間たちにギルドを参考にしてみたらとヒントをくれた。

新しいギルド

1000年代に入った頃からフランス革命までの間、ヨーロッパの都市経済を成り立たせていたのがギルドだった。ギルドとは独立自営の職人たちの組合で、自分たちの技能の水準を定め、その仕事を中心とする活発なサブカルチャーを醸成した。通常は特定の管轄区域内で職の法的独占権を有し、例えばギルドの組合員が町内の石の彫刻をすべて請け負ったり、鍛冶の市場を統制したりしていた。また組合員同士には相互扶助も求められた。カンザス大学の歴史学教授スティーブン・A・エプスタインは『中世ヨーロッパの賃金労働とギルド（*Wage Labor and Guilds in Medieval Europe*）』で、支払いを怠った顧客がいれば組合員が団結して仲間を援護し報復することを義務づけていた10世紀のギルドを引き合いに出している。「組合員は互いに対する忠誠の誓いを立て、亡くなった仲間の遺体を指定された埋葬場所に運び、葬儀後の宴会の食事の半分を供する約束をした」とエプスタインは記している。(15) プライム・プロデュースの立ち上げメンバーの1人によれば、チャベスはエプスタインの著書を片手に勧誘してきたそうだ。

この新ギルドの10名余りのメンバーには葬儀保険を用意する予定は今のところなく、特定の職業や業界に特化してもいない。メンバーの顔ぶれは建築家、会計士、飲食販売業者、画家もいる。コワーキングスペースは通常、会社が運営して会員が利用料を払う。それに対して、プライム・プロデュースは会員の多くを協同組合の共同所有者とし、会費という形で入った収入を協同組合が管理して、投資家として趣旨に賛同した建物のオーナーに賃貸料を支払う。共同所有は大きな経済の圧力から脱する――そしてさまざまな言葉が資本主義に徴用される前に持っていた意味を取り戻す方法になりうるとチャベスは説明した。

「『会社《カンパニー》』という言葉は、市場の論理の中にしか存在しないわけではない」と彼は言った。中世のギルドの組合員たちは通例、徒弟から職人へ、そして親方へと階層が上がっていった――今も一部の同業組合で使われている身分制度である。プライム・プロデュースも三階層制を採用するつもりだが、その基準は経験や熟練度ではなくコミットメントの度合いになる。新メンバーは入会の儀式として銘々がコワーキングスペース内で履くスリッパをもらう――メンバーとビジターを「差別化する仕掛けだ」とチャベスは言った。

かつてのギルドを未来の手法として参考にしているのはプライム・プロデュースだけではない。ギルドを模したハリウッドの美術スタッフ組合にフリーランサーの組織化モデルを見る者もいる。美術スタッフは映画製作の現場から現場へと渡り歩くため、同組合が業界全体に通じる水準を設けている。ジェイ・Zの音楽ストリーミングサービス「Tidal」は、ミュージシャンのための一種のギルドというふれこみで消費者にアピールした。シリコンバレーのビジネス記者の一グループはメンバー間のネットワーク拡大を支援するため組織化して「シリコン・ギルド」を結成した。ギグ・エコノミーの労働者たちの中には、持ち運び可能《ポータブル》な福利厚生を分配するインディ・ワーカーズ・ギルドを持つ者がいる。20世紀には、チャーリー・チャップリンと仲間たちがユナイテッド・アーティスツを設立して自分たちで映画を製作したし、アンリ・カルティエ＝ブレッソンとロバート・キャパら報道写真家が協同組合型の配信ギルドを結成した。もっと地味なところでは、医師、弁護士、不動産業者、美容師も、政府や同業者に認定された独占権のあるギルドモデルに頼ってきた。

屋上で、プライム・プロデュースの創設者たちは中世の言葉とシリコンアレー［ニューヨーク周辺のハイテク産業の集積地］の言葉を自由自在にミックスして語った。テヨンはコンピュータプログラミングの第一人者、ドナルド・クヌースの名言「時期尚早な最適化は諸悪の根源である」を引いた。あまりに早い段階であまりに細部にわたって物事を決定してしまうと、柔軟性に欠け再現性もないという意味だ。スーはプライム・プロデュースの活動を「手作りの社会革新」、「スローな起業家精神」の一形態と表現した。彼らにとってのギルドの魅力は単なる懐古趣味ではなく、優れた習慣を醸成し、オフィススペースや仲間やブロードバンドなどのリソースを共有化することによって、時として孤独で周りが見えなくなりやすい経済を泳ぎぬく手段にあった。時代が錯綜する話に重ねるように、かつてのギルドはよりよい技術的進化への「触媒」だったとチャベスは語った。「ギルドは仕事から人間性を奪うような技術革新を食い止めた」と彼は言った。「ギルドは常にまず人間に対して責任を負っていたんだ」。

既得権益たるギルド

反論もあるかもしれない。アダム・スミスはギルドの価格協定の慣習を「一般大衆に対する謀議」だと述べたし、フランス革命の初期にはギルドはアンシャン・レジームとして真っ先に制度撤廃の対

キンザ・ナジム、サックス・アフリディ、ジェローン・スー。
プライム・プロデュースのビル屋上にて

象となったものの一つだった。以来、ギルドはむしろ効率性と技術革新の障害であるというのが定説になってきた。エプスタインやオランダの社会史家マーテン・プラークの著作はこのような言説の訂正をめざした。ギルドは「技術革新そのものに反対したのではなく、機械の支配に反対したのです」とプラークは私に語ってくれた。工場生産が職人組合に取って代わると、「仕事はどちらかといえば退屈なものから絶望的に退屈なものに変貌しました」。製品は安く均一になり、作るために必要な働き手の数が減った。同時に製品から職人の個性も消えた。プラークは中世ギルドの「公的な支柱」と彼が呼ぶもの――現地政府との取り決め――の重要性も強調した。それがあってこそ、ギルドは「情熱を持って立ち上げた創設メンバーがいなくなった後も長期にわたって」存続した。

ギルドは政治との関わりによって正統性を獲得したが、それは談合ともいえた。「小規模事業者と当局の間で交わされた一種の取引でした」と言うのは、ギルドの遺産に対してエプスタインやプラークよりも批判的なケンブリッジ大学の経済史教授、シーラ・オーゴビーだ。オーゴビーはギルドが女性やユダヤ人や移民など彼らの意に沿わない者をその職業から閉め出す、排他的な経済を強いていたと考えている。ギルドが独占権の大半を失い、生き残りをかけて差別的な慣習のほとんどを禁止した段階になってようやく、ギルドの弊害は最小化されたというのがオーゴビーの考えだ。

プライム・プロデュースの会員は少なくとも今のところ、民族、性別、職業の多様性がとても豊かだ。そして創業者たちは政治的な取引よりも、スリッパと質の高い仕事のシナジーに満足しているように見える。いろいろと遅延や滞りはあっても、脱落者はまだいない。「すべてを結ぶ要の役割を果たしているのは信頼よ」。地下のスタジオを仕事場にする予定のアーティスト、キンザ・ナジムは私に話してくれた。侵入窃盗事件といい加減な工事業者のせいでオープニングの延期が重なり、彼らはパッケージ化された文化と参加型デザインについてのイベントを建設現場で開催した。

屋上での午後のインタビューが終わる前に、もう一人の親方ランクのメンバー、マルコス・サラザールが顔を出した。彼は飛び抜けて背が高く、服装は皆ほどカジュアルではない。サラザールは「目的主導型のキャリア、ビジネス、人生」を育成するコンサルタントとして働いていた。ニューヨークで社会起業家向けのイベントも開催しており、プライム・プロデュースのスペースが完成したらここを会場に使う予定だった。

「ギルドの話はさんざん聞かされたよ」と彼はいささか食傷気味に言った。ところが私がスリッパについて聞くと、サラザールは肩をすくめて創業者たちを不安げに見た。彼らは微笑んだ。その部分はまだ聞いていなかったのだ。

「共有」と「所有」のせめぎ合い

実業の世界のギルドと修道院の神秘主義者たちは同時代に並行して活動していた。それぞれが、財産の私有と共有のバランスをめざした一種のビジネスを取り決めた。だが現代への進歩というしるしと奇跡が現れ始め、印刷機や植民地進出によって広まると、天秤は私有の側に大きく傾いた。その変化に気づいて命がけで抵抗した者たちがいた。

ドイツの説教師トーマス・ミュンツァーは1525年に斬首される前に拷問にかけられた際、「omnia sunt communia」――万物は共有のものと信ずる、と告白したと報告されている。拷問者らによるこの報告が、本当にミュンツァーと彼が主導した民衆反乱軍のとった立場だったのか、それともミュンツァーの処刑を急ぐためにでっちあげた作り話なのかはおそらくあまり重要ではない。いずれにせよ、ミュンツァーが使徒たちの教えやカノン法の原則を公言したことを、彼の処刑を正当化する証拠と彼らは考えた。拷問者らの説明はさらに、ミュンツァーが財産は「時と場合と各自の必要性に従って分配すべきである。いかなる君主も貴族も領主も、これを行おうとしない者は、まず警告を受けた後、斬首刑または絞首刑に処すべきである」[16]と信じていた、と続く。

ミュンツァーはマルティン・ルターの同時代人だが、ルターほど器用にエリート支配層の味方につくことはできなかった。ミュンツァーが起こした運動も彼自身も、君主の剣に斃れた。しかし彼がその一部であった宗教改革急進派《ラディカル・リフォメーション》の残滓は今日でも、アーミッシュやメノナイトなどアナバプテスト派が営む意識的に選択した経済生活に生きている。宗教改革カルヴァン派の共有志向もニューイングランドに入植したピューリタンたちに表れている。農地と作物の共有という当初の実験は短命に終わったが、ニューイングランドの町民会議や、今もアメリカのプロテスタント教会において主流である会衆制の統治構造［直接民主制のように会衆の総意で統治する仕組み］にその遺産は受け継がれている。企業健康保険制度の代わりとして、キリスト教徒であることを加入条件とした保険制度を提供する医療費共同負担組織にもそれは見られる。(17)

かつての共有主義者たちはいずれも、現代的な意味で協同組合事業体と厳密に符合するわけではない。協同組合の原則に異議を唱える部分もある。例えば、宗教共同体は所有よりも貧困、自治よりも服従を上に置く傾向があった。だが、現代の協同組合の誕生が過去との決別ではなく、長い年月にわたって人々が生きるすべとしてきた共有と協同の習慣の延長線上にあることを、彼らのような先駆けはたしかに示してくれる。

同じ憲章から派生した大憲章（マグナ・カルタ）と森林憲章で、13世紀のイギリス国王は領土内の森林や原野を平民が共同管理し居住する古来の権利を認めざるをえなかった。例えばある条項では、寡婦が「共有地から妥当な採取を行う」——つまり共有地から生活に必要な物資を得る権利を守っている。しかしヨーロッパ中で宗教改革がローマ教皇庁の宗教的な覇権を解体していた同じ時代に、企業と資本の経済がギルドと共有地を滅ぼし始めていた。その変革のプロセスを数百年後の今、評価するのは難しい——今現在起きているグローバルな経済変革に混在する光と影に比較しないかぎりは。

長い間共同利用されてきた土地は柵で囲われた私有地のパッチワークになった。それまでは明らかに共同体のものだった仕事は企業に組み込まれるようになった(18)。

そんな進歩のエンジンが軋みを上げる中に現れたのが、みずからをディガーズまたは真正水平派と呼ぶ人々だった――イングランド内戦の最中、ジェラード・ウィンスタンリーという流れ者の指導によって生まれ、はかなく散った穏健な運動だ。セントジョージの丘を占拠した数週間後、彼らは宗教性と社会性と排泄物に言及する目標宣言をした。

ジョージの丘を開墾し、額に汗した正しい労働によってともにパンを食すことを始めるにあたり、われわれは夢とうつつで見た幻視によって、ここを始まりの場所とすべしと示された。この地は人間の目には不毛なれど、聖霊の祝福を信じねばならぬ。この共有地《コモンズ》である荒野に人々が入って人糞肥料を施すことにとどまらず、イングランドおよび全世界のすべての共有地と空き地に所有権を持たない人々が入ることは正当である。大地は共有の財産とすべきである、なぜならそもそも大地は万人のために作られたからである(19)。

ディガーズの世界観では、修道院と同様に、神は万物を万人のために創造したと考えていた。ディガーズはこの思想が世の中に認められるのを待ちながら、小さな世界で、貧しい土地に築いた協同組合的な共同体を通じて実践を始めていた。ほどなく彼らは、その思想を不快と決めつけ、土地の共有を不法侵入と見なした時の権力者の配下のならず者たちによって追われることになる。

ディガーズの立場はミュンツァーと同様、変わりゆく世界の支配権をめぐって争う人々を説得できはしなかった。封建時代の共有地は誰もが所有権を競い合う状態に置かれ、それよりも最初期のキリスト教徒をモデルとして共有化の拡大をという提案は、軍隊を動かす立場の者たちにとっては不都合だったのだ。宗教改革急進派の思想は主に、2度の大戦のはざまのドイツで活動したマルクス主義者から1960年代後半のサンフランシスコのカウンターカルチャーまで、別の大義を掲げ夢破れた運動家たちの間で再発見され続け、生きながらえてきた。ミュンツァーとディガーズは郷愁を誘う。彼らが求めたものは完全には実現しなかった。しかし彼らの宣言は少なくともその内に、共有の習慣がもっと身近で、土地が売買の対象ではなく、仕事が共同事業だった世界の記憶をとどめている。

彼らの世界は厳しい世界だ。それを過去に置いてきた方が私たちにとって幸せな理由はたくさんある。だが、未来の経済を受け継いで貢献する人々すべての間で公正に分かち合う世界を今想像し実践しようとしている人々にとって、郷愁には価値がある。それは私たちに忘れられた成果、再び役に立つかもしれない私たちの中の潜在力を思い出させてくれる。

第2章

美しい人生のための原則
——形成

協同の躍進期

大恐慌が成功の時代として振り返られることはあまりない。だが論文集『協同組合民主主義（*Co-operative Democracy*）』の1936年版で、ジェームズ・ピーター・ウォーバスは「1929年以降、わが国では協同がかつてない大進歩を遂げた」と書いている。医師だったウォーバスは1916年にアメリカ合衆国協同組合連盟（CLUSA：Cooperative League of the United States of America）の初代会長となり、1941年まで在任した。(1) 連盟はアメリカの協同組合運動の全国統括組織で、現在も全国協同組合事業連合（NCBA〔National Cooperative Business Association〕CLUSA）として存続している。本部をロビー活動のメッカ、ワシントンD.C.に構え、国際支援の調達先として活躍するようになった。連盟は並んだ2本の松の木を円で囲った組合ロゴを1920年代前半に製作し、これは今も広く使われている。2000年にNCBAは協同組合のウェブサイトのためにトップレベルドメイン「.coop」の創設と取得を支援した。アメリカの協同組合セクターの公式の啓蒙役《エバンジェリスト》を担ってきたのだ。

ウォーバスの後を引き継いで協同組合連盟の会長となったマーリー・リンカーンは回想録の中で創設者について「立派な、誠実な人」で「理論の説明にかけては超一流」だったと述べている。(2) だが1930年代のウォーバスの熱意は十分に理解できる。大恐慌下の状況から、全国的に協同組合の結成が相次いだ。ニューディール政策が協同組合を後押しし、1934年に議会で信用組合法が可決された。『協同組合民主主義』には「世界の協同」と題した1章が設けられ、フランスの労働者所有の工場、ドイツの有名な消費者所有の銀行、ロシアのソビエト初期の協同組合から、遠くは中国や日本の同様の取り組みまで、協同組合と台頭するファシスト政権の軋轢に時折り触れながら、協同組合の成果を長々と詳細に紹介している。（水晶の夜《クリスタル・ナハト》〔反ユダヤ主義暴動〕以降ナチスの標的となったドイツの協同組合の店舗は、「協同は平和」をモットーに掲げていた。）この書籍のタイトルページの見開きにある口絵は、イギリスの卸売協同組合が所有する25棟のそれぞれ個性的な建物がピラミッドのように積み重なった意匠になっている。立ち上がりかけていた協同組合コモンウェルスのファラオともいうべき、組織化された消費者に捧げられた記念碑というわけだ。この頃には、所有権と事業の共有と

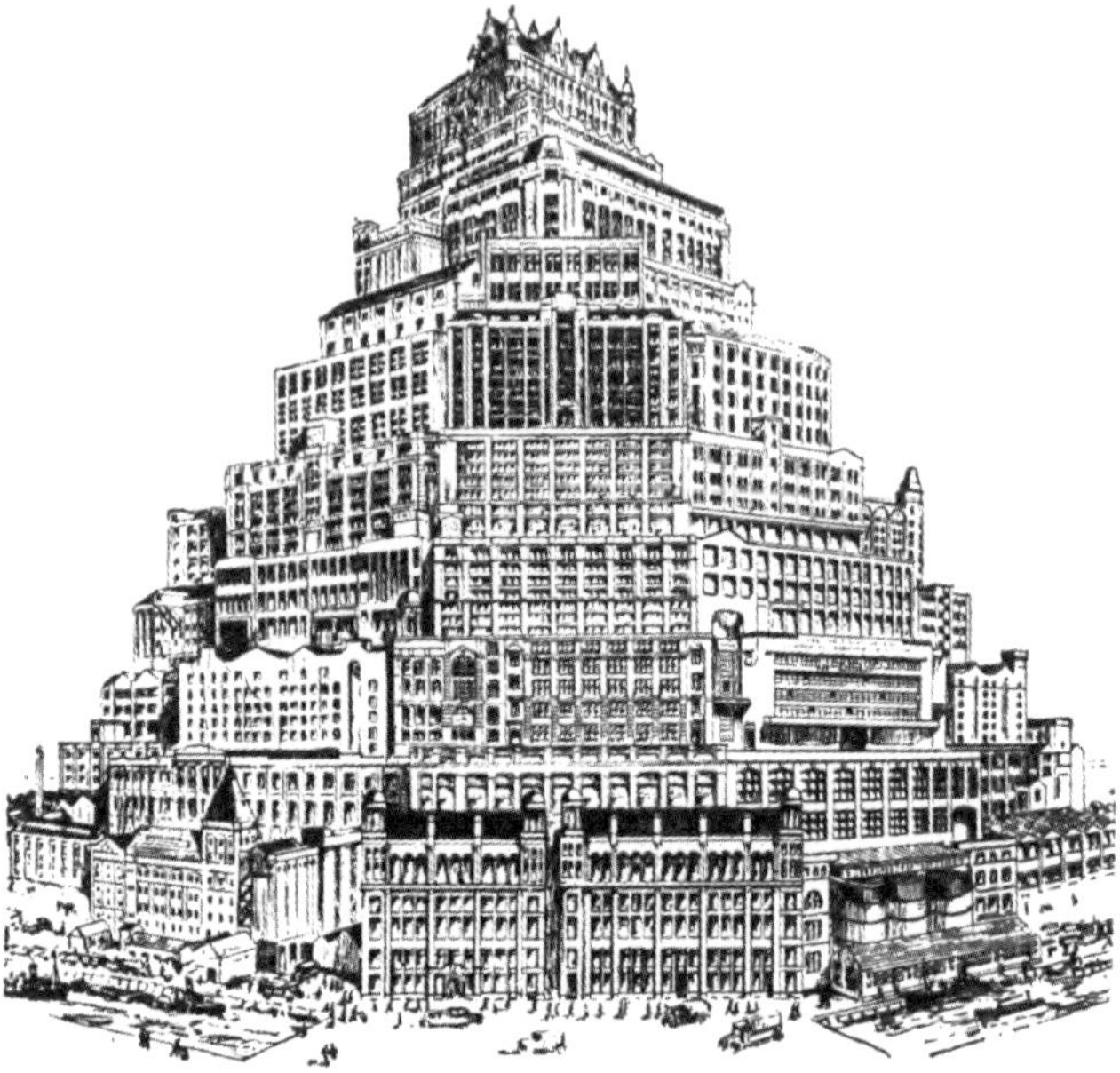

ジェームズ・ピーター・ウォーバス『協同組合民主主義（*Cooperative Democracy*）』の口絵

いう古い伝統が、現代の工業社会に見合った明確な表現を見出していた。

ウォーバスのビジョンは地政学的なものになっていったと同時に、人間の可能性へのビジョンでもあった。彼は同書の結びを、究極の目的は「文化的価値を理解し、美と真実と正義への情熱を有する優れた個人の育成」であると締めくくっている。(3) ウォーバスは――初期の修道士たちが修道院について考えていたのとまったく同じように――協同を学校として語っている。人間が暮らすよりよい社会としてだけでなく、人間形成、より優れた人間を育てる手段として。工業化時代にそのような事業体がありうること自体、あたりまえではなかったが、学ばねばならなかった数々の教訓を通じてその可能性は明らかになっていった。このようなタイプのビジネスは、努力と間違いを重ねながら、創られる必然性があったのだ。

無垢な生活

ウォーバスが楽観的な構想を描いた頃には、協同組合運動はすでにおよそ100年を迎えていた。多くの国と言語の中に現れたさまざまな運動の集積であり、その中には英米の資本主義の揺籃地もあった。

1768年、後にアメリカ合衆国となる国でニューヨーク市の縫製職人が起こした記録上初の労働ストライキの一つをきっかけに、縫製職人たちが独立して協同組合工房が誕生した。ニューオーリンズの解放奴隷たちは1783年に忍耐博愛共済組合（Perseverance Benevolent and Mutual Aid Association）を結成した。ジョージ・ワシントン大統領の下で国務長官を務めたトーマス・ジェファーソンは、労働者間の利益分配を奨励するタラ漁の減税一括法案の作成に関わった――彼は小規模家族農家を基盤とした経済に肩入れしたが、その漁業版といえる。ベンジャミン・フランクリンがフィラデルフィアに設立し、公共図書館と消防署の原型となった事業を支えたのは、協同組合的なビジネスモデルだった。そしてフランクリンらが先住民族との交渉の際に目にしたイロコイ連邦［ネイティブアメリカン6部族によって結成された］の連邦制民主主義はおそらく、イギリス支配から脱しようと入植者が組織した大陸会議の構造のヒントになった可能性が高い(4)。アレクシ・ド・トクヴィルは母国フランスに書き送った手紙の中で、若いアメリカ合衆国の人々の連合する能力に驚嘆している。

　南北戦争前にはアメリカ全土で宗教や性や人種や食事法に関して興味深い実験を行うユートピア的な共同体が栄えた――工業の勃興とともに失われかけていた無垢な生活を取り戻す試みであったのかもしれない。その中にはシェーカー教徒の共同体、オナイダ共同体、モルモン教徒の共同体など宗派によるものもあった。アメリカ連合国大統領ジェファーソン・デービスの兄、ジョゼフ・デービスは、ミシシッピ州のデービスベンドに奴隷コミュニティのモデルとされる共同体を組織した。奴隷という身分の制約が許すかぎりにおいての協同組合だった。マサチューセッツ州では人種の別のないノーサンプトン教育産業協会が預言者ソジャーナ・トゥルースの活動拠点となった。フレデリック・ダグラス［奴隷制度廃止運動家］はここをたびたび訪れ、後に「この協会と人々はこれまで出会った中で最も民主的と思われた」と書いている[5]。

　現代の工業経済がつまずきながらも勢いよくスタートしたのと同時に、現代の協同が始まった。工場労働者と資本家の初期の闘争から生まれた全国労働組合は、労働者が統治する経済をはっきりと目的に掲げた。１８３０年代には最初の「住宅組合」――要するに労働者世帯の持ち家を実現させる合同融資クラブ――や、農作物の流通販売と加工を行う初期の協同組合が誕生した。その後19世紀は協同と労働者の組織化が連携して進んだ。協同組合工房や共済会や相互扶助共同体には、今となってははるか昔に失われた想定が反映されていた。

雇用は苦役である

大統領選に当選する前年の1859年、エイブラハム・リンカーンはウィスコンシンで行ったスピーチで、「自由な労働」に基づいた一種のアメリカンドリームを描いた。起業のためにしばらくは雇われの身にならねばならない人もいるかもしれないと認めつつ、すべてはいつか、働き方と労働の成果——農場、店舗、会社、何であれ——を自分のものとし管理するためだと彼は述べた。「もし賃金労働者の状態で一生を送る者がいるなら、それは制度のせいではなく、そのような身分を好む依存心か、あるいは無思慮や愚かさ、まれにしかない不運のためである」[6]。所有が自立への道だ。雇われ人は哀れである。

この言葉は当時、奴隷制——最も不自由な労働——の問題と切り離せなかった。演説には、賃金のために働く仕事は奴隷の身分とそう遠くない地続きにあるという意味が込められていた。自分のする仕事に所有権のない雇われの身として一生を費やす理不尽さを語ることによって、その究極の状態である奴隷制が正義に反することをリンカーンは聴衆に伝えたのだ。しかし奴隷制廃止の実現にかけた彼の努力は、賃金労働に基づく工業経済の勃興にも寄与した。南北戦争における北部の勝利はプランテーション資本主義に対する工場資本主義の勝利でもあり、工場所有者は賃金労働者を求めたからだ。

賃金労働者と奴隷が地続きにあることを示唆したのはリンカーンが初めてではない。雇用契約で自分の労働を売ることを売られて奴隷人生を送ることになぞらえるのは、ユスティニアヌス帝やジョン・ロックからノーベル賞経済学者らまで、法律や哲学の世界では昔から伝統的に行われてきた。(ロックは雇用を単なる「苦役」で、奴隷より多少ましなだけと述べた。経済学者は雇用を自分を貸し出すようなものと言及している。)奴隷が合法であった時代には、有給で他人のために働くことさえ奴隷に近すぎて不快だと思われたのかもしれない。少なくともリンカーンにとって、経済的な自尊心を持つ大前提は生計の手段を所有し自分で管理することであるのは自明だった。マサチューセッツ州ローウェルの紡績工場で働いていた女性たちが1836年にストライキを打った際、デモ行進で好んで歌われた歌は次の歌詞で終わっている。

私は自由を愛するから
奴隷にはなれない(7)

就職は祝うべき達成であり、自由意思による選択と見なすのが今日では主流の考え方だ。今や政治家を黙らせるきわめつけの質問でもある。雇用増に反対して無傷でいられる者はワシントンに1人もいないだろう。一生に1度まともな仕事に就ければ、あるいはまともな仕事を渡り歩ければ、まともな人生を歩める少なくとも可能性が約束される。人間的でやりがいのある仕事が、リンカーンやロックが認めた以上の称賛に足るのはたしかだ。だが実際のところ、選択肢はどれだけあるだろうか。ほとんどの人は物質的な生活必需品を確保するために就職しなければならないと感じているから、選択の対象はすでに仕事に就くかどうかではなくどの仕事に就くかになっている。仕事人生の成功を測る一般的な基準は、他人の目的と便益にかなう業務に優れた貢献をすることだ。利他主義的に聞こえるだろうが、これはあくまで強制力なしに選んだ道であった場合で、通常はそうではない。私たちはよりよいものの探求を忘れてしまった。リンカーンの時代にすばらしい発見をもたらした探求を。

明かされた「オーエン主義者」の秘密

南部の州で奴隷が摘んだ綿は新しい織機とともに、イングランドの高収益で過酷な紡績産業をお膳立てした。チャールズ・ディケンズが当時の残酷物語を記録に残している。だがこの時代の記録者として協同組合活動家に愛されているのは、なんといってもジョージ・ヤコブ・ホリヨークだ。彼はイギリスの協同組合事業を参加当事者兼観察者として記録しただけでなく、「国家世俗主義」と「自国優越主義」という言葉の生みの親であり、公開演説で神を冒涜した罪を問われ有罪判決を受けた最後のイングランド人として名をはせた。このために彼は数カ月間刑務所で過ごしている。

ホリヨークの話の起爆剤となったのは、使い方を誤ったテクノロジーだった。「機械の台頭が、労働者階級の生活を絶望に染める状況をもたらした」と彼は著書『協同組合の歴史（*History of Cooperation*）』で書いている。「機械を使える資本家は裕福になり、機械に取って代わられた多数の貧しい者たちは救貧院に追いやられた」。機械は労働を軽減し、生活を向上させることもできたはずだった。ところが工業化初期の無規制の企業間競争は、14時間労働、児童労働、借金生活からほぼ一生抜けられない水準の賃金、という事態をもたらした。ホリヨークはこの状況を、それ以前の社会秩序と次のように比較している。

資本家は新たな封建領主であり、征服によって統治する王よりも冷酷であった。かつての封建領主は農奴に多少は配慮をし、食物と住居を与えていた。資本家という新しい領主はそのような義務をまったく引き受けず、労働者の生きる権利を認めさえしない(8)。

しかしこの資本家階級から現れたのがロバート・オーエン、ホリヨークがイギリスの協同組合の最初のヒーローと仰いだ人物、そしてその最初の大きな行き詰まりとなった人物だった。ホリヨークと同様に宗教的には懐疑論者だったオーエン（晩年には降霊会に足しげく通った）は、立志伝を地で行く叩き上げの実業家として人生の前半を送った。ウェールズ人の馬具屋の息子として生まれ、教育は10歳までしか受けずに働き始め、出世してマンチェスターの紡績工場の経営陣入りを果たした。富裕層の娘と結婚後、彼はスコットランドのニュー・ラナークにある工場の買収を手がけ、1813年には同工場の経営の実権を握る。これが彼の実験の場となった。

1816年の元日に、オーエンは性格形成学院を開設した。学院は工場労働者の子供たちの教育を引き受け、入学は歩き始める頃からと当時としては異例の早さだったが、まもなく広く模倣されるようになる。カリキュラムは教科書や型通りの授業を避け、子供たちの自発的な好奇心や自主性を中心とした。「協同組合を理解している人々の間で常に、組合員の教育が協同組合事業の一環と見なされるようになったのは、このようなわけである」とホリヨークは説明している(9)。

ニュー・ラナークが私利を追わず公益に尽くすという形で、オーナーだけでなく労働者にも資する工業主義の手本となったのはこれだけではない。イギリスとアメリカ全土の工場労働者たちが10時間労働を求めて運動していた時代に、オーエンは8時間労働を実施した。それでも工場はうまく回った。オーエンの工場は工業社会に別の秩序が可能であることの証明に見え、ロシア皇帝のような高名な人々まで視察に訪れた。さらにオーエンは労働者が通常の価格の上乗せ分なしに生活必需品が買える店を設立し、労働時間を1時間単位で交換できる制度を作った。労働者間のいさかいを調停する仕組みもあった。ニュー・ラナークの建造物群は現在、ユネスコ世界遺産になっている。

こうした卓越した施策のなくてはならない要として機能していたのは、オーエン自身だった。彼は起業家としての手腕だけでなく宣伝にも優れ、影響を受けた多くの模倣者を出したが、実際にニュー・ラナークを再現するレベルに至ったものはない。

1825年にオーエンはアメリカに移住して、インディアナ州南端のニュー・ハーモニーという集落——ドイツ系移民によるユートピア共同体、ハルモニーがあった場所——に新しいニュー・ラナークを創設したが、2年後に彼が帰国すると計画は頓挫した。彼が創ろうとしたのは一種の協同組合だったが、それは優れた手腕を備えた家父長的な人物がいなければ成立しなかったのだ。現実にはあまりにもはかなく消えたが、その試みは協同組合的産業制度という概念が世の中に伝わるきっかけとなった。オーエン主義を別の形で実験し、完成させようとする試みが広がり始めた。

経済の仕組みとして「協同《コオペレーション》」という言葉が最も早く明示的に使われたのは、ホリヨークが調べたかぎりオーエン主義者が熱心に活動した時代だった。『エコノミスト（Economist)』という短命に終わった雑誌が1821年8月27日発行の創刊号で「**秘密は明かされた**」、「それは、社会生活の**あらゆる**目的に対する、メンバー**全員**の惜しみなき**協同**である」と高らかに宣言している。(10)

ニュー・ラナークの継承者たち

英米で数十年にわたって実験が重ねられ、オーエン以後行き詰まってから、活動家たちの熱意はほぼ共通した成功モデルに集約し始めていた。実験の結果得られる発見からは、同時多発的に同じ形のものが生まれやすい。別々の集団がそれぞれ独自に似た結論に達していた。その発見の地として最も有名なのが、マンチェスターから北に10マイルほど離れたイギリスの町、ロッチデールだった。ホリヨークにとって、ロッチデールは協同の歴史の大きな中心にして転換点だった——おそらくは彼自身がそこで果たした役割ゆえに。(11)

ホリヨークは1843年——冒涜罪騒ぎの翌年、かの有名な店の開設の前年——にロッチデールの紡績工たちを前に行った、協同に関する演説について詳しく記している。彼は労働者が選挙権などの参政権を求めたチャーチスト運動の話をし、借金という社会悪を激しく非難した。ロッチデールはオーエンの思想を含め、こうした思想がかねてから広まっていた町だった。すでに協同組合の実験も行われてきた。だがホリヨークが訪れた翌年、この町の28名の労働者グループ——紡績工など紡績業に携わる人々——がトードレーン通りに小さな店を出した。まともな品質の食料品や衣類などの商品を妥当な価格で買える店だ。彼らがロッチデール公正先駆者組合だった。店は1844年末に開店し、週に数時間営業した。

ロッチデールの店は、何年も前から各地でさまざまな組み合わせで試されてきた協同組合の慣行を、独自の配合で実践した。店の組合員兼所有者が顧客でもあった。彼らは毎週2ペンスずつ出資し、組合員一人ひとりが意思決定に平等に1票を投じる権利を持っていた。きわめて革新的だったのは、共同所有者として各々が店の利益から配当を得る権利があったことで、その比率は店で支出した額に応じていた——後に組合員配当、あるいは略して配当と呼ばれるようになる仕組みだ。受け取ればボーナスになり、受け取らなければ貯金される。店には分割払いもツケ払いも絶対に受けつけない厳格なルールもあった。現金のみで、借金を認めない。

オーエンの功績と比較したロッチデールの重要性は、受益者——ニーズを持つ人々——に責任を持たせた点だった。ロッチデールは受益者抜きには成立しなかっただろう。家父長的な人物に知恵も資本も依存しないシステムだった。この店の初期の成功が広まったのは、単純に組合員への効果が目に見えるものだったからだ。ホリヨークによれば彼らは「見るからに栄養状態がよくなり、それは常にお腹をすかせた紡績工たちの目にとまらないはずはなかった」。「子供たちは小ぎれいになり、新しいエプロンドレスや新しい上着を身に着けるようになり、自分の生活が快適になった理由を幼いなりに仲間に宣伝し、他の子供たちは親に見てきたことを伝えた」。オーエンは私財を投げ打って家父長的な共同体を創ろうとしたが、ロッチデールの店は組合員の財産をより豊かにする共同体だった。(12)

また、良心に欠ける卸売業者が小麦粉や石鹸に混ぜ物をして安心して使えない可能性があった時代に、協同組合は質の高い調達——つまり商品そのものと生産元の労働慣行の質を確保する手段だった。

この点において、ロッチデールは生協が後に先鞭をつけたオーガニック運動やフリートレード運動の先例となった。私の最初の生協の記憶は、小さい頃に母が買い物をしていた店だ。そこではスーパーにまだ出回っていなかった有機豆乳が買えた。

そんなすばらしいロッチデールの店にも、ホリヨークは面白おかしく書いているが、悩みはあった。ロッチデールにも「いつも針を逆立てた、人間社会の中のヤマアラシ」がいた。「どんな言葉も裏側から解釈できるのを知っていて、常に相手が意図しない意味にとる」、「これは絶対に失敗すると皆に予告し、成功の可能性をつぶすまで言い張っておいて、先見の明があったと自分の手柄にする」ような人物だ。とはいえ、である。ホリヨークの筆が最も抒情的になるのは、社会の中の協同組合員、資金、売上、利益の経年推移を記した表を検証している時だ。

1844年	28名	28ポンド	—	—
1876年	8892名	25万4000ポンド	30万5190ポンド	5万668ポンド

「すべての数字が化学者には知られざる光で輝いている」と彼は書いている。「すべての欄が工業社会の闇に立ち上がった火の柱であり、エジプトでのよるべない奴隷の身というすさんだ生活からイスラエルの民を導き出したように、さまよえる者たちを導いてくれる[13]」。

「ロッチデール・モデル」が生き残った理由

これだけの成長を果たしても、すばらしいが歴史の中にしかないもう一つの例外で終わっていたとしたら、ロッチデールはオーエン主義と大差なかっただろう。ロッチデールがオーエン主義と違うのは、有限の生命の人間である協同組合活動家に可能な方法、すなわち制度という形で生き続けていることだ。ロッチデールの店は創業から数年のうちに子孫を作り始めた。靴作りから住宅供給までさまざまな役割を負った新たな支店が町中に開店し、さらに他の町々に真似をした協同組合が現れた。イギリス議会は１８５２年に産業節約組合法を通し、法律整備の面から協同組合の活動を支援した――これも、投資家が所有する上場企業のための法律の嚆矢となった１８５６年の株式会社法に先立つものだ。しかし協同組合であるロッチデールの店は、投資家が要求するような貪欲なコングロマリットになるために設立されたわけではない。成長するには別な形をとる必要があった。

１８６３年にイギリス北部の数百の地域協同組合が手を結び、後に卸売協同組合（ＣＷＳ：Cooperative Wholesale Society）と呼ばれる組織がマンチェスターにできた。リーダー役の中にはロッチデール公正先駆者組合も何店かあった(14)。このような卸売協同組合は以前にも試みられたことがあったが、今回はロッチデール・モデルという堅固な基盤を足がかりにできた。卸売協同組合の仕事は、大量仕入れか自前の工場を通じて地域協同組合に商品を供給することだ。また、全国ブランドという強みを後ろ盾にマーケティングの支援も行う。そして卸売協同組合自体も協同組合だった。組合員兼所有者は利用者である地域協同組合の店であり、店が顧客に責任を負うのとまったく同じように、卸売協同組合の運営者は店に責任を負った。

このような組織構造を連合、同盟、あるいは第2次協同組合――協同組合の協同組合――という。以来、世界中の協同組合活動はこの形で、組合員に小回りの利く対応ができるだけの自治が可能な小さな事業単位を維持しながら、規模拡大という課題を乗り越えてきた。協同組合の第6原則「協同組合間協同」や共有資源《コモンズ》の入れ子構造というエリノア・オストロムの第8の設計原則に、それは反映されている。

1936年のウォーバスの著書の口絵で威容を誇った建築物群も、この卸売協同組合のものだ。ピラミッド状に積み上がった建物は、今見るといっそう印象深い。CWSはその後、食料品店、協同組合銀行、通信事業を行う電話協同組合、電化製品事業、保険サービス、葬儀サービスまで網羅する巨大な消費者連合である協同組合グループ、略してコープに進化した。また1917年からは協同組合に好意的な政策を追求する連立政党、協同党の筆頭後援団体となった。イギリスの協同は結局、投資家所有の企業の秩序に取って代わるのではなく、並走してきた。しかしコープ事業の幅広さは、地域協同組合が手を結び合ってコモンウェルスになるというかつて存在した大局的な構想の証左である。

ロッチデール・モデルがうまくいったのは、単純に万物を万人と共有したからではない。公正先駆者たちは『使徒行伝』を再現しようとしたわけではなかった。彼らのすごさはそのバランスの良さにあった。ロッチデールの協同組合規則集は、人間の性質と経済学と隣人愛が融合して特定のビジネスをうまく回す絶妙なポイントを押さえていた。この種の協同が広まってからの数十年の間に、コープ事業の競争優位性、とりたてて協同組合を支援するようにはできていない市場でなぜ競争力があるのかを説明する研究が——十分ではないが——行われてきた。しかしそれによってわかったのは次のようなことくらいである。

・協同組合は未対応のニーズに応えるために供給ないし需要の再編を行うことにより、失われていた市場を成立させることができる。
・ボランティアと労力の提供のおかげで立ち上げコストが少なくてすむ。
・協同組合の成功から組合員が直接の便益を得ると生産性のメリットが発生する。
・協同組合は組合員に搾取からの保護を提供するため、信頼性と忠誠心が高まる。
・組織内の情報共有が所有権の共有によってより容易になる。
・立ち上げ段階を乗り越えた後は特に、協同組合は失敗する確率が低く、リスク回避と犠牲の共有のおかげで不況期の抵抗力が強い。
・顧客同士の共同所有を通じ、取引コストと契約コストが節約できる。(15)

こうした競争優位性にもそれなりの代償《コスト》はある。このような事業運営法は資本調達の障害となりうるし、ガバナンスの負担も大きくなりうる。費用《コスト》と便益《ベネフィット》、そして実利と理想の綱引きが、協同組合の歩む道筋を作ってきた。

協同――美しき原則

「ニューヨーク・トリビューン」の創刊者、ホーレス・グリーリーは、19世紀のアメリカで協同組合の宣伝者として最大の影響力を持つ一人になった。彼はさまざまな協同組合の理事を務め、トリビューン紙上でホリヨークの著作をアメリカの読者に紹介し、同紙そのものにも従業員に利益分配する取り決めを導入した。トリビューン紙はニュース配信の協同組合であるＡＰ通信社の初期メンバーでもあった。私の祖父がビジネスの世界に足を踏み入れた町であり、今も親戚が住むコロラド州グリーリーは彼の名に由来する。トリビューン紙の農業担当編集者がここを開拓して、１８７０年にユニオン・コロニーという禁酒法賛成論者の協同組合の村を作ったからだ。南北戦争後の数十年はアメリカの企業体制が強化され、それと並行して別の体制を求める各種の新たな動きが出た時代だった。協同組合は「労働者階級を依存、不節制、放蕩、困窮から救う［…］労働者階級に物質的豊かさ、知的文化、モラルの向上を同時にもたらす、天与の手段になる」だろうとグリーリーは予言した(16)。

ここにもまた、全人的な人間性の向上への野心がリフレインのように再来している。協同を推進する人々はこれを、カール・マルクスの決定論的で一面的な階級闘争への解毒剤として提案した。人間は階級だけでとらえられるものではない。協同組合というビジネス形態は酒による酩酊など労働者への誘惑を克服する手段になる、と彼らは約束した。彼らは綿花農場からの奴隷解放を紡績工場にも拡大し、賃金労働からの「解放」を語った。南北戦争の終戦と同じ年にフィラデルフィアのある協同組合員グループが店の設立を発表した時の文言は、グリーリーの言葉とよく似ている。「協同は倫理的、社会的、肉体的、政治的に人間を向上させることをめざす」。ポスターはこう呼びかけた。「心を一つにして真実を支持せよ。協同の美しき原則を信じよ。そうすれば、苦悩の山を忘却の海に放り込むことができよう」。

協同の原則に心を奪われた一部の人々の傾倒ぶりはすさまじかった。1868年のある労働組合機関紙で、ニューヨークのトロイ在住の鉄鋳型工が協同について次のように告白している。「夢にも見たし、職場でも、町を歩いている時も、教会でも、まさにあらゆるところでそのことを考えていた[17]」。美しき原則はあらゆるところに広がっていた。

多くの協同の芽生えと没落

現代の保険業界が誕生したのもこの時代だった。人々が拙い手でセーフティネットを作ろうと結成した地元の友愛組織や秘密結社が始まりである。それらが進化して、保険契約者が所有する協同組合的な相互保険会社になり、例えばニューヨークライフやノースウエスタン・ミューチュアルは今もアメリカの保険業界の最大手だ。労働争議で窮地に追い込まれたアンドリュー・カーネギー、ジョン・D・ロックフェラー、J・P・モルガンら実業家は従業員持株制度と利益分配に着手した[18]。また、家族農家は大都市産業の影響力に比べて自分たちの力が衰退していることに気づくと協同組合制度を作るようになり、これは今日までなんとか生きながらえてきた多くの家族農業の基盤であり続けている。

アメリカの農村地域には今も農民共済組合会館が点在していて、まだ使われているものもそうでないものもあるが、当時の農家の苦境と対策の跡がしのばれる。私の住まいから車で1時間圏内にも、いまだ現役の会館がいくつかある。全国農業保護者連盟は1867年、戦後の灰燼の中で誕生し、南部と北部、そして西部に点在する開拓村の農民たちを結束させた。このような会館で農民たちは互いにスキルを学び合い、経済的困難を話し合った。農民たちは購入、加工、信用貸し、小売を目的として協同組合を組織し、通常はロッチデール・モデルを踏襲した。彼らのモットーの一つが「すべてにおける協同」だった。それは教育、政治、社会的な運動だった——西部では入植運動でもあった——が、その成果と土台が協同組合活動である点は変わらなかった。ロッチデールの仕組みから離れて金銭的余裕のない組合員に物資の掛け買いを認めた、後にファーマーズ・アライアンス（農民連盟）となるさまざまな人種の協同組合のネットワークから、さらに多くの協同組合が育っていった。

一方、都市部では1870年代から、業種横断的な全国労働組合、ナイツ・オブ・レイバー（労働騎士団）が台頭し、協同組合の結成をめざす労働者たちを動員した。農民にとっての農民共済組合と同様に、ナイツ・オブ・レイバーは工場労働者のための協同組合の店と、労働者所有の事業——採鉱場、鋳造所、製造工場、印刷所、洗濯屋、製材所などを立ち上げた。その製品にはナイツ・オブ・レイバーのラベルが貼付された。1880年代にはそうした協同組合が300以上設立された。ナイツ・オブ・レイバーは農民たちと共同で人民党を旗揚げし、資本家による政府支配の打破をめざして国政の場で反乱を起こした。

それは地方と都市、共和党支持者と民主党支持者で分断された今日のアメリカでは想像しにくい、禁酒法賛成論者と女権論者と独占禁止法支持者が一体となった大衆運動だった。最大の要求事項は、大銀行ではなく小規模生産者が信用貸しの供給をコントロールできるような、金本位制より柔軟な貨幣制度だった。1893年に人民党はコロラド州のナイツ・オブ・レイバーの書記長を州知事に当選させ、同年にコロラド州はアメリカで2番目に婦人参政権を認めた州となった。人民党の一貫した活動根拠は、富裕層の権力支配への反対と協同組合の発足を連携させることだった。[19]

この戦略はアフリカ系アメリカ人の間ではすでに普及し、実践されていた。黒人の知識人として当時最も有名だったW・E・B・デュボイスが1907年にアトランタ大学で「黒人アメリカ人の経済的協同（Economic Cooperation Among Negro Americans）」という会議を主催している。この会議では「現代生活の特徴である富の分配の大きな格差が黒人の間には今のところほとんどないという事実から、黒人の経済活動のほぼすべては真の経済的協同をめざす傾向が高い」という決議が出された。[20] 200ページ近い報告書は黒人の協同経済を広く解釈し、教会、学校、保険、銀行、秘密結社などさまざまな形態を詳述している。その中には正式な協同組合事業も含まれ、150以上の名前が挙がっている。協同組合式の金融互助会、保険プール、店は、白人が経営する事業や政府からサービスを断られることの多かった人々にとって必需品だった。協同はデュボイスの心をとらえてやまなかった。1918年に彼は黒人協同組合ギルド（Negro Cooperative Guild）を組織し、協同組合によって黒人が一致協力するための支援をした。白人社会が資本主義の魅惑と不平等を選んだとしても、自分の同胞は別の道を選択できると彼は信じていた。

相互教育は最初からずっと協同組合の一部だった。政治経済学者のジェシカ・ゴードン・ネンバードは最近の調査報告で次のように書いている。「私が調査した過去のアフリカ系アメリカ人所有の協同組合のすべて、そして私が研究した現代の協同組合のほぼすべてが、勉強会の成果として始まるか、組合員に対する目的の明確な研修とオリエンテーションを頼りとしていた」[21]。個々の事業が成功するにしろ失敗するにしろ、その教育の効果は参加者を成長させた。

デュボイスの会議が行われた頃には、人民党の運動は下火になっていた。1886年のヘイマーケット暴動後の締めつけによってナイツ・オブ・レイバーの没落が始まり、それに取って代わったアメリカ労働総同盟は投資家所有者に友好的で協同には無関心な労働組合活動を行った。人民党は1896年の選挙中に分裂して崩壊した。ウォーバスの協同組合連盟の前身となるアメリカ協同組合ユニオン（Cooperative Union of America）結成が試みられたが、1899年までしか続かなかった。だが美しき原則は人の心をとらえ続けた。

その名残がわが家からわずか10マイル［約16キロメートル］先にある。1897年にコロラド州の採鉱装置業者チャールズ・キャリルが、労働者が経営する採鉱場を体系化してボルダー郡全体を網羅した協同組合ニュー・エラ・ユニオンにする構想を描いたユートピア劇を創作し自費出版した。しかしニューヨークの投資家たちから多額の資本金を調達しながらキャリルの計画は頓挫し、彼は降霊術団体に主旨替えしてカリフォルニアに逃亡した。キャリルの事務所は現在、月に1日だけ開館する博物館になっている。両側を切り立った崖にはさまれ、近隣にはまだわずかに住民が残っており、廃墟となったかつての金精錬所がそびえ立っている。同時期にメイン州の百貨店オーナー、ブラッドフォード・ペックが『世界を百貨店に（*The World a Department Store*）』という別の協同組合ファンタジーを執筆した。ペックはその後、アメリカ協同組合協会（Cooperative Association of America）の設立を試みた。全国規模にはならなかったものの、少なくとも1900年から1912年にかけて彼の店を従業員の利益共有という取り決めの下で経営することには成功した。[22] 協同組合コモンウェルスはどこででも誕生できるように見え、やがて、断片的な形で実現した。

人民運動の動員は、次の世紀にキャボットクリーマリー、ランドオレイクス、オーシャンスプレー、オーガニックバレーといった農業協同組合ブランドを生む仕組みの基礎を築いた。（食料品店で見かけるこれらほどは目立たないが、農業製品供給大手のCHSや牛の精液を提供するハイテク企業ジェネックス社もある。）リバイバルを果たした農民共済組合とファームビューロー保険制度がロッチデールの思想を今も広め続けている。アメリカ合衆国農務省は協同組合に特化した政策を策定し、1914年と1922年には農家の協同組合を反トラスト法の適用外とする議会法案が通過した。[23] 移民社会が──なかでも北中西部の北欧出身者が最も精力的に──ヨーロッパから協同組合モデルを持ち込み、新たなモデルを考案していった。百貨店王エドワード・ファイリーンは「信用組合（credit union）」という言葉を考案し、この協同組合銀行を資金面から支えてまず自社の従業員から始め全国に展開させ、ロビー活動を行って法制化を実現した。1920年代には協同組合式のラジオネットワーク、ミューチュアル・ブロードキャスティング・システムが誕生し、『ローン・レンジャー』や『シャドー』などの名作ラジオドラマを製作した。協同は経済のあたりまえの一部になっていくにつれ、それ自体としては注目を集めなくなった。だから、現実にしっかり機能しているけっしてユートピアではないコモンウェルスが局地的に分散した形ですでに定着していることに、たとえ気づかない

アメリカ全国の協同組合の最新地図――完成には程遠いが――

としても許されるだろう。

1941年、マーリー・リンカーンがウォーバスから会長職を引き継いだ年に、協同組合連盟は『協同組合の到来（*The Co-ops Are Comin'*）』という映画を製作した。映画はオハイオ州コロンバスの協同組合百貨店、協同組合のトラクター、インディアナ・ファーム・ビューローの協同組合孵化場、企業の独占に立ち向かう協同組合肥料工場の様子を描き、48州の地図の上に二本松のロゴが重なる映像でまとめた。このような普遍的な広まりは壮大な野望だったが、コモンウェルスの勢いが続きさえすれば、農業の中心地が協同組合事業で結束していくことが現実味を増していたのもうかがえる。ただしこの勢いは、学校に頼らない地域の相互教育が支えると映画は主張している。「協同組合は民主主義の縮小版であるから、その強みは勉強会で独学し、知識を身につけた組合員にある」と字幕は説明している[24]。直後に迫っていた戦争と戦後の企業の権勢がなければ、そんなささやかな勉強会で十分だっただろう。いずれにせよ、協同の運命はアメリカ国内の一地域の問題ではなかった。1895年にロンドンで国際協同組合同盟（ICA）の初会合が開かれる頃には、すでに世界的な運動であるという認識ができていた。

世界に広がる連鎖の物語

サリナス・デ・グアランダはエクアドルの首都キトから車でほぼ1日かかる山村だ。チーズやチョコレートや織物を作る工場があるおかげでちょっとした観光地になった。その魅力の少なくとも一端は、これらの事業をいずれも、信用組合を中心とする複雑に入り組んだ組織構造を通じてサリナスの住民が所有し、責任を負っているという事実にある。村は分派や模倣者を生み、地域一帯の発展の原動力となった。訪れる人々を迎えるのは協同組合のホステルだ。丘の上に立てられたコンクリートの十字架が見下ろす中央広場には教会があり、その隣の2階の広間で毎週、町民会議が開かれる。会議は祈祷会も兼ねている。すべては1970年代、1人のイタリア人司祭の指導の下で始まった(25)。

サリナスはいくつかの点において例外であり——僻地の山村は経済的にまったく見込みがなく、多国籍企業による救済を切望するのが通例だ——、いくつかの点においてそうではない。ロッチデール・モデルの拡散と並行して、世界中の傑出した協同組合には影響の連鎖の物語がある。アメリカ初の信用組合、セント・メアリーズ・バンクは1908年にニューハンプシャーのある教区で、アルフォンス・デジャルダンの支援によって誕生した。デジャルダンはカナダのケベック州の大規模な信

サリナス

用組合連合の創設者で、エドワード・ファイリーンの相談相手にもなっている。そしてデジャルダンが信用組合というアイデアのヒントにしたのは、プリンスエドワード島のイエズス会司祭の指導で設立されたラスティコ農民銀行だった。記録に残る最大の、最も有名な労働者協同組合は、スペインのバスク州にあるモンドラゴン協同組合企業だ。雇用されている7万人以上の大半が所有者でもある。その生みの親もまた、サリナスと同様、起業家精神のある司祭だった。[26]

中世の共有地《コモンズ》は、現代において協同組合という新たな形を得てよみがえった。関わったのはローマ・カトリック教徒だけではない。世俗主義者も、ユダヤ教徒も、共産主義者も、仏教徒も、プロテスタント教徒も、イスラム教徒も、その他の人々も協同組合運動を担ってきた。[27] だがカトリック教徒は特に長きにわたって寄与してきた。しかしカトリック教徒自身がほとんどそのことを知らない。私もカトリック教徒だが、教会でこの話は一度も聞いたことがなかった。カトリック教会のようなローマ教皇を頂点とした厳格な階層組織と協同組合的な民主主義は結びつかないかもしれないが、これは事実だ。全容を知るために、私は旅や本から得たヒント、誰かのふとした発言や思いがけない人から教えられたことを、パズルのピースのようにつなぎ合わせなければならなかった。

教皇レオ13世は1891年に回勅［ローマ教皇から全世界のカトリック教会の司教に送る文書］「レールム・ノヴァールム」（「資本と労働の権利と義務」）を公布した時、教会を唯物論者・社会主義者と悪徳実業家・資本主義者のどちらにも与しない者と位置づけた。数十年来の革命と階級闘争がヨーロッパを揺るがし、教会を世俗的な面から支えていた壁にたくさんの亀裂が走っていた。企業と国家のいずれかが権力を蓄えることを懸念したレオは、第3の解決策を提案した。私有財産を擁護しつつ、その分配の範囲を広げるべしとしたのだ。彼は世界の持たざる労働者たちの所有権を求めた。「法は所有権を奨励し、できるだけ多くの人に所有者となるよう促すことを方針とすべきである[28]」。

教皇は財産の重要性を主張する一方で、財貨の普遍的使用目的、つまり万物は本来万人のものである前提で財産を扱うという、かつての思想の真髄を維持した。回勅にロッチデール式の協同をはっきり支持する文言はないが、後にそれが採用される下地を作った。カトリック世界を挙げて人々は多種多様な形で、教皇が描いた解決策の実践法を模索した。この運動を世に広めたヒレア・ベロックやG・K・チェスタトンらは、「分配主義」を政治哲学のサブジャンルに仕立て上げた[29]。

思想から実践へ

オーストラリアのメルボルンで行われたランチレセプションの人混みの中で、地元の大司教区で働くある若い協同組合活動家が1人の年配の男性に私の注意を促した。男性は何か言いたいことがあるようで、近づいてきて話し始めた。にぎやかな会場の記憶で残っているのは、「形成《フォーメーション》」、このたった一つの重要な言葉だ。

男性の名前はレイス・マシューズといった。神学の概念に言及はしたが、カトリック教徒でもキリスト教信者でもないという。引退して現代の協同組合の起源の研究を始めるまでは政治家で、オーストラリア労働党役員として仕事人生の大半を送ってきた。彼は最近発見したことを私に伝えたかったのだ。

「フォーメーション」はカトリックの宗教用語として今よく使われる言葉だ。それは人が祈り、勉強、経験を通じてキリスト教に帰依していく過程を指す。どのような形成を授かるかは外部からの影響と内発的な選択によって決まり、経済生活も形成の一部をなす。

マシューズは1980年代から継続的にモンドラゴンを訪れていた。この有名な労働者協同組合のネットワークはフランコ体制下の1950年代に、隻眼の司祭ホセ・マリーア・アリスメンディアリエタ、通称アリスメンディの指導によって生まれた。それは工場、学校、銀行、小売店などの集合体で、すべてをそこで働く人々が所有し統治していた。民主的な事業でもハイテクを取り入れ大規模化して成功できる可能性があることを世界に示す、松明《たいまつ》のような存在だった。ただし、ここを超えた、あるいは再現した共同体はまだ現れていない。

2009年のマシューズの著書『私たち自身の仕事（*Jobs of Our Own*）』は、「レールム・ノヴァールム」と分配主義者をはじめとした、アリスメンディの先駆者たちを追っている。モンドラゴンでマシューズは、それ以前のカトリック教徒が言葉で示すにとどまった思想の実践的な表れを目にし、「進化した分配主義」と呼んだ。だがマシューズがフォーメーションの概念に注目したのは本の出版後、アリスメンディに影響を与えたカトリック・アクションおよびカトリック青年労働者運動を研究していた時だ。

モンドラゴンはビジネスの手法としてだけでなく、参加者の魂の形成というビジョンにおいても、他に類を見ないものだとマシューズは気づいた。1956年に最初のモンドラゴン協同組合を開設するのに先立ち、アリスメンディは生徒の家族が資金を出し共同運営する中学校を創設し、10年にわたって生徒たちと一緒に計画に携わった。彼らは実践を通じて工夫を凝らしながらたゆまずアイデアを試し、アイデアに改良を加えていった。モンドラゴンが成功した理由は一通りではなくどんな解釈も可能だが、その中には、単に理論上の経済の仕組みを実現するための手段とするよりも、参加者の精神の成長そのものを目的とする考え方がある。「コーポラティビズムとは教育という手法を用いた経済運動であるとずっと言われてきた」とアリスメンディはかつて書いた。「この定義を書き換えて、コーポラティビズムは経済という手法を用いた教育運動であると言うこともできる」(30)。このような教育がモンドラゴンの中心になっていることはどれだけ強調しても誇張にはなるまい。

モンドラゴンは今もなお協同組合的産業主義の唯一無二の成功モデルであるが、カトリックの社会的教義が協同組合という形で表れたのはこの一つにとどまらない。ナイツ・オブ・レイバーのメンバーには、教皇レオ13世に支援を嘆願したテレンス・パウダリーのような協同組合賛成派の指導者をはじめ、カトリック教徒が多かった。1930年代半ばから、大学拡張プログラムを通じてカナダのノバスコシア州の2人の司祭がアンティゴニッシュ運動の種を蒔き、それはやがて同州全体に数百の協同組合を誕生させた。アメリカ南部では、アフリカ系アメリカ人司祭のアルバート・J・マクナイトが、数千人の黒人農民の土地所有を可能にした協同組合制度の立案者の一人となった。一方ニューヨークでは、1953年から1967年まで活動していた世俗信者の編集によるカトリック雑誌『ジュビリー』が、購読者が株式を所有する消費者協同組合の形態をとっていた。このモデルのヒントになったのは、ジャーナリストで児童書作家のクレア・ハチェット・ビショップの著作で、第二次世界大戦後にフランス全土に現れた労働者協同組合産業を抒情的な筆致で取材報告した『共有されるすべてのもの（*All Things in Common*）』だった。世界中で宣教局が貧しい農民や職人の協同組合を支援し、なるべく彼らがみずから選択した条件で商品をグローバル市場に出せるようにした。カトリック救援事業会はこの方法論を「総合的人間開発」と呼んでいる。フェアトレード労働者協同組合イコール・エクスチェンジの「宗派を超えたパートナーたち」の中にはカトリック救援事業会だけでなく、クエーカー教徒のアメリカ・フレンズ奉仕団、ユダヤ教徒フェアトレード・プロジェクト、メノナイト中央委員会、米国長老派教会、ユニタリアン・ユニバーサリスト奉仕委員会が名を連ねる。(31)

宗教とイデオロギーの対立を超えて

協同が意外な者同士を結束させた例として、北イタリアのトスカーナ州、トレント自治県、なかでもエミリア＝ロマーニャ州にまさるものはそうないだろう。ここでは協同組合が経済全体の音色とテンポを構成している。イタリアの二大食料品チェーンは協同組合だ――一つは消費者の所有、もう一つは地元の小売店所有である。エミリア＝ロマーニャ州の州都ボローニャでテラコッタ屋根の街並みにそびえ立つ近代的な高層ビルを所有する保険会社大手、ウニポールを管理しているのも協同組合だ。建設、ゴミ収集、ボックスワインのベストセラーブランドの製造など、協同組合の事業活動は多岐にわたる。ローマのトラステベレ地区にあるサンテジディオ共同体が運営するトラットリア、あるいはベネチアの運河沿いにある元修道院だったゲストハウスも協同組合である。どちらも障害のある人々を雇用するのがしきたりだ。エミリア＝ロマーニャ州では労働者所有企業の大規模工場に併設された最新の歯科治療用椅子のショールームを見学することもできれば、乳製品協同組合からパルメザンチーズの塊を担保にした債券を購入することもできる。世界的に有名な食品、自動車、包装機械を輸出している地域で中小規模事業者が今も主流であり続けているのは、協同組合ネットワークのおかげだ。エミリア＝ロマーニャ州の世帯所得の中間値がイタリア1位であり、失業率が最低で、女性の労働参加率が最も高い理由の一端は、協同組合が根づいた風土にある。[32] これは不思議な融合の結果だ。

エミリア＝ロマーニャ州は19世紀後半から左翼の牙城だった。1886年に創設された初の全国協

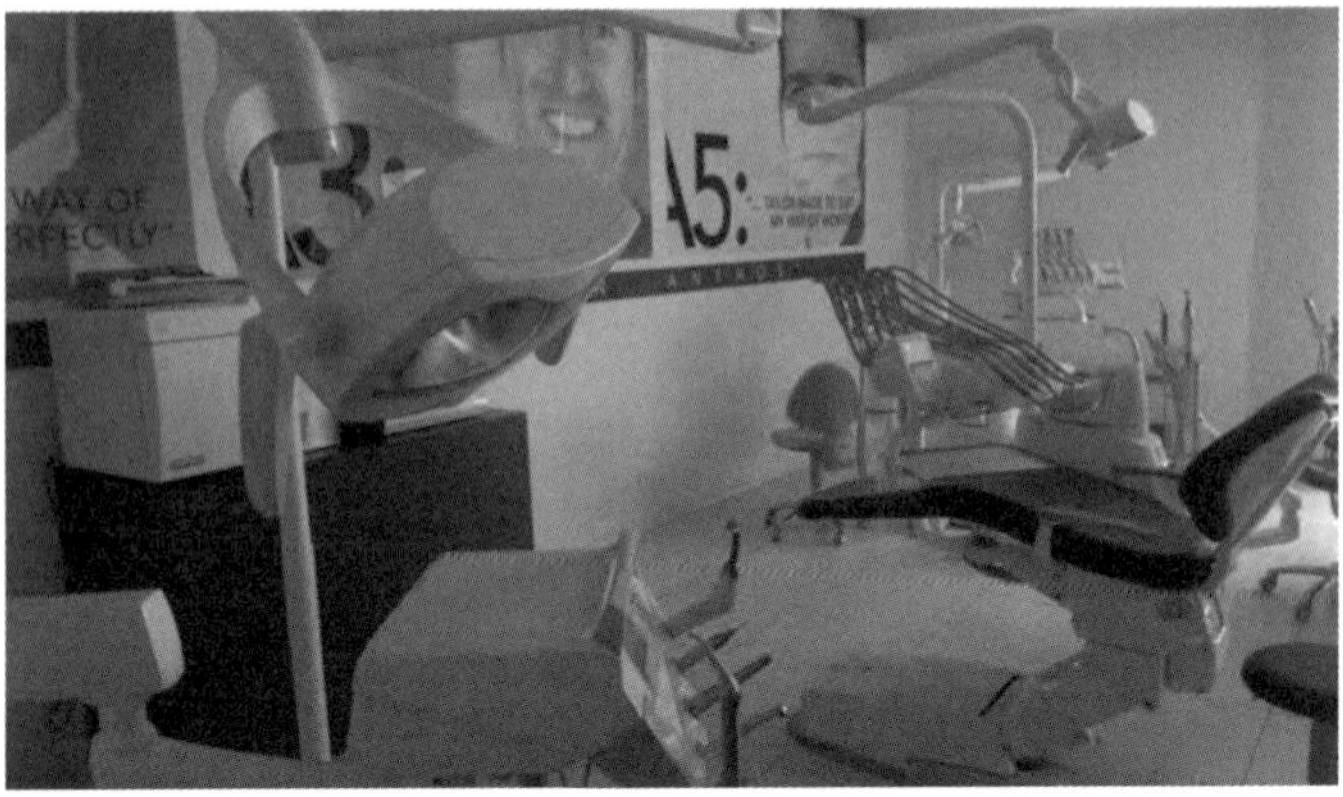

ボローニャ近郊の製造協同組合、チェフラ社の工場内にある歯科治療用椅子のショールーム

同組合連盟、レガコープは共産主義者と社会主義者が主力だった。カトリック教徒も1919年に別の連盟、コンフコーペラティーヴェを立ち上げている。カトリック教会が民主制より君主制を選び、共産主義者たちが彼らなりの絶対主義的な構想を掲げて張り合っていた時代に、北イタリアでは両者がボトムアップ型の事業を支援することを選んだ。今日、この2つの組織は思想の違いにこだわる必要はないと見なすに至り、合併に乗り出した。「ベルリンの壁ももはや存在しないのに、イタリアでは最近になってようやくそれがわかった」とボローニャのレガコープ役員、ジャンルカ・ラウリーニは言う。「イデオロギーは別として、協同組合は協同組合なのですから」。

協同組合のフォーメーションは、創設時の理論的根拠を超えて生きながらえることができるようだ。それはまったく別の論理で動き、独自の教訓を授け、他には共通点がほとんどない人同士、場所同士を結んでコモンウェルスを作る。

協同組合先進国「ケニア」

私の乗った飛行機は日の出と同時にナイロビに到着した。ナイロビもサハラ以南アフリカも訪れるのは初めてだ。まだ寝ぼけまなこだったが、1時間後に都心のホテルで人と会う約束があったから、ゆっくり目を覚ます余裕もないままタクシーに乗り込んだ。

空港から街中に向かう渋滞の中、私は朝もや越しに周囲を観察し始めた。道路沿いを、ヤシの木々と電線の間にビルが現れては過ぎ去る。店、ところどころにホテル、中で仕事をしているようには見えないオフィスビル。巨大な屋外広告からファッションモデルが通りすぎる私を見下ろし、その足下にはサファリコムの手描きの壁画広告がある。サファリコムは、有名なM－Pesa（エムペサ）というテキストメッセージを使った支払システムを運営する通信会社だ。そのうちにコーポラティブ銀行の店舗が目に入るようになった。(33) ナイロビの全景が見えてくると、高層ビルの一つのてっぺんにもその名があった。私がケニアを訪れたのは協同組合の取材のためではなく、そもそもケニアが取材対象になるとも思っていなかった。私はケニア山近くの研究ステーションに暮らす家族を訪ねてやってきたのだ。だが協同組合がこれほど普及し生活に欠かせない土地はケニアが初めてだった。

私はタクシーの運転手にコーポラティブ銀行についてたずねた。運転手は自分の協同組合銀行《コーポラティブ》の話をしてくれた。それは運転手仲間の間ではSACCO（貯蓄信用組合）と呼ばれている、小さな信用組合のようなものだった。SACCOは彼らのような独立自営の労働者にとっての社会的セーフティネットで、病気になれば医療費を、亡くなった時には埋葬費用を保障してくれる。彼が事業オーナーになったのもSACCOのおかげだ。SACCOから融資を受けて自動車を買いそろえ、小さなタクシー会社を立ち上げた。彼は私に事業秘密──利幅ではなく売上──や、流動する共同出資金の管理をめぐって運転手グループの間で起きるやっかいな駆け引きについて教えてくれた。彼は時々SACCOの理事を務めるので、組合員と運営側の対立も熟知していた。彼の話に耳を傾けるうち、私は民主主義の力学をその矛盾と限界まで含めてこれほど知り尽くした人には会ったことがないと感じた。彼にとって協同とは選択ではなく必然だった。「これは諸刃の剣ですよ」と彼は言った。

現代的な協同がこの国に入ってきたのは搾取の手段としてである。自国の貧しい労働者たちを向上させるために協同組合事業を発展させたイギリス人は、19世紀末にはそれを植民地で活用した。植民地時代のケニアでは、1931年に協同組合法が制定された時でさえまだ白人入植者にしか組合加入が認められず、協同組合はアフリカの土地とアフリカ人労働者を使って育てた換金作物の輸出を行うために利用された[34]。一方、インドのイギリス植民地では農業協同組合が奨励され、イギリス委任統治領パレスチナではヨーロッパからのユダヤ人入植者がアラブ人が何百年も前から保有していた土地に村落共同体を作っていた。

ケニアで白人専用だった制度が変わり始めたのは1940年代、黒人に協同組合を持たせて中流階級を作れば反乱の防波堤になるのではないかと植民地総督が判断したためだ。1963年の独立を機に、ケニア人はこの搾取の手段を解放の手段に変えた。協同組合は国家主導による同国の「アフリカ社会主義」の基盤となった。国が掲げたこの思想では、協同組合制度を植民地以前の共有生活への回帰――新しい国家標語「ハランベ」（協力する、の意）の経済的な表現と再解釈した。

今日、ケニアの国民総生産の半分近くが協同組合から生まれ、国際労働機関（ＩＬＯ）の推定では人口の63パーセントが協同組合で生計を立てている。(35) 従来は圧倒的に多かった農業協同組合に代わって金融セクターが主流になりつつあり、私が話をした運転手の小規模なＳＡＣＣＯからケニア第４位の金融機関であるコーポラティブ銀行まで、その中身は多彩だ。ケニアの協同組合はセクターや地域別に連合を作り、それらがさらに集まってケニア協同組合同盟という頂点組織を形成している。ＩＣＡもナイロビに地域事務所を置いている。

教育が第一

ナイロビ滞在の最終日に、私は西部近郊に静かなキャンパスを構えるケニア協同組合大学に車で連れて行ってもらった。青と白に塗られた校舎。平均よりも身なりのよい学生たちが舗道や芝生の上を小走りでマーケティングや会計や金融の授業に向かっている。おおむね普通のビジネススクールといえた。だがそれだけではない。

同校の元学長エスター・ジチェルーは協同組合員の娘としてコーヒー農園で育った。彼女自身の教育は家業の手伝いから始まった。「私たちは協同組合のトレーニングで、単にビジネスの知識やスキルを広めることだけを考えてはいません」と、まるでホリヨークやグリーリーが乗り移ったような言葉を彼女は発した。「あらゆる層の人々の成長と進歩を考えています。通常の株式会社では絶対あり

ケニア協同組合大学

えないような形でです」。現在、彼女は研究に特化した大学の新部門、協同組合開発研究所（Institute for Cooperative Development）を運営している。彼女は同僚らとともに既存の事業の経営支援のほか、労働者協同組合や住宅協同組合など、ケニアであまり普及していないタイプの事業の立ち上げをめざしている。

1997年に法案が通過してからやっと、ケニアの協同組合は政府の後援と支配から実質的な独り立ちを果たした。それはケニアにアフリカ社会主義から離れてグローバル市場に参加することを促した世界銀行などの諸機関からの要請による、方向性の定まらない大規模な構造改革の一環だった。ケニアの協同組合が真の意味での協同組合——本当に自律的で自主管理された——にならざるをえなくなったのは、ようやくこの時だったのかもしれない。市場競争力がなく組織を維持できずにつぶれた協同組合もあれば、勉強して競争力をつけ成功した組合もあっ

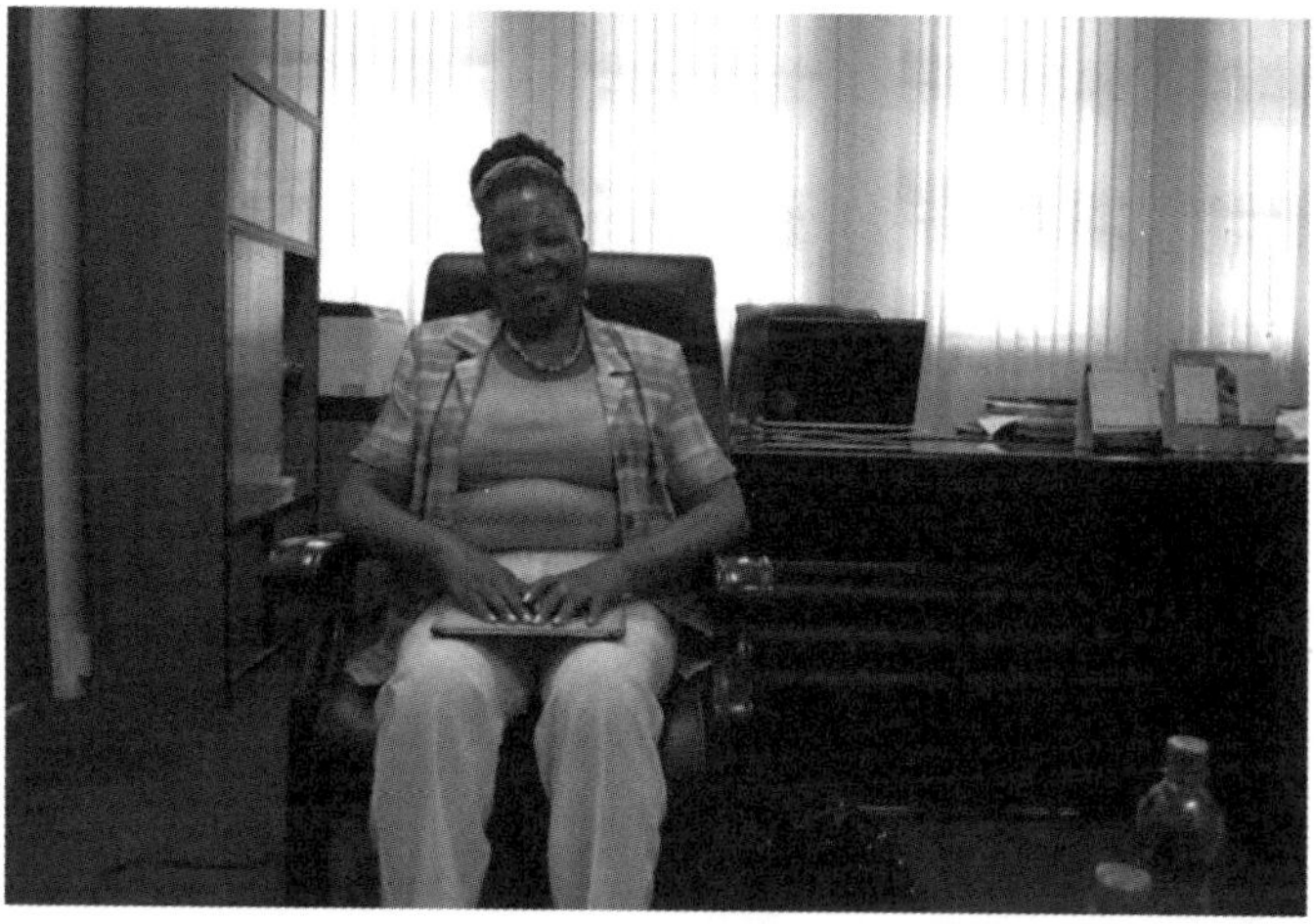

エスター・ジチェルー

た。大学の役目に新たな重みが加わった。「組合員は以前は協同組合を政府の延長のように見ていました」とジチェルーは言う。「今の協同組合は真剣に教育に取り組んでいます」。

ナイロビ中心部に戻った私は、官庁が集まるコンクリートの合同ビルに産業化・企業開発省の最高協同組合責任者のニョンガ・ハイリン・モラアを訪ねた。かつては協同組合を担当する専任の省があったが、現在は彼女の部署が、グローバル化の中で生き残るために協同組合セクターの意識改革を行う任を負っている。再編後の省にケニアのすべての協同組合は今も報告書を提出する義務があるが、かつてのような国の保護はもう期待できない。

「協同組合には漫然と経営していてはいけないと伝えるよう努めています。昔とは状況が違う、と」とモラアは言った。「何をやるにも起業家精神を意識する必要があるのです」。

モラアが協同組合に対して特に力を入れているの

は、原材料の大量生産にとどまらず、製品に付加価値をつける手段に投資させることだった。それはイギリス人が植民地で安い穀物を育て、サプライチェーンで最も利益の上がる部分は本国から出さないシステムにしていた時代にさかのぼる、かねてからの問題だった。モラアは皮革、食品加工、織物を例に出した。だが世界のあまりにも多くの地域がそうであるように、ここでも植民地独立後の状況にはもどかしい逆説が残っている。ケニア人の約半数が貧困のうちに暮らしている。彼らのSACCOから、政治エリート層が上前をはねている富にアクセスするすべはない。協同組合の設立資金の多くは海外の機関から融資される。その多くは、グローバル市場の要請に政策を従わせようとケニアに強いている裕福な国々だ。だがモラアはケニアの協同組合がお互いの力を活用するための支援もしようとしていた。例えば彼女の部署は地方の農家と都市部のSACCOの橋渡しをして、無理のない柔軟なローンを受けられるようにしていた。

その融資計画の詳細について話を続けようとした時、モラアはそわそわし始め、今日オフィスに人がほとんどいないことに気づいていますかと言った。たしかに人がまばらだった。職員のSACCOの役員選挙があるからだと彼女は説明した。自分もここで失礼しなければならない、とモラアは私をエレベーターまで送った。彼女も投票に行かなければならなかったのだ。

経済学の教科書から消えてしまった「協同組合」

協同組合の概念が試行錯誤を経て時間をかけて形成される必要があったのと同じように、協同組合活動家にも形成のプロセスが必要だ。教育はロッチデールの店の創立原則であり、原則の条項が何度改訂されても残り続けている。だが短期間のうちにおろそかにされやすい原則でもあり、しばらくするとまったく行われなくなってしまう。私がナイロビで用意されているのを見てきたフォーメーションの機会は、わが国ではなかなかお目にかかれない。アメリカには協同組合ビジネススクールのようなものはない。

協同組合は大規模で独特の論理を持つセクターであるにもかかわらず、その原則と慣行は第二次世界大戦後、経済学の教科書からほとんど消えてしまった。2000年に発表されたある研究によると、北米の経済学入門の教科書17冊のうち、協同組合に言及があるだけのものさえ6冊しかない。それもほぼいずれも短く、そっけない扱いだ(36)。私がアンケートを取ったアメリカの一流MBAプログラム20校のうち、協同組合事業を取り上げたコースがあると回答したところは皆無だった。私が協同組合事業について問い合わせた数人の経営学や経済学の教授は、私が何の話をしているかもよくわからないようだった。

一代で巨富を築いた「泥棒貴族」でスタンフォード大学を創設したリーランド・スタンフォードが知ったら、さぞがっかりしただろう。1885年に行った最初の寄付に、彼は「連合および協同の権利と利点」を推進するようにという指示をつけた。上院議員時代には労働者所有の協同組合を支援する法律の制定を後押しした。自分を大富豪にした投資家所有の企業よりも労働者所有の協同組合の方が望ましいと考えたのだ。彼は大学の一期生に「協同組合は全体の利益のために個人の最大の能力と影響力を引き出し、また大勢の人々のよい影響が個人を援助する」と語った(37)。これは一流ビジネススクールも含む彼の大学がほとんど完全に無視してきた指針だった。

このお寒い状況の中で例外が見つかるのは、一般的にMBAプログラムではなく農業経済学という地味な学問分野だ。協同組合はアメリカ農家に不可欠なインフラであるため、農務省は昔から大学、特にランドグラント大学［キャンパスに公有地が提供され、農業の普及発展を目的とした大学］の協同組合研究を支援してきた。なかでも政策が充実しているのは1962年に連邦政府の援助を受けて創設されたウィスコンシン大学マディソン校の協同組合センターで、その存在自体が州法によって必須と定められている。だが同センターが現在の学部長の候補者探しをした時には適任者がなかなか見つからなかった。最終的に就任した農業経済学者のブレント・ヒューースは主にたった1人で協同組合の研究をしてきた。「ほぼ自力でこの学問分野を発見したのです」と彼は言う。

彼がこの道に入ったきっかけは、自営農家の資材購入と市場への販売を規模の経済で可能にする協同組合ならではの力を知ったことだった。「農村地帯に特有のものでも、一回性のあるものでもありません」と彼は話してくれた。「投資家所有モデルでは対応できない特定の市場、特定の経済環境になくてはならない何かがあるように思われるのです」。

マディソン校のセンターの運営を維持し資金を確保するのは容易ではなかった。協同組合セクターは、MBAプログラムに多額の寄付をして自分の名前を冠した講座を開設するような裕福な篤志家とは縁がない。「協同組合は多大な富を生み出しますが、その富は少数の人々に集中しないのです」とヒューースは言う。民主的な協同組合に大学プログラムの資金を出してもらうよう説得するのは、後世にレガシーを残せるという魅力を訴えて個人寄付者を募るより難しいかもしれない。カナダのセント・メアリーズ大学の協同組合ＭＢＡプログラムは、従業員を勉強のため派遣する協同組合との関係に依存している。

昨今、協同組合事業の教育の多くが行われているのは、コミュニティ組織が運営する無認可の学校だ。授業は体験型のグループ学習が中心で、実社会でうまくいったかどうかが評価基準となることが多い。だが協同組合セクターがある程度の規模のある本格的なものとしてフォーメーションされるには、正規のトレーニングも必要になるだろう。アメリカの労働者協同組合を推進する旗振り役、デモクラシー・アット・ワーク・インスティテュートのメリッサ・フーバー事務局長は、もはや待ったなしだと言う。既存の資本主義の仕組みと付き合いながらやっていくノウハウを身につけた協同組合起業家に、すぐにでも現れてほしいと彼女は願っている。「他とは違うと特別扱いした協同組合教育などいらない」と彼女は話してくれた。「とにかく行動してほしい。従来のビジネススクールに行って、自分の学びを政治的に利用すればいいのです」。

大学制度自体、協同に起源がある。ヨーロッパの初期の大学は学者の自治ギルドから誕生し、その名残が忌み嫌われている教授会や委員会の仕事として生き続けている。このレガシーは復活が求められているのかもしれない。教職員だけでなく学生や保護者などの利害関係者も学校を所有し管理するべきだ、と求める声も一部にはある。近年、イギリスでは民営化改革の波に乗り、大学より下の各層の学校で、親と教師が共同で所有管理する協同組合学校が設立されている(38)。

公正先駆者たちの物語には検討する価値がありそうだと思いついた理由を考えるうち、学生時代の記憶がよみがえった。高校の数学の先生の勧めで一度、公立のオルタナティブ校の入学者受け入れ方針を再考する委員会の議長を務めたことがある。難しい議題だった。従来の方針が大きな裁判で却下されていたからだ。私はそれまで委員会に出たことはなかったと思うし、まして議長を務めたことなどなかった。なぜ私に議長が務まると先生が思ったのかはわからない。だが私は大役を務め上げた。先生、仕事帰りの親たち、生徒たちが夜、先生の教室に集まった。外は真っ暗でほとんど誰もいなくなった学校で、私たちの声に校舎そのものが聞き耳を立てているように思えた。何カ月もの間、私たちはさまざまな可能性を議論し、郡内のサービスが不十分だった地域でも利用しやすくなるような提案を作成した。それを皆で教育委員会に持ち込んだ。私はそこでスピーチし、私たちの提案が通った。数学の出来が悪い高校生でも、機会を与えられれば統治の手伝いをやりとげられるのだということを、私はその時きっと体で理解したのだろう。

1887年の議会の議事録にはリーランド・スタンフォードの次の発言が残っている。「知性を高め、協同の原則への理解を深めて実践に取り入れれば、やがてこの国の産業の大半を協同組合連合が担うようになると私は想像しています」[39]。もう少しだけ正しい研究と教育と形成が行われれば、協同組合コモンウェルスが到来するはずだと彼は信じていた。だがみずから創設した大学でのスタンフォードや後世の人々の奮闘にもかかわらず、彼の仮説はほとんど実証されないままだ。今の時代に協同組合を始める人々は、自力で美しき原則を再発見しなければならなかった。

第3章

もう一つのシェアリング・エコノミー
——破壊か創造か

ラストベルトの可能性を求めて

私は噂に聞いていたものの実物——他の街々もまたアメリカンドリームに見捨てられたら後に続くかもしれない終末論的な未来を垣間見させる、放置された土地に入り込んだゲリラ農場、差し押さえに遭った住宅に作られたコミューン——を見ようと、デトロイトに赴いた。そこにたしかにそれらはあった。もぬけの殻になった立派な家々や工場の跡を縫うように借りた自転車で走っていると、自転車のスピードだからこそ廃墟から可能性が透けて見えてくる。多くの場合、可能性と廃墟は一つに重なっている。過去から現在へ、そしてせめぎあういくつもの未来へとつながるこの物語の中心とするのに、ここはうってつけの場所だろう。

デトロイトは昔から聖地とされてきた。アメリカの車文化の原動力となった自動車の町《モータータウン》であり、黒人中産階級が東海岸と西海岸の間にエンターテインメントとアートの中心を築いたモータウンでもあった。しかし最近、国内からの関心が集まっているのは別の理由——脱工業化以降の悲惨な凋落ぶりと相対的な空洞化による。しかしそれは実は空洞ではなく、この街がいつか必ず果たす復活の主役の座を競い合う先駆者たち（公正であるにせよそうでないにせよ）の想像力を刺激してやまない、見かけの空洞だ。デトロイトは私たちの時代の破壊的変革を身にしみて理解している。協同《コオペレーション》への新しい憧憬もまた、ことのはかよく知っている。

私がデトロイトを訪れた口実は「ニューワーク・ニューカルチャー（新しい仕事、新しい文化）」というカンファレンスだ。ミシガン大学の哲学教授フリトヨフ・バーグマンが自動車産業の興亡の最中数十年にわたって行ってきた、仕事を先の見えない苦役から喜びに変える研究を斜めからとらえたイベントだった。デトロイトではこの週、ブラック・ファーマーズ・アンド・アーバン・ガーデナーズ（黒人農家および都市農家）・カンファレンスが行われ、破産したデトロイト市が財政立て直し策の一環として実施した家庭に対する断水措置の調査に国連代表が訪れていた。

宿泊先として床に寝かせてもらったニュー・ワーク・フィールド・ストリート・コレクティブ［地域の経済問題に取り組む住宅協同組合］の家のホストの一人が「『新しい仕事』って何、と聞いてごらん」と言った。「皆が違うことを言うよ」。そこがポイントだった。バーグマンが発見したのは私たち一人ひとりが最も純粋な、最も個人的な欲求を探る中でよい仕事が生まれることだった。

　到着した日の夜、私はフィールド・ストリート・コレクティブの年配のメンバーで、ブラックパンサー時代の活動で刑務所入りし釈放されてまだ日が浅かったブレア・エバンズに会った。彼はいろいろな話をしてくれた。塀の中では触れる機会のなかった電子機器に夢中で、小さなビデオカメラを常に首から下げて警察を撮っていた。家では収監中に習得した革細工を若者たちに教えていた。翌日は、地元のフランチェスコ修道会で働く活動家の若い女性、マーシャ・リーに会った。私は彼女の車に同乗させてもらい、クィア「セクシャルマイノリティ」活動家たちの写真撮影や晩餐祈祷会など、地域の世話役としての彼女の多忙な一日に密着した。合間に彼女は、協同組合の立ち上げを構想している仲間の有色人種女性たちと行っている勉強会について話してくれた。

　実際のところ、どの程度うまくいっているのだろうか。衰退したデトロイトでうまくいっているものがあるとしたら、きっとよそでもうまくいくはずだ。私はお手本を期待していた——再現可能なイノベーションを取材して回り、他の町に伝えたいと思っていた。しかしお手本を探すという観点だけからすれば、ニューワーク・ニューカルチャーの初日はほぼ時間の浪費に終わった。

世界時計は今何時?

デトロイトのミッドタウンに位置するウェイン州立大学の講堂の蛍光灯の下、祈りの言葉はアフリカの太鼓の一斉連打のように聞こえた。続くディスカッションは「ニューカルチャー」側に焦点を当

1900年以降のデトロイトの人口推移

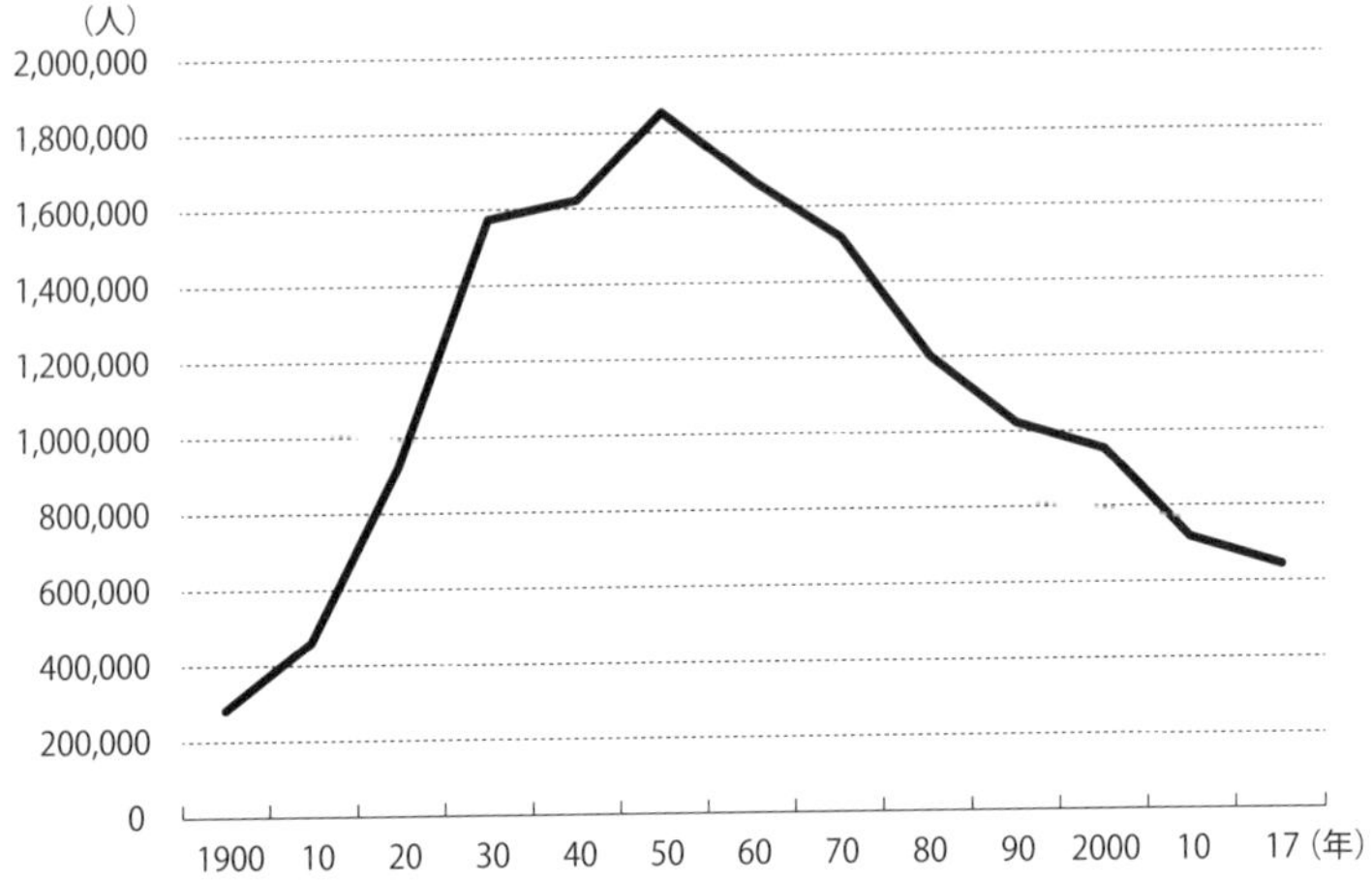

て、内容は活動家の常套句、アフリカ系の文化、実体験の混淆の中から引き出した、生活と宇宙についてのかなり普遍的な考察だった。「この土地にいて」――デトロイトのことだ――「生き延びられたら、内なる神について何事かを学びます」とママ・サンドラ・シモンズが言った。彼女は聴衆を釘づけにするカリスマの持ち主で、自己紹介の肩書の中には叙任牧師も含まれていた。「私たちは戦士です、皆でともに戦っています」。だが演台に立った人々から最もたびたび発せられた言葉は質問だった。「世界時計は今何時？」。

それはイベント主催者の多くが師と仰ぐグレース・リー・ボッグズの言葉だった。ボッグズはアメリカが第二次世界大戦に突入する直前に哲学博士号を取得した。中国系アメリカ人だった彼女はアフリカ系アメリカ人の工場労働者で労働組合運動家だったジミー・ボッグズと結婚し、トリニダード人の社会主義者C・L・R・ジェームズの影響を受けるようになる。ソビエト共産主義は認めなかったがブラックパンサーやマルコムＸと行動をともにし、疎外された有色人種コミュニティによる、有色人種コミュニティのための地域経済革命の実現をめざした。彼女は「クリティカルマス［普及が一気に加速する臨界点となる普及率］」ではなく「クリティカルコネクション［つながりの臨界点］」の力を説いた[1]。ボッグズは自宅の上階をまだ活動に提供していたが、カンファレンスが進行しても自宅の地階から出てこなかった。高齢になり、マーシャ・リーをはじめとする最も親しい仲間に会うだけの体力しかなかったのだ。翌年、彼女は１００歳で逝去している。

「世界時計」は私たちが今どこにいて、これからどこに向かうかを意識させるための合言葉だ。ボッグズは長年デトロイトを未来を占う時計、他の場所にもいずれ広がる危機と生き延びる手段を予見するための時計として使ってきた。デトロイトの工場が自動化の波に洗われたのは、旅行代理店がインターネットの襲来を受けるはるか前だ。住宅バブルも２００８年にはすでにはじけて久しかった。ボッグズの弟子たちがこの問いをあまり口にしなかったのは、問いによって探求が促されるよりも一つの答えが返ってきてしまうのが予想できたからだ。最大の希望は「絶体絶命からの脱出策」にあった。

昼間のセッションが終わると、打楽器がたくさん入った箱が登場して聴衆の間に回された。やがててんでばらばらの音が発生し、数分かかって一つのビートにまとまった。私も楽器をもらって振り始めた。砂が半分入ったＰＯＭジュース［アメリカのザクロジュースブランド］のプラスチックボトルだった。

デトロイトのユートピア群

2日目は私が当初思い描いていたものに近かった。バスツアーで耕作放棄地に作られた菜園をめぐった。しかしカンファレンスに戻ると、もじゃもじゃの白髪の上に黒い皮のキャップをかぶったバーグマンが参加者たちから理論の要点について厳しく追及されていた。彼が数十年前に自動車組立てラインへの対抗案として創り上げた思想――好きなことで生活し、働く時間を自分で選ぶ――は、会議場にいた若者たちが嫌というほど知っているギグ・エコノミーの売り込み文句のようにいかがわしく聞こえた。バーグマンの言う解放は若者たちにとっては恒常的な不安だった。バーグマンは3Dプリンターが生産の地元回帰の可能性をもたらすと夢を語ったが、次の新技術が今度こそ君たちを救うという文言を聞き飽きた人々からは不満の声が上がった。ボッグズの大命題に対して、ジェンダー理論家のキャシー・ウィークスが「終業時刻よ」と答えて喝采を浴びた。彼女は自分の情熱を預けるほどには仕事を信用していなかった(2)。

午後、ひとりぼっちで座っているバーグマンを見つけた。彼は誤解されたと感じ、失意に沈んでいた。状況があまりにも変わっていた。工場はもはや前提ではなくなった。彼が希望を託した新しい仕事のビジョンは、もっとよい形で成長するチャンスを得る前に資本主義に取り込まれてしまったのだ。

彼の周りでは、いくつかに分かれたグループが協同組合の資金調達や時間銀行の立ち上げについての本質的な議論をしていた。私は最新のファブラボ［市民が自由に利用できる物作りワークショップ］の見学ツアーに参加した。そこでは「落ちこぼれ予備軍」の若者たちが精密工作機械や、くだんの3Dプリンターを使って（ここは特筆しておくべきかもしれない）、コースターから電気自動車まであらゆるものを作っていた。

その晩、宿泊先のエアマットレスに寝に帰るために、タワナ・ペティの車に便乗させてもらった。彼女はカンファレンスを主催した活動家で子を持つ母親でもあり、常に貼りついたような笑顔はファストフードの仕事をしていた時に求められた感情労働の一部として習い性になっているという。今、彼女は「データ活用の妥当性」の研究と教育を行っている。私は後部座席から、ハンドルを握る遠方からの友人と助手席の彼女が近況を語り合うのを聞いていた。彼女は国連代表の前で水道危機について話すために呼ばれた時の話をした。祖先たちが自分のそば、自分の中にいて、自分を通して語っていると感じたという。血縁だけではない――例えばチャリティ・ヒックスの気配を感じた。ひき逃げ事故で亡くなるまで、断水措置に抗議して粘り強く戦った女性だ。「チャリティもあの場にいたわ」とペティは言った。

デトロイトのユートピア群は、私の判断するかぎり、おおむね資本にねじふせられるか、利益が上がる場合だけ取り込まれるかしているところだった。潮流に浮く船もあれば沈む船もある。沈む船にはもう先がない。デトロイトで徹底抗戦している彼らが精一杯示してくれた最大の知恵、策略、手本――つまり、頑固に信念を育てること――に十分な価値が見出せなかったのは、私の側の問題だ。

「ヘビの顎の中」にいる私たち

私たちの時代の危難と不安を明快にまとめた単純なチャートがある。ヘビの顎チャートと呼ばれるようになった。(3)図には2本の線がある。1本はジグザグしながらも一貫して上に伸びている。第二次世界大戦後のアメリカの生産性割合の上昇を示したものだ。2本目の線も1本目をほぼ正確になぞっている――最初のうちは。こちらは賃金、つまり大半の実際の生産者が実際に便益を受けている度合いを示す。1本目の線と重なるように上昇していた2本目の線は、1970年前後から頭打ちになる。この頃から民間セクターの労働組合加入率は下降の一途をたどった。同様の現象が2000年にも見られるが、この時に頭打ちになったのは民間セクターの総雇用数だ。ソフトウェアによる自動化が原因だとする声もある。

経済は効率が上がり生み出す価値が大きくなり続けているのに、大半の人が受ける恩恵は減る一方だ。残りの価値は少数の富裕層に吸い上げられる。企業は顧客を喜ばせるよりも、雇用を生み出すよりも、株主価値――投資するだけの余剰金をすでに持っている人々への報酬――の最大化というたった一つの目標に奉仕することに長けていく。経済学者トマ・ピケティのベストセラー『21世紀の資本』は、投資家の収益が世界を新たな封建制に向かわせると説いた。ピケティの批判者として最も有名な26歳のMIT大学院生、マシュー・ロンリーが意見を異にしたのは、この現象において大きな割合を占めるのは不動産だと強調した点だ。(4)最低賃金の上昇でこの問題は解決しない。どうあれ、富は所有

ヘビの顎チャート

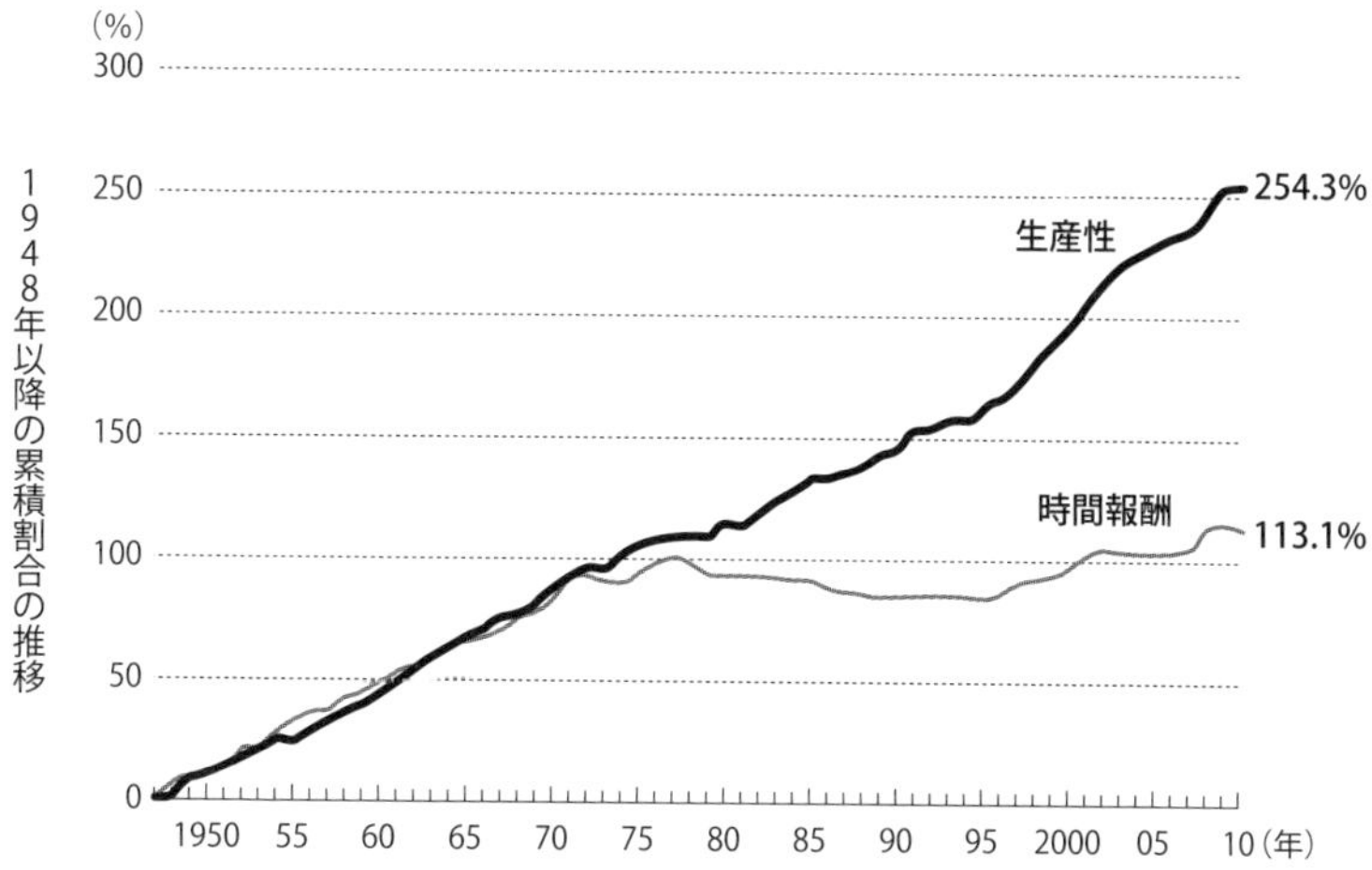

者――私たちの住む場所、働く場所、消費するもの――のところに行く。

私たちのほとんどが、ヘビの顎の中にいる。幸運な人々は、大きく開いていくヘビの顎が2008年の金融危機の際に若干閉じるまで、何も知らないまま幸せでいられただろう。だがあの時、世の中の仕組みの正体が明らかになった。大手金融機関は政府に救済されたのに、世界中の何百万人もの人々、特にすでに不安定な状況に置かれていた人々は壊滅的な損失を被った。再発を防ぐ目的で作られた新たな規制さえ、大企業に有利で中小企業からさらに搾り取るようにできていた。これによって力関係の存在があらわになった。自分たちの利益を守る力があるのがどんな人々、どんな組織で、その力がないのは誰かが白日の下にさらされたのだ。消えた職のかわりに戻ってきた仕事は、先の見通しがなく、福利厚生が減り、かつては雇用にともなっていた保証が小さくなっていた。何百万人もの人々が持ち家を失った。たしかに危機には違いなかったが、それは世の中でもてはやされてきた規範の一つの表れでもあった。私たちが憧れてきたものの、これが結末だった。

「破壊的イノベーション」の真実

今日の起業家たちがめざしたがるのは、壊れたレコードのように繰り返される本人たちの言葉によれば、破壊的変革だ。業界や文化的な習慣や人手に頼った非効率を破壊するのが、将来有望な新しい事業のしるしだという。この手のセリフがあまりによく聞かれるために、それが意味するものを私たちはつい見逃してしまう――例えばデトロイトでそれが何を意味するのか、何を意味してきたのかを。デトロイトで、数十年前にジミー・ボッグズは破壊的変革を目のあたりにした――ロボット、人種差別、アジアからの輸入車が街の工場を閉鎖に追い込み、生き残った自動車産業が白人の多い郊外に逃げ出して、アメリカ黒人の首都だったデトロイトを衰退し崩壊するにまかせた時に。

破壊的変革という業界用語は本来はもっと緻密に考えられた学問的な概念に由来する。ハーバード・ビジネススクール教授のクレイトン・クリステンセンが1990年代半ばから2000年初めにかけて、市場の周縁で生まれることが多い単純な開発がその市場のルールを書き換えうるメカニズムを研究し始め、「破壊的イノベーション」と呼ぶようになった。[5] 安くて馬力の劣る日本車がデトロイトのキャデラックの競争相手になったのがそれにあたる。コダックが1970年代に世界初のデジタルカメラを発明しながら、フィルムに執着したために自身の発明品によって破産に陥ったのも同じ事情だ。目覚まし時計やレコード収集からガソリンスタンドの店員にたずねていた道案内まで、すべてがスマートフォンに置き換わったのもしかり。破壊的変革者は当てれば大きい。工業化の時代にカール・マルクスが、その後ヨーゼフ・シュンペーターが観察した「創造的破壊」を晴れやかに引き継ぐ現代資本主義の原動力を発見したとして、クリステンセンは学者仲間から功績を認められた。そして私たちはスティーブ・ジョブズやイーロン・マスクのように次々と破壊的変革を起こす人物を神格化する。だが、破壊された側——その影響を耐え忍んでいる人たちはどうなるのだろう。

数百年前は、聖キアラ会の修道女たちやディガーズ、ロッチデール公正先駆者やナイツ・オブ・レイバーなど、経済の大変化の影響を受ける側に協同組合経済が根づく傾向があった。協同組合活動家たちが当時築いたものが、新しい秩序と多少の軋轢を起こしつつもインフラになり、それがなければ取り残されていたであろう人々が生き延びて繁栄する生命線となった。それはローマ帝国が崩壊していく間も続いた修道院で、ペストの犠牲者の棺代を負担した都市のギルドで、ギルドを破壊した搾取工場を労働者が耐える支えとなった協同組合の店や工房で起こった。

2000年代初頭の破壊的変革は上から順々に波及し交錯する。人間文明の排出物が異常気象を引き起こしてその頻度と規模は年々増すばかり、加えて長期にわたる旱魃がゆっくりと地球を荒廃させている。それらと世界各地でもぐら叩きのように行われる対テロ戦争とがあいまって、大量移民がたびたび発生している。グローバル化した市場を資本は自由に往来しているが、命からがら逃げてきた難民たちは国境で足止めされている。一部の人々から世界中に広まると期待された自由民主主義的な合意は、各地で有権者が独裁者を選出するという現象の前に屈した。

私たちが生きてきたのはネットワークの破壊的変革の時代でもある。シリコンバレーにとってインターネットは破壊的イノベーションの好都合な実例を生んだ。旅行代理店やボーダーズ書店に取って代わったのはSFに出てくるような歩いたりしゃべったりするロボットたちではなく、アプリ——従来の仲介業者に代わる新しいつながりの接点だった。これらのつながりはユーザーとユーザーデータの取り扱いを工夫し、物的資産と「人的資源」を不要にした。既存技術によって今ある職業の半数までもが存亡の危機にあるとマッキンゼー社は推定している。(6) アプリは工業生産と流通——今では外国にアウトソースされた——ではなく、脱工業化時代のマッチングアルゴリズムを提供する。だがネットワーク化されたつながりには、私たちをどこまでも破壊する以上のことができる。

破壊的革新をもたらすあまたのハイテク企業の背後には、協力《コラボレーション》から始まったイノベーションがある。エアビーアンドビーができる前には、旅行者はカウチサーフィン［インターネット上の宿泊用コミュニティ］を介して無償で自宅を交換していた。グーグルとフェイスブックが印刷広告業界に破壊的変革を起こす一方で、あるエジプトのグーグル社員がフェイスブックを使って民衆蜂起のきっかけを作り、ホスニ・ムバラク政権を倒した。カーシェアリング、クラウドファンディング、ソーシャルネットワーク——いずれも人々が以前は協同組合に頼ってやっていたことだ。インターネットの協力の可能性は協同組合の可能性でもある。問題は、経済全体に金融の占める割合が大きくなるにつれ、新規企業にとって顧客や従業員からよりも外部投資家から資金を調達する方が簡単で安上がりになったことだ。(7) 一、二世代前なら協同以外にあまり選択肢がなかったかもしれない一匹狼的な企業も、今では他の選択肢を検討するまでもなく、喜んで出資し会社を買収する投資家を見つけられる。投資家資本に首まで浸かってしまうと、どんなに志の高かった起業家も、自分たちがサービスの対象とするコミュニティに根づいた形で資金調達したり事業を成長させたりしようとは思わなくなるようだ。だが、すべてがそうであるわけではない。

「協同」のイノベーション

新時代の公正先駆者たちは、破壊的変革という考え方に他のスタートアップ企業のような憧れを持たない傾向がある。破壊的変革は、資力のおかげで経済的な苦労とは無縁でいられる投資家たちにとっては魅力的だ。だが生きるために必死な他者に対して仲間として責任を負う立場になれば、彼らの生活基盤を消し去ることに喜びはない。リスクへの露出が少なくパニックに陥りにくかった金融協同組合や信用組合は、２００８年の金融危機以降も預金を守り、融資を続けた。[8] 他の企業が破壊的変革を起こすのをよそに、協同組合活動家たちは自分たちなりのやり方でイノベーションを行ってきた。

１９６０年代のカウンターカルチャーから、ブルックリンのパークスロープ・フード・コープのように有名な消費者所有の食料品店が生まれた。２０００年を迎える頃にはこのような協同組合が、待ち望まれていたカウンターグローバリゼーションの成果として、コーヒーやチョコレートなどの商品をめぐるグローバル・フェアトレード運動の形成に貢献した。１９６０年代と１９７０年代にはもっと整った形の協同も生まれた。例えばシアトルの銀行員ディー・ホックがバンク・オブ・アメリカを説得してクレジットカード事業を分離独立させ、銀行所有の協同組合、Ｖｉｓａが誕生した。一方ヴァンガード・グループは、金融機関のプロを介在させない低コストの消費者所有ミューチュアルファンドを設立した。イタリアでは、介護士と利用者が共同で所有する、いわゆる社会的協同組合によって介護業界に変革が起こった。社会的協同組合は障害や犯罪歴のある人々の雇用も一手に引き受けている。例えば、画家のマーク・ブラッドフォードは2017年のベネチア・ビエンナーレ国際美術展でアメリカ館のためにインスタレーション作品を制作した際、地元の受刑者らが農作物の栽培や工芸品の製作を行う社会的協同組合と提携した。1985年に創設されたブロンクスの在宅ケア組合(Cooperative Home Care Associates)はアメリカ最大の労働者所有協同組合となり——急成長する介護セクターでこれからさらに増えそうだ——今では認証を受け、公益を追求するBコーポレーションとしての役割も担う。安心して飲める牛乳を求めた日本の主婦たちは、消費者生活協同組合の一大連合を築き上げた。インドのセックスワーカーたちは協同組合を使って、地下産業においてまだしも耐えられる基準を定めた。アルゼンチン経済が2001年に破綻した時、オーナーが閉鎖しようとした工場を労働者たちが買い取り、自分たちで経営を始めた。アメリカでは税優遇措置に後押しされて従業員持株制度が広まり、企業利益が何百万人もの労働者に移転した。(9) 人工的にもたらされたり自然に起きたりした破壊的変革と並行して、新時代の協同組合活動家たちが現れつつある。

抗議ではなく創造した「オキュパイ・サンディ」

2012年10月29日、ハリケーン・サンディがニューヨーク市を襲った——原因として気候変動が疑われ、さらに市の不公平という人災が拍車をかけた災害だ。サンディは、クイーンズ東南端の細長い地域で10万人以上が暮らすロッカウェイ半島をほぼ全壊させた。海岸の近くにあった建物は何ブロックも先に瓦礫となって見つかり、周辺には引っくり返った自動車やその他の残骸が多数散乱していた。長い商店街は漏電による火災で全焼した。公営の高層アパートが何棟も、電気も暖房もなく真っ暗な姿でそそり立っていた。浸水した地下室にはカビが生え、住民たちは帰宅できなかった。それでも何千人ものニューヨーク市民が、ロッカウェイ半島をはじめとする沿岸部の復旧作業に参加した。ボランティアを短期間のうちにまとめあげた最も見事な活動が「オキュパイ・サンディ」だった。前年、「ウォール街を占拠せよ《オキュパイ・ウォールストリート》」で共鳴し合った人々が立ち上げたものだ。彼らは数日のうちにボランティア志願者の受け付け、トレーニング、カビ除去装置、寄付で集まった物資の配布センターなどの複雑なシステムを組み上げた。やがて彼らは協同組合も設立し始めた。

翌年の6月、ファー・ロッカウェイにある教会の狭い2階で行われたWORCs（労働者所有ロッカウェイ協同組合［Worker-Owned Rockaway Cooperatives］）の卒業式に私は参列した。オキュパイ・サンディの元ボランティアたちが協力し、12週間のプログラムで5つの協同組合事業の卵が地域に誕生したところだった。パナデリア［スペイン語でパン屋の意］、生鮮食品の「庶民マーケット」、ププセリア［エルサルバドルの郷土料理、ププサの店］、エンターテインメント会社、建設作業員グループだ。その中で皆を励まし費用負担を引き受けていたのがブレンダン・マーティンだった。理事長にしては若く、服装もカジュアルだ。彼は大手金融機関に勤務した後アルゼンチンに移住し、「ワーキング・ワールド」という組織を立ち上げて、現地の協同組合事業に何百件もの融資を行うところから活動を始めた。この組織はアメリカに逆輸入される形で拡大し、オキュパイ・サンディメンバーの支援でロッカウェイのような被災地域から活動を開始していた。

「ここ数年、抗議活動を多数やってきましたが、今回の活動は現状に代わる社会構造を創る手段でした」と当日、ボランティアの一人が話してくれた。彼女は次に何をすべきかのヒントを探して、オキュパイ運動の元メンバーたちとともにデトロイトへの視察旅行を予定していた。きっと戻ったら「世界時計は今何時?」を合言葉にしたことだろう。

オキュパイ運動と協同組合の近しい関係は、世界金融危機の最中にアメリカで起きた協同組合リバイバルの一現象にすぎない。大銀行に嫌悪感を抱いた人々が、「ムーブ・ユア・マネー」運動で信用組合に口座を移し替えた。貧困層が追い出されるような都市再開発の潮流を変えるために不動産投資協同組合が組織された。だが最も熱い期待が集まったのはなんといっても労働者協同組合だ。ニューヨーク市労働者協同組合ネットワーク(NYC NOWC:New York City Network of Worker Cooperatives)は2009年に設立され、当時まだ創設5年目だったアメリカ労働者協同組合連合(US Federation of Worker Cooperatives)に加盟した。NYC NOWC(ニック・ノックと発音)はロビイストとして実力を発揮し、2014年には連携して市議会を説得し、特に移民コミュニティにおける労働者協同組合の発展に120万ドルの資金を提供させることに成功、金額はその後さらに数百万ドル上乗せされた。元オキュパイ・サンディ事務局がNYC NOWCの立ち上げスタッフに合流した。クリーブランドでは、病院や大学など地元の「中核機関」が団体を作り、労働者所有のクリーニング協同組合やグリーンエネルギー協同組合の設立を支援した。彼らと同盟関係にある「デモクラシー・コラボラティブ」は、これを他の事例とともに全国規模に展開する計画の基礎として活用した。ウィスコンシン州マディソン市は２０１４年後半に労働者協同組合への資金提供を決議した。オークランド、オースティン、ミネアポリス、ニューアークなどの諸都市もさまざまな形で同様の施策をとっている。２０１７年にはバーニー・サンダースが民主党の上院・下院議員グループを主導し、労働者所有企業のための連邦法の制定を提案しようとしていた。苦境にあった労働組合の一部も協同組合に新たな関心を向け、ルーツに立ち返ろうとしているようだ。全国協同組合事業連合（ＮＣＢＡ　ＣＬＵＳＡ）をはじめ古くからある協同組合組織と並んで、こうした試みは２００８年の金融危機の時期に設立された、若者が多くインターセクショナル［人種や性別などさまざまな属性が交差している］で多様性のある包括組織、「ニュー・エコノミー・コアリション」を中心に集まる傾向があった。彼らは自身をより広い「連帯経済」の一部と考えていた(10)。

工場を自分たちの手に

シカゴのグースアイランド地区に工場のあったリパブリック・ウィンドウズ・アンド・ドアーズ社への融資をバンク・オブ・アメリカが打ち切ったのも、２００８年だった。操業が停止されたが、一部の労働者が退去を拒否し、彼らの工場占拠はアメリカ全体の象徴となった。当時アメリカ次期大統領に決まっていたバラク・オバマは「彼らの身に起きていることはアメリカ経済全体で起きていることの反映だ」と語っている。示談により銀行側は労働者への補償を求められ、別の会社が工場を買い

ニュー・エラ・ウィンドウズ協同組合事務所にて、
アルマンド・ロブレス。後ろに見えているのは工場内部

取ろうとしたが事業の継続に失敗した。その後、最初に工場を占拠した労働者たちの一人で労働組合の地域支部長だったアルマンド・ロブレスがブレンダン・マーティンに会い、ワーキング・ワールドの介入をかけあった。マーティンがアルゼンチンで復活を果たした工場に見てきたのときわめてよく似たケースだった。労働者グループは労働組合の支援を得てニュー・エラ・ウィンドウズ協同組合を結成し、ワーキング・ワールドから100万ドル以上の融資を受けた。今では自前の工場を所有し、窓の生産で再び利益を上げるようになっている。[11]

「私にとって、これは労働組合が今後やるべきことなんだ」。新工場を訪ねた私にロブレスは語った。「加入者の減少に甘んじるのではなく、職の維持や協同組合の設立を支援して、労働者に必要なツールを提供する努力をするのです」。

ニュー・エラは単独のケースだが、応用のきくモデルでもある——といっても、工場を占拠する必要はない。アメリカの雇用主の半数以上はベビーブーム世代がオーナーの企業で、彼らはそろそろ代替わりして引退する時期にさしかかっている。事業承継を支援するオークランドの非営利組織「プロジェクト・エクイティ」は、そうした企業の85パーセントが承継計画を持っておらず、多くは外部に買収先を見つけるのに苦労するだろうと推定している。そのようなケースの多くでは、従業員への売却がベストな選択肢となるかもしれない。もしオーナーが——従業員も——そういう方法があると知っていれば。

2015年の夏にコロラド州に転居した時、そこでも協同組合のリバイバルが起きているのを知った。「コミュニティ・ウェルス・ビルディング・ネットワーク」という団体がデンバーのオフィスビルで毎月集会を開き、資金提供者や政策担当者らと協同組合モデルの支援について侃々諤々の議論をしていた。「ロッキー・マウンテン・エンプロイー・オーナーシップ・センター」は引退を控えたビジネスオーナーを対象に事業の引継ぎを狙い、「ロッキー・マウンテン・ファーマーズ・ユニオン」は自分たちの農業協同組合の経験を都市部のサービス業労働者に拡大し始めた。だが、なかでも大きな活動は路上で起きていた。

組合員＝所有者

2016年のレイバーデイ・サンデー［9月の第1月曜日が労働者の日として祝日になっているが、その前日の日曜にも関連行事が行われる］の朝、「コミュニケーション・ワーカーズ・オブ・アメリカ・ローカル７７７７」の事務所の裏の駐車場は車で埋めつくされていた。一部の車にはすでにグリーン・タクシー協同組合の黒と緑の色が塗られ、組合名が西部劇の酒場風の字体で記されている。だが多くの車は無地のままか、デンバーの別のタクシー会社のブランド名が入っていた。ドライバーは２０００ドル出資してグリーン・タクシーの組合員兼所有者になってからも、その会社で働いているのだ。ウーバーを辞めていない者もいる。グリーン・タクシーの定員枠８００名はすべて埋まり、さらに加入希望者もいたが、この時点で協同組合のドライバーとして働いているのは１５０名ほどにすぎなかった。残りの組合員たちは他社で働きながら、競合ビジネスの共同所有者としての身分を確保しつつ仕事には入らずに、これが本当にうまくいくのか様子をうかがっていた。デンバー市一帯で最大規模となるタクシー会社はまだほとんど存在を知られていなかった。

「レイバーデイの前日の日曜日に会合だなんて前代未聞ですよ」と地元のポリティカル・ディレクター、シーラ・リーダーは集まった約90名の共同所有者に言った。彼らのほぼ全員が、レイバーデイの存在しない国で生まれ育っている。グリーン・タクシーのドライバーたちの出身地は37カ国、特に東アフリカが多いそうだ。ここの、そしてほぼあらゆる場所でタクシー業界がシリコンバレー発のアプリによる破壊的変革で存亡の危機に直面した時、移民ドライバーたちはみずから出資して第三の道をめざした。自分たちで会社を作って自前のアプリを使い、上前をはねるボスがいなくなれば、アプリの時代にも運転手という職で生活できるだけの稼ぎを得られるのではないか、と彼らは期待をかけた。

「会社とはすなわち、皆さんのことです」と理事のアブディ・ブニは共同所有者たちに改めて自覚を呼びかけた。「そしてドライバーもまた皆さんです」。

組合会館の地階に借りたグリーン・タクシーの事務所などコミュニケーション・ワーカーズ・オブ・アメリカ（CWA）からさまざまな支援を受けて、ブニと仲間の創業者たちは2014年から規制のハードルをクリアしてきた。会社がゆっくりと静かにスタートを切ったのは、2016年7月1日の事務所のオープンからだ。同じ月の下旬に組合のタクシーの第一陣が路上を走り始めた。アプリによる業界破壊を労働者所有事業立ち上げのチャンスに転じようと、デンバーだけでなく世界中でタクシー協同組合が続々と現れていた——バージニア州の郊外、ソウル、ヨーロッパ全土、さらに他の国々でも。デンバーのタクシー業界では、グリーン・タクシーが現状を変えようとしていた。組合員たちにとって、グリーン・タクシーはもっと有利な条件で働ける場だった。

「以前は所有者の営業許可証に使用料を支払っていました」と言うのはエチオピアからデンバーに移住してからの6年間のうち、およそ半分をタクシー運転手として過ごしてきたキディスト・ビレイネだ。「今では所有者になったから、余分な費用負担がありません」。彼女は部屋にいた数少ない女性の一人だった。

日曜日の会合の主目的はグリーン・タクシーの内規に関する、法的効力はないが言葉の上では意味のある改正への投票だった。これにより「組合員」が実は「所有者」であることに力点が置かれるようになる。ドライバーたちは細かい部分にいちいちこだわった。近年創設された別の小さな協同組合、ユニオン・タクシーとマイル・ハイ・キャブで働いていた者もいる。この2つの組合は、組合員が非組合員に車を貸し出すことを認めていた。しかしグリーン・タクシーは違う方針で行こうとしていた。

グリーン・タクシー協同組合の初期の会合の一コマ

すべてのドライバーを組合員兼所有者とする。「法的所有権の証拠書類が必要だ」と1人が組合員側の席から発言した。「私はそのために前の会社を辞めて来たんだ」。別の組合員は自分の出資証明書を私に見せてくれた。

最初の怒鳴り合いは帳簿をめぐって勃発した。グリーン・タクシーの初代の会計士が辞めてしまったため、役員会から組合員への財務報告が遅れていた。雇われた会計士が、利益は必ず組合員に還元されるので待ってほしいと弁解したが、何人かは大声で言いつのった。「俺たちの金、俺たちの会社だ」1人がさえぎるように言った。「ただ雇われてるだけじゃないんだぞ」。あまりの怒声の激しさに、まだ一部が籍を置いている他社から送り込まれた妨害工作員が混じっているのではないかと思ったほどだ。組合員たちは立ち上がってしゃべり始め、忠誠を誓う宣言と反発の声の応酬があったかと思うと、今度はウーバーから足を洗おうとしない造反者への糾弾が始まった。業を煮やした1人が立ち上がり、役員に向かって移民労働者がアメリカで表立って言ってはいけないことを口にした。アメリカは憧れの約束の地では全然ないじゃないかと。「俺は16年前エチオピアから来たが、稼いだらエチオピアに帰るんだ。俺が故郷に帰れるように助けてくれるのがあんたらの役目だろ」。ついに役員会の会計士が、自分のスマホ上に台帳を出して希望者には誰でも見せると申し出た。

「これは民主主義なんだよ」ブニは議事を進行しようとしながら繰り返した――人々の声が何とかよい結果につながると自分に言い聞かせて慰めるかのように。

しかしグリーン・タクシーの最大の問題は会議室の外にあった。車文化の街だから、タクシー業界の商売の柱は定額55・57ドルに設定されている空港――高台の平原にあり、どこに行くにも遠い――とデンバー中心部を結ぶ区間料金だった。空港は市場シェアに比例してタクシー会社に乗り入れ許可をする制度になっており、グリーン・タクシーは組合員数800名なので301台のスロット配分の約3分の1を獲得できるはずだった。今は20台しか配分をもらえていない。800名のドライバーを抱えているのに空港の乗り入れ許可が20台では事業は立ちゆかないとブニは言う。しかも、市場シェア獲得のためにグリーン・タクシーを設立した矢先に、空港は制度そのものを変更する計画を立てていた。空港のウェブサイトに、乗り入れ許可制を廃止してタクシー会社との契約を入札制にするという予定が告知された。デンバーのタクシー事業の構造を変え、グリーン・タクシーが市場の3分の1を協同組合化する――またCWAの後援で労働組合化する――計画の成否も左右しかねない話だ。

アプリ・ウーバー・自動運転

空港の新制度が対象とするのはタクシー会社だけだが、背景にはアプリの出現がおおいに関わっていた。ウーバーとLyft（リフト）のドライバーはタクシーとは異なり、空港の利用に何の制約も受けていなかった。彼らの方が車が高級で英語も上手なことが多い。白人である率が高いからだ。2014年12月の1カ月間に空港を出入りしたのは、タクシーの3万535台に対してアプリ配車サービスのドライバーが1万822台だった。そして1年後にはアプリ配車サービスがタクシーを抜き、以降はどの月もアプリ配車サービスの方が多くなっている。施行前の新ルールの下でタクシー会社同士が戦う準備をするのをよそに、シリコンバレーのアプリサービスは何の制約も受けずに拡大を進めていた――関連当局からは歓迎されてさえいた。内々の取引があったという噂が飛び交っていたが、グリーン・タクシーで絡んでいる者は誰もいないようだった。

「このなりゆきを深く懸念しています」とリーダーはドライバーたちに話した。彼女はこの件に関して政府内のさまざまな人物に連絡をとろうと手を尽くしてきたが、なしのつぶてだと言った。「どうもきな臭さを感じるわ」。

議事が進んで内規の話に入ると、何人かが内規を見たことがないと苦情を言った。（イントラネット上に掲載されていたが、場所がわかりづらかった。）まだ協同組合の仕事をしていなかったり会費を払っていなかったりする組合員にも投票権を与えるべきかをめぐって、議論になった。いやおうなく議事が中断し、５分間、数人がてんでに発言し、怒鳴り、小突き合いがあり、笑い声が上がった。険悪ではないが、緊迫した空気だった。役員選挙に不正があったのではないかというつぶやきも聞こえた――発言の主は落選した候補者だった。

グリーン・タクシーの顧問でこの地域の社会的企業セクターで頭角を現してきた弁護士のジェイソン・ウィーナーが、問題を整理しようとした。彼は投票権に関する内規の条項をかみくだいて説明した。所有権の改正に関する投票は寸前まで行きながら、結局実施されなかった。次に持ち越す決定がなされたのだ。１日かかって決定らしきものが出たのはそれだけだった――一部の組合員にとっては、事業オーナーとして初めての意思決定だった。

所有権によってそれなりの力は手に入ったにせよ、ドライバーたちの力が及ばないことはあまりにも多く、やっても無駄ではないかという不安が彼らに重くのしかかっているように見えた。彼らは生命線である空港のスロット配分を獲得しようと闘っていたが、運輸業界の未来の支配権をめぐるグローバルな争奪戦の中ではごく小さなプレイヤーにすぎない。ウィーナーは辛抱強くあたるよう助言した。「皆さんがやろうとしていることは簡単ではないのです。長期戦を覚悟しましょう」。彼は内規についてさらに質問を受けた。３時間の会合が明確な成果のないまま終わったのはそれからまもなくだった。

その前日に、私はグリーン・タクシーの新しいモバイルアプリを使って短い距離を乗ってみた。デンバーの中心部から離れていたため、まだわずかしか走っていない組合のドライバーをアプリが見つけるまでに数分かかった。待っている間に、グリーン・タクシーのアプリを開発した「世界最大のタクシー予約・配車システム提供企業」というふれこみのオートキャブ・インターナショナル社のツイッターのフィードをスクロールしていった。最近の投稿に、イギリスで開催された「ウーバーに勝つには」というテーマのワークショップの写真や、自動運転車、自動運転トラック、自動運転ミニバスの新たな試運転を報じる最新記事へのリンクがあった。切れていたリンクの横には「危機管理が私たちの専門です」の文言も。

グリーン・タクシーのドライバーたちが自分の生活を守るために結集する一方で、ウーバーやテスラやグーグルは運転の自動化ツールを準備しつつあった。私はブニにそれについてたずねた。「私たちは家族に明日飯を食わせようと必死なんだ。自動化が実現したら、その時計画を立てるよ」が彼の答えだった。予見できる未来に対する、それが危機管理なのだ。その目的のために、ブニと危機に迫られた仲間たちは150万ドル以上の資金を集め、デンバーのタクシー業界の3分の1を組織して労働者の自治組合を作った。自動運転車はまだデンバー市内の路上には来ていないが、ウォール街はそれを見越して大手アプリ企業への投資を煽っている。それがタクシー市場にプレッシャーをかけ、あれだけ多くのドライバーたちに独立への動機付けをしたのだ。破壊的変革はすでに起こりつつあり、グリーン・タクシーはその落とし子だった。

「シェアリング・エコノミー」再び

そもそもの最初、ウーバーやリフトやチェッカー模様のタクシーキャブすら登場する以前には、シェアリングがあった。少なくとも、優しげな笑顔で陰謀論を好むドイツの環境活動家、ドミニク・ウィンドの説ではそうだ。何年も前、単純な好奇心からウィンドはサモアを訪れて半年間滞在した。現地では人々が道具や物資やセックスパートナーを隣人たちとシェアしていた。産業文明にあまり毒されていない彼らは、ウィンドが母国で知っている世界では長いこと忘れられていた素直さと気軽さでシェアしているように見えた。

ウィンドと知り合ったのはパリで、エアビーアンドビーで見つけた面識のない人のアパートメントを折半した時だった。2014年のことだ。エアビーのようなアプリのおかげで、都心部ではこうしたアプリが流行り出していた[12]。インターネットは車、家、時間などの資源のシェアを再び可能にしつつあった——対価つきで人と人を引き合わせたのだ。資本主義の創造性あふれる破壊的変革は何世紀にもわたって工業主義、競争、不信の集中砲火を浴びせて私たちのコミュニティを荒らしてきたが、ここにきてコミュニティのメリットをスマートフォン上で私たちに売りつける段階に入っていた。

自前の客室はいっさい持たないエアビーアンドビーは、その当時すでにハイアットより企業価値が高くなっていた。時間単位で自動車を貸し出すジップカーは、国際的なレンタカー会社、エイビス・バジェット社に買収されていた。シェアリング・エコノミーは少なくとも一部の人々の働き方も変えつつあった。アマゾンのメカニカルタークなどネット上で仕事の仲介をする業者に吸い寄せられ、何十万人もの人々がデジタル請負仕事——データ入力、音声録音の書き起こし、雑用——についているが、有給休暇も健康保険も、最低賃金すら期待できない。だがそこには束縛されない魅力もあった——応募に面倒な手続きがいらず、決まった就業時間がなく、上司もいない。これらの企業は、グローバル経済全体からすればまだ取るに足らない存在だが、私たちが疑問を持つ間もなくいずれ当たり前に受け入れるようになる変化の兆しに見えた。

ウィンドと私がパリにやってきたのはOuiShare Festというイベントのためだ。毎年恒例のシェアリング・エコノミーの祭典で、赤いテントの中と隣接する人工芝の上、そして近くのサン・マルタン運河に浮かべた船の上が会場となった。この年のテーマ「コミュニティの時代」は懐が深く、ベンチャーキャピタリストと闇市場、スローフードに関心の高い人とビッグデータなど、シェアリングという現象のありとあらゆる方面から人が集まった。

破壊されるのは誰か？

パリはデトロイトではない。しかし、世界時計の時刻を確かめ、拡大する破壊的変革に生命線ともいうべき人のつながりで対峙しようとするカンファレンスがここにもあった。

3日間のイベントの初日は、全員立ち上がって近くにいる3人とハグしてくださいという呼びかけで始まった。シェアリングの形は融通無碍に領域を越えて広がった。スタートアップ企業についての会話がたちまちポリアモリー〔複数のパートナーとの恋愛関係〕や宇宙の話に転じる。繰り返し出てきた言葉は信頼、コミュニティ、ネットワーク、情熱、コラボレーション、なかでも愛は頻出した。あるブラジル人起業家がいみじくも言っていたが、「なぜ大企業では愛について語らないのだろう？」

ただし、彼らが築こうとしているシェアリング・エコノミーがどこまで正義をめざすのかはあまり明確ではなかった。このシェアリングは協同組合が何世代にもわたってやってきたシェアリングとは種類が違った。協同組合モデルへの言及らしきものは時々あった。しかし当面、共同所有と共同統治で企業支配に対抗する話が本格的な議論に取り上げられることはなかった。シェアリングのエバンジェリストでコンサルタントのレイチェル・ボッツマンが「アラブの春」の群衆のスライドを見せた時も、それらの情景は比喩の役割を果たしただけで、推奨される行動として示されたわけではない。ボッツマンはシェアリングに参加する人々を旧態依然とした階層制の企業に対する「造反者」として「革命」、「民主化」、そしてもちろん「破壊的変革」に携わっていると紹介した。

破壊的変革はOuiShare Festにさかんに登場した。エアビーアンドビーがホテル業界に破壊的変革を起こしたように、会場にいたシェアリングの企業はまたたくまに他の業界の牙城も崩していく構えだった。経済界のエスタブリッシュメントの解体は目前でありもはや避けられず、シェアリングの輝かしい未来が今にも到来することをスタートアップ企業の後援者も有機農家も一様に期待しており、全般的に明るい浮かれた空気が感じられた。だが主要な業界の破壊的変革によって、起業家クラスの人々ほどには順応する備えのない人々が被る影響や、シェアリングアプリで働く労働者たちがかつての雇用に標準装備されていた福利厚生や権利をまず得られないことについての話は、ほとんど聞こえてこなかった。[13] パリで開催されながら英語オンリーのこのカンファレンスで、破壊的変革の波をもろにかぶりそうな人たちの姿はどこを見回してもなかったのだ。

たしかにシェアリングを基盤に築かれた経済は皆を利する可能性がある。シェアリングによって、ふつうの人々が買う量は少なくてすみ、人と人のつながりが増え、自分たちが生み出した価値をコミュニティ内にとどめておけるようになる。だがシェアリングによって、私たちが企業の気まぐれにいっそう依存するようになる可能性もある。どのように、なぜ、いつ、何をシェアするかを企業側が決め、最大の手数料を搾り取ることを許してしまいかねない。パリですでに起きているのはそれだった。デンバーでタクシー運転手たちがグリーン・タクシーの結成を余儀なくされた理由もそこにある。

ネットワーク・エコノミーにおいては、つながりの結節点——ウェブサーバーとデータベースと利用条件——を支配する者が権力を握る。旧来の生産手段の重要性は低い。シェアリングのエリート層ができあがろうとしていた。私がOuiShare Festに行った時にはすでに、ベンチャーキャピタルとグレーゾーンの労働慣行の上に築かれたシェアリング・セクターは数十億ドル規模のビジネスになっていた。共同所有と共同統治の上に築かれた本当のシェアリング・エコノミーという概念など、付け足しのようなものでしかなかった。

シリコンバレーはすでに「シェアリング」という言葉を使うのをやめている。この言葉を使っていると企業が批判を浴びやすいし、彼ら自身ですらあまり正確な言葉ではないと認識していたからだ。ウーバーは「オンデマンド」・エコノミーの一部になった。メカニカルタークは単なる「クラウドソーシング」だ。だがOuiShare Festの主催者たちはその後も数年間にわたってOuiShare Festであることをやめず、大企業との緊張関係と、本当のコラボレーション、本当のシェアでありうるビジネスモデルへの希望を持ち続けようとした。彼らは大手相互保険会社など旧世代の協同組合企業と提携し、新興企業を支援してデジタル化以前の時代のシェアリングの遺産に仕事の足場を築こうとした。政界進出も計画した。

ネットワーク全体の協同組合化

アメリカで、私は起業家と抗議活動家の間、現実的な事業を作っている人々と現状のおかしさを直感的にかぎとっている人々の間にある断絶に気づいていた。意欲的なタイプの人々にしてみれば、単純に投資資本がこれだけあふれかえっているのに、制度に疑問を持ってしまったらあきらめなければならないものが多すぎるということなのかもしれない。いわば自分自身の成功の犠牲者になり、自分たちがあまりにも見事に破壊的変革をなしとげた特定のビジネスモデル以外のものが目に入らなくなっているのだ。他方、抗議する方はそれが習い性になり、そこから脱却しにくくなっているという面もあるかもしれない。

これについて、グレース・リー・ボッグズが2013年後半、部屋に集まったニューヨークのインテリ層の活動家を前に警告したのを覚えている。「人を考えなさい、単なる制度ではなく」と彼女は言った。「制度の罪だけ見て人を見なければ、人が必要としていることには応えられないでしょう」。OuiShareのような国際的な集まりに、私はボッグズが促したような建設的な批判をする知恵がアメリカよりも浸透しているさまを見た。

例えばSMartを知ったのはOuiShareを通じてだ。SMartはSociété Mutuelle pour Artistes［アーティスト相互組合］の略称で、ヨーロッパ8カ国7万5000人以上の労働者を束ねる組織である。彼らは協力し、自前の支援インフラを創ることによって、シェアリング・エコノミーのギグ《ギグ》（単発仕事）の不安定さを克服している。ベルギーではSMartのメンバーはギグで得た所得を組織を通して処理することができる。組織から給与所得者として支払いを受けるので、フリーランスの自律性と柔軟性を確保しつつ、公共サービスを受ける資格も拡大する。請求書の発行事務やコラボレーションのための各種デジタルツールも共有している。メンバーが仕事をしたら、クライアントの支払いのタイミングとは関係なく、組織が全体のキャッシュフローから即時に支払いを行う。SMartはベルギーの非営利組織としてスタートしたが、海外展開するにあたって協同組合型の所有形態がよりふさわしいと気づき、今ではネットワーク全体が協同組合化した。何万人もの労働者を一つの事業体にまとめあげ、団結することによって、独立した実験的なワークライフを歩みやすくしている。SMartの創設者のユレック・ジュロビッチはそれを「連帯メカニズム」と私に説明してくれた。

ジュロビッチは目元の彫りが深く、短く刈り込んだ髪には白髪が混じっている。OuiShareのセッションの合間に、彼はSMart創設のいきさつを話してくれた。それは滞在許可証がないまま、映画産業で働くためチェコからベルギーにやってきた移民である彼の妻がきっかけだった。その際に役所の手続きにすっかり詳しくなったため、アーティストの友人たちから相談を受け始め、赤の他人にまで頼られるようになって、ジュロビッチはようやく組織を立ち上げる必要性に気づいた。1998年のことだ。不法滞在移民が抱えていた問題はその後、一般庶民の生活状況そのものになった。SMartはOuiShareに、不安定で不確実な仕事は昨日今日出てきた問題ではない、ただし周縁的なものから普遍的なものに変わりつつあるかもしれないことを再認識させた。[14] 破壊的変革が起こるたびに不安定化の激震が広がる一方で、コントロール力を取り戻したい、少なくとも自分の人生を以前なら可能だった以上にコントロールできるようにしたいと決意した人々の創意工夫も広がっている。

高い信頼性を前提とした「エンスパイラル」のメンバーたち

OuiShareに集う人々の中でも組織運営に長けたエリート集団がニュージーランド人、とりわけEnspiral（エンスパイラル）のメンバーだ。彼らはコラボレーションと意思決定のツールアプリLoomio（ルーミオ）で最もよく知られている。ルーミオは２０１１年の「オキュパイ・ウェリントン」運動の野営地で行われた集会のプロセスから生まれた。活動家が考案したこのアプリが今では世界中の学校、政党、企業で使われている。フェイスブックのグループ内の議論がたいてい果てしなく続き、アルゴリズムにデータがたまる一方になりがちなのに対して、ルーミオの投票と提案の仕組みは議論を実際の成果に導いてくれる。

２００３年から２０１０年まで、エンスパイラルはウェリントン在住のオーストラリア人ソフトウェア開発者、ジョシュア・バイアルが個人的にやっていたコンサルティングビジネスの名称にすぎなかった。バイアルは２０１０年頃には有給の仕事に使う時間を減らし、ボランティアプロジェクトにもっと時間をかけようと模索していた。そしてエンスパイラルを同志を支援する――つまりギグの機会をシェアして有意義な仕事をするための自由時間を作る場に変えたのだった。やがてエンスパイラルはコアメンバー40名以上、ネットワークに参加する「協力者《コントリビューター》」約２５０名、「ベンチャー」と呼ばれる小企業15社を抱えるまでに成長した。ルーミオもそのベンチャーの一つだ。多くのメンバーが何らかの技術の専門家だが、原則としてどんな職業の人でも参加できる。バイアルは役員から退き、今は一メンバーになっている。

ニュージーランドは主に大規模な酪農協同組合があることから、ＧＤＰに占める割合では世界最大の協同組合経済を有する。しかしルーミオチームは労働者協同組合として法人化した後、自分たちのような組合がニュージーランドに一つしかないのを知った。エンスパイラルの組織構造は分類が難しい――標準的な有限責任会社だが、自身では財団を名乗り、協同組合として運営している。

ウェリントンを訪れた時、私はモノ――例えばワーキングスペースや予算やビジネス――の共有管理でつながった人々の集団を予想していた。たしかにそういうものも目にした。だがエンスパイラルの強味は管理しているモノより、エンスパイラルが可能にしている人のつながりにある。エンスパイラルは志を同じくする人々やグループをつなげ、彼らは何であれ自分たちが共同投資したい対象のためにお金をプールしている。メンバーやコントリビューターたちは自分たちの友情、励まし合い、助けを求められた時コミュニティがどう応えているかについて語ってくれた。エンスパイラルは、疎外され孤立しがちなネットワーク社会のニーズに応えるために進化した一つのネットワーク――それ以上でもそれ以下でもなかった。

エンスパイラルは参加している独立ワーカーと小企業の間に張りめぐらされた、財政上は最低限だが皆の体感的になくてはならない結合繊維の役割を果たしている。エンスパイラリット（エンスパイラルのメンバー）たちはフリーランス業の浮き沈みを安定させるために仕事を回し合う。そこはバイアルがネットワークを立ち上げた際に意図した通りだが、今ではお互いのビジネス上の実験に資金を出し合ったり、厳しい状況に陥った際に支え合ったりもしている。年に2回、リトリートが開催される。彼らは企業から仕事をもらってボランティア活動中の生活をまかなうというロビンフッド戦略には徐々に頼らなくなり、社会貢献活動を組み込んだ仕事や会社を自分たちで作り出すようになっている。これまでにエンスパイラルと提携したベンチャーには、ルーミオの他にネット上の組織化ツール「ActionStation（アクションステーション）」、オルタナティブなニュースソース「Scoop（スクープ）」、教育コミュニティ「Chalkle（チョークル）」があった。

私はある朝、バイアルが2014年に始めたウェブ開発者のブートキャンプ、エンスパイラル開発《ディブ》アカデミーの会議室でバイアルを取材した。彼はノートパソコンの画面を見せながらエンスパイラルの概要を説明してくれた。エンスパイラリットたちはウェリントン市内のあちこちにある——市外にも増えている——コワーキングスペースで仕事をしているが、彼らの結束に最も役立っているのは一連のオンラインツールだ。GitHub（ギットハブ）やSlack（スラック）のように市販のものもあるが、要となるものはカスタム制作しなければならなかった。my.enspiral.comには組織内で使っている簿記システムが置かれているし、cobudget.co上にはコントリビューターとメンバーがお互いのプロジェクトや意義ある活動に資金を割り当てるためのツールを制作した。ルーミオはエンスパイラルの公式の意思決定メカニズムとして使われている。[15]

さまざまなツールやタスクを見せてもらいながら、私はバイアルに不心得者をどう防ぐのかと質問した。自分のプロジェクトにお金を出してもらうためにCobudget上の意思決定を捏造する人間がいたらどうする？　プロジェクトが嘘だったら？　彼は答えるかわりに肩をすくめた。「うちは高い信頼性を前提としたネットワークだからね」とバイアルは言った。「人を信頼できない状況に最適化しようとはしていない」。エンスパイラリットたちにほぼ共通する特徴は、人間同士のやりとりへの思い入れと、そのプロセスを実に首尾一貫した形で説明してくれることだった。

市内の中心部にある開発アカデミーから少し歩いてオフィスビルのエレベーターを上がったところに、コワーキングルームの集まる簡素な中二階があり、それがエンスパイラルの本部というのに最も近いだろう。ここで私はアラナ・クラウスに会った。彼女はカリフォルニアからの移住者で、ネットワーク事業に移行したばかりの時期のエンスパイラルに出合い、さまざまな活動に関わる中でルーミオの「ボスのいないリーダー・ギーク」とエンスパイラルの役員になった。彼女はコワーカーの何人かと交替で、メンバーのためにネットワークの雑多な業務を引き受けてきた。

「ノートパソコンを盗まれた人がいたら私たちで新しいパソコンを購入します」とクラウスは話してくれた。「家が火事で焼けてしまった人がいれば、私たちで家賃を負担します。誰かの組織がリストラを余儀なくされた場合は、別の組織がその人たちを雇うんです」。必要とあればメンバーの心理療法の料金も負担する。このようなセーフティネットが結果として「本物のイノベーション」を生んでいる、と彼女は考えている。いざとなったら誰かが支えてくれると思えば、リスクをとりやすい。

地球の反対側でエンスパイラルの仕事と生活の一体化ぶりを見て、破壊的変革によって荒廃したデトロイトでは素直に聞けなかったフリトヨフ・バーグマンの説もある程度立証されていると思えた。平等が前提としてあれば、仕事を人生から、本来の自分の野心や欲求から切り離す必要は本当にないのかもしれない。コロラドに戻ってから、地元でも同様の事例が目に入るようになった。それもまた、現実のシェアリング・エコノミーという形をとっていた。

「呪い」を解く

ボルダー近辺にはナイウォットの呪いと呼ばれる地元のジンクスがある——この地の美しさ、温暖な気候、そびえ立つ岩山が人々を引き寄せるが、その人々が自分たちを引き寄せた美点を破壊するというものだ。呪いの名はボルダー峡谷にいたアラパホ族の長《おさ》に由来する。長は1864年にコロラド州東端で起きたサンドクリークの虐殺の時の傷が元で死んだ。無抵抗の和平派民族を襲った首謀者は、特に残虐だった白人入植者の民兵団である。

ボルダーの現住民による長の言葉の解釈はさまざまだ。昔からの住民などは特に、東海岸と西海岸から移住してきた大勢の新参者と彼らによってもたらされた交通渋滞や建設計画が疫病神なのだととらえるし、かたや新参者からすると、こんな山の中でも生活費は元いた沿岸部と比べてちっとも安くないという発見を指すようにも思える。つまりこの呪いには、リベラル派が創ったユートピアにおなじみの偽善も含まれていることになる。カウンターカルチャーと誰でも受け入れる懐の深さに惹きつけられて移住者が増えすぎ、物価が高騰して、誰でも受け入れるカウンターカルチャーを寄せつけなくなってしまったわけだ。

しかし呪いには必ず、呪いを解く試みが未来永劫繰り返されるという条件が含まれている。ここボルダーも例外ではない。2017年が明けて最初の水曜日の深夜に、ボルダー地域で住宅協同組合の設立を許可する法案が市議会を通過したのも、その一つだ(16)。

呪いを解く動きを初めて目にしたのは約2年前、仕事のためボルダーに転居してまもなくだった。ふだんと同じ市議会のある会合で、一軒の家に血縁のない者3〜4人以上が同居するのを妨げる居住者数制限が議題に上った時のことだ——とりわけ、市が積極的に施行の開始に乗り出すべきかが争点となった。怒れる持ち家の住民たち、特にユニバーシティヒルの学生街周辺の人々が、強行を要求した。しかし彼らを数で圧倒したのは、定員をオーバーして暮らしている若者を主体とした連合組織と、彼らと連携した合法的な三つの協同組合住宅の人々だった。

その夜のパブリックコメントでは100人近くが発言したが、最も生々しく記憶に残ったのはある女性が市議会に訴えた言葉だった。「皆さんは孤立を法制化しようとしているんですよ！」。

それは家族の定義をめぐる問題提起だった。2人の祖父母と両親と6人の孫で構成された家族が一つ屋根の下で暮らすことは法律上の権利として認められているのに、血縁のない10人が一緒に暮らすのは許されない——たとえお互いを家族と思っていても、たとえ血縁の家族に追い出されたのであっても。その夜発言した何人かは性的アイデンティティが理由でそうした境遇にあった。これは数多くの修道院、芸術家村、友人同士や仕事仲間が共有してきた意思によって形成するコミュニティ《インテンショナル・コミュニティ》を作る権利を求める訴えだった。彼らの言葉は、ジェームス・ハワード・クンスラーがアメリカの「守るべき価値」を損ねていると示唆した、庭付き一戸建ての住宅地と小さなショッピングセンターという型通りの人生への異議申し立てだった(17)。型通りの人生という考え方は個人やカップルに、子育てで保育費や教育費などをどこまで負担するつもりかに関係なく、家と車1、2台と芝生の庭を維持するだけのお金をずっと稼ぎ続けることを要求する。それに対して、住宅協同組合の人々は、自分たちの電気、ガス、水道料金が平均的なコロラド州民と比較してどれほど大きく下がるか計算した結果を公開した。おかげで仕事でリスクをとり、芸術家、起業家、活動家として生きることができる。聞いているうちに私はある旧友（大学の住宅協同組合で出会った）の話を思い出した。友人は一昔前のボルダーで子供時代を送ったが、家族が入っていたマルクス主義者のコミューンの仲間たちに育てられている。

居住者数制限についての討論の中で、発言者らは解決策として協同組合を中心に連帯し始めていた。住人が統治し多くの場合所有もする正規の登録協同組合として市議会で公認されれば、入居者数が定員をオーバーしている手頃な価格の住宅に合法化への道筋をつけられるはずだ。それには既存の協同組合条例を入れ替える必要がある。数十年前にできた現在の条例は手続きが面倒で、合法的な協同組合を結成して特例扱いにするしかなかった。組合員同士と地域社会に対して責任を求める協同組合原則を介在させれば、定員をオーバーした居住者に対する近隣住民の警戒心を払拭できるのではないか。ボルダーで、他の方法ではどうにも実現が難しいリーズナブルな住宅を、お金をかけず市民の力で作り出せるかもしれない。

私は新参者として慎重に距離を置きながら、組織化つまり動員と説得の運動が起こるのを見守っていた。主導したのは「ボルダー・コミュニティ・ハウジング・アソシエーション」をバックにした住宅協同組合員のグループだ。彼らの隣人たちの一部が支持し、住宅協同組合作りをめざしている定年退職者たちも仲間に加わった。彼らが一緒になって条例の提案を起草し、公共イベントを開催し、味方になってくれる市議会議員立候補者の当選を助け、市議会会議が開かれるたびに傍聴席を埋め、ミームを作ってソーシャルメディアに投稿し、別の会議にも大勢で参加し、公開データを集めてスプレッドシートやグラフを作成し、陳情書を書き、友達に書いてもらい、私にも書かせ、市議会議員を視察に招き、時々休んだ――良質な地域レベルの民主主義でやるべきと思われる要素がそこにはすべてあった。反対勢力として、住民の実態を無視してほぼ昔のままの街を残すことに執心する持ち家住民たちが中心となり、「ボルダー・ネイバーフッド・アライアンス」が結成された。彼らは若者を悪者扱いした広告を出し、法律で認可されていない住宅協同組合の一部を強制退去させようとした。家を失った人々も現れた。だが民主主義は確実に機能していたようだ。ケベックの協同組合国際サミットで私はカナダの住宅協同組合理事に会ったが、彼は私の住んでいる場所を聞くと事情をわかっている様子で地元の取り組みについてたずね、進展を知りたがった。勝ち目のない闘いに挑む人々にばかり心を寄せる者としてわれながら意外だったが、なかなか順調ですよと私は答えた。

「裕福なリベラル層の偽善の権化」を打ち負かした勝利

当時ボルダーで求められた協同組合住宅のスタイル――大きな家に10名前後を入居させる――は住宅協同組合がとりうる形態の一つにすぎない。市の北端にはコミュニティで土地信託を行おうとしているグループがいた。土地信託とは住宅やアパートが建っている土地を永久的に市場の取引に出さない取り決めで、住居の投機的価値を下げることによって利用コストが軽減される。南のデンバーでは、知り合いのカトリック労働運動家たちがホームレスのために協同組合の小規模住宅村を創設しようとしていた。アメリカ国内の各地で、移動式住宅のホームパーク〔トレーラーハウスや組み立て式プレハブ住宅など移動可能な住宅が集合した施設〕の住民が、協同組合の形で自分たちが暮らすパークを買い取り所有しようと組織化する動きもあった。ニューヨーク市内の最も高級で入居者を厳選するアパートメントの一部は協同組合だが、移民のネットワークや労働組合にルーツを持つ協同組合モデルにふさわしく、もっと手頃なアパートメントにも協同組合はたくさんある。ボルダーの市議会で話し合われた集合居住住宅のための政策は出発点、ドアを開けるきっかけにすぎなかった。

２０１７年1月の夜に開かれた最後の、運命の市議会会議に私は30分早く到着したが、それでも遅いくらいだった。すでにロビーには協同組合が提供した炒め物や家庭から持ち寄った焼菓子があふれかえり、パーティー状態になっている。教会の知り合いの女性が幼い息子と娘を連れて来ているのにばったり会った。彼女が協同組合住宅に以前住んでいたことをその時初めて知った。私はパブリックコメントで発言するよう頼まれていたのだが、早く2階に上がって申し込まないと間に合わないわよと促され、行ってみると階段状の席を取り囲むように長蛇の列ができていた――通常の火曜の夜なら空席は十分にあるが、今夜ばかりは違った。私は行列の最後尾について前に並んでいる男性とおしゃべりを始めた。カラフルなニットのセーターを着たその男性は、もう退職したが私の勤務先の大学で社会学の教授だったという。そしてなんと前述の友人の叔父さんであることがわかった。くだんのマルクス主義者のコミューンで、毎週月曜の午前中に赤ちゃんだった私の友人の世話をする当番だったそうだ。

協同組合の議案に移る前に、市議会はトランプ政権下でまもなく広まりそうな不法移民の国外追放の気運に逆らい、市としての姿勢を示すことを主目的とした、ボルダーの「聖域都市《サンクチュアリシティ》」宣言の法案を通過させた。期待が持てそうだ。この後に協同組合の聖域が認められなかったとしたら、ナイウォットの長が墓から起き上がってきかねない偽善ではないか。

パブリックコメントでの発言を申し込んだ人は88人いた。持ち時間は1人2分だ。グループで申し込んで持ち時間を連続させ、チャートや数字を使ったプレゼンテーションで適正な居住密度と居住者人数の上限と1人当たり居住面積を説明し、リーズナブルな価格の協同組合住宅は実現可能だと訴える人たちもいた。近隣の治安や持ち家の資産価値の低下を恐れる何人かの住民も発言した。露骨に街の人口と仕事の数を増やしたくないと言う人たちもいた。だが大多数は賛成派に回り、住民、隣人、専門家として住宅協同組合の利点を証言した。家族についての発言がここでもやはり多かった。

この日最も私の心に刻まれた証言は、移住前にコロラドを訪問した際に滞在先としてお世話になったラディッシュ・コレクティブという住宅協同組合の住人のものだった。発言者は市長に「彼女(she)」と呼ばれ、自分には性別を限定しない「they」という人称代名詞を使ってほしいと明言してから、トリアージ〔緊急時の治療の優先順位づけ〕を求めた。住宅協同組合が他に行き場のない人々のための避難場所として、経済状態、民族、性的指向や性別の多様性を受け入れる孤立地帯として語られてきた無数のエピソードに触れながら、その発言者は市議会議員に今だけ自分たちを医師と考えてほしいと言った。優先すべきはどちらか――紙で切った傷かトラウマか、住宅の資産価値か住む場所を追われることか。

それから数人の発言を経て、夜の11時半頃に私の順番が回ってきた。わざわざこれについて触れるのは、市議会議員を間近に見るチャンスを得たからにすぎない。疲れ切った彼らが顔をしきりにこすっていたのは、協同組合モデルの自己調整能力を述べた私の発言のせいだけではないだろう。その晩ようやくベッドに入った時、こする手の中で異様にデフォルメされた彼らの顔が夢に出てきてしまった。

7対2でついに議決したのは午前1時だった。ボルダー・コミュニティ・ハウジング・アソシエーションの要求にほぼ沿う形で、協同組合条例が成立した。とはいえ条例成立に必要だった妥協の結果、条例で可能になるはずの協同組合の結成自体があやぶまれるほどの長たらしく細かい規定が設けられた。この条例はボルダーですでに非公式に存在していたタイプの協同組合に裏づけを与えるにとどまり、切実に求められていた抜本的な改革の余地はほとんどなかった。だがある程度の柔軟性は確保された――1人当たり200平方フィート〔約18・6平方メートル〕の居住面積に加え、賃貸協同組合、非営利協同組合、出資型協同組合の選択肢ができた。ナイウォットの呪いを、少なくとも今回だけはよけおおせ、裕福なリベラル層の偽善の権化を打ち負かしたと思いたくなるだけの協同組合側の勝利だった。逆に反対勢力にとって今回はまさしく呪いを地で行く結果となった。協同組合の姿をとりながらも、これは破壊的変革にほかならなかった。

第4章

分散自律型社会の「ゴールドラッシュ」
――アルゴリズムから「信頼」へ

借金による支配

80代のアーティスト、メアリー・フランクは、自分が先人に負っている最初の借りは母親が家のあちこちに置いていた本にあった先史時代の絵画だと振り返る。彼女の彫刻、油絵、写真には一貫してその影響が表れている。だがクリエイターの名を1人として彼女は知らない。ロイヤリティを支払おうにも住所などわからない。彼女にできる最大のお返しは自分自身の作品だ。だからひたすら作品創りに取り組む。

2000年代に大人になった私たち世代には、借りとかお金についてまったく別の考え方が身についてしまっている。借りを作るのはモチベーションより萎縮や罪悪感のもとになる。私たちは教育を受け、家を建て、医療費を払うために借金を重ねる。借金を返済するために、自分の信じる仕事ができず、自分の価値観を妥協してでも給料のよい生計手段を選ばざるをえない場合もある。私たちの借金は実態のよくわからない流通市場で取引されるから、貸し手の素性は太古の芸術家と同じように見えないが、借金額だけははっきりしており、ずっしりと重い。債権回収代行業者が借金を忘れさせてくれない。借金は生活に常に影を落とす。

フランクが名前を挙げることのできる「債権者」たちは彼女にモチベーションと影響を与えてきた。フランクは要求水準が厳しかった伝説の振付師マーサ・グラハムの下でのダンス修行、エル・グレコ、マルセル・プルースト、ジェラルド・マンリー・ホプキンス、グッゲンハイム財団から授与された2度の助成金、友人だった作家の故ピーター・マシーセン、音楽について語る。お金がなかった時は必要なものを自分の絵と交換した。(「ほら、歯医者さんのところって芸術作品のすごいコレクションがあるでしょ」。) 時とともに彼女の「借金」は大きくなり、数量化するのがますます難しくなっていった。フランクは2人の子供を亡くしている。それ以来、世界中の子供をわが子と感じるようになった。いつも彼女が私に真っ先に見せてくれるのは、女性たちが希少な木材か有毒物質を発生させるゴミを燃料に火を焚いて料理するしかない地域に低コストの太陽光調理器を広めようとする、自作のパンフレットだ。「お日さまに借りを感じるわね」と彼女は言う。

これは多くの人が頼っている、誰が何をどんな形で利用できるのか決められた債務契約とはだいぶ違う。アメリカの非白人コミュニティはかつて銀行から融資を断られていたため、2008年の世界金融危機まで略奪的融資［高金利で借り手から根こそぎ奪い取るような貸付法］のターゲットになった。新手の金融「商品」と政府の救済のおかげで、借り手の生活がどうなろうが銀行の安泰は保証された。借金は国際社会の序列の固定化にも与している——軍隊より目立たないが、悪質さではひけをとらない。アテネからバンコクまで、世界をまたにかける融資機関が、公共サービスを削減したり国内経済の保護に寄与できるかもしれない貿易障壁を低減したりする見返りとして、新しい債務（今までの債務の返済に必要な）をちらつかせる。ドル札を通じてであれ国際通貨基金（ＩＭＦ）を通じてであれ、借金による支配は降り注ぐ太陽と同じくらいまんべんなく世界を覆っている。

利益を前提としない融資

ここで、キリスト教世界とユダヤ教世界とイスラム教世界が共通して貸金業を禁じていた近代以前に触れるのも一興だろう。貸金業の定義はそもそも利息を取ることそのものから法外な利息を取ることまで、幅はかなり広かった。利息を通じてお金がお金を生むことに恐れおののいた中世の形而上学者や、利息の請求を避けるためのテクニックを編み出した現代のイスラム系銀行を私たちは笑うかもしれない。だが借金への羞恥心を捨てて沈黙を破る人が増えれば、彼ら先人たちに理があったと気づかされるのではないだろうか。罪や忠義や慈悲という概念の上に成り立っていたこれらの宗教的伝統は、負債を貴重で神聖な、慎重に扱うべきものとみなしていた。する価値のある借金とする価値のない借金の違いを明確にするよう求めていた。[1] 借金を単なるお金のやりとりではなく人間関係とみなしていたのだ。

例えば、「セイリッシュ・シー・コーポラティブ・ファイナンス」を考えてみてほしい。この金融協同組合はワシントン州で行われた世代間交流から生まれた。参加したX世代《ジェネレーションX》の人々は、最近の大学卒業生が学生ローンのせいでいかに生活に不自由を強いられているかを知るようになった。しらけた若者と裕福な中高年——世代グループ同士が相手に持っていた悪感情を乗り越え、大学卒業生の借金を負担の軽い条件で借り換えさせる協同組合を企画した。借り換え後も借り手の自助努力にまかせるのではなく、貸し手がメンターとなって必要な収入源探しを手伝うという事業モデルだ。

これには双方にメリットがある。「パートナーと私は学生ローンの負担に苦しんだことがなかったので、苦しんでいる若者たちを支援する義務があると感じているんです」と語るのは、セイリッシュ・シー・コーポラティブ・ファイナンスの発案者で投資家側の組合員でもあるローズ・ヒューズだ。「魅力的な社会貢献活動をしている若い人たちとのネットワークもできますしね」。

借り手側の組合員、エリカ・ルンダール（学生ローンの総額１万６０００ドル以上）の言葉によると、そのプロセスで「資本を持っている人々は学生ローンと学生ローンが社会全体に及ぼす影響に対して集団として責任を果たす」ことになるという。このような組織であれば、金融機関は友人や家族同士の融資に似たものになる。信頼関係を捨てて自分の経済生活を市場のみに預けるのではなく、お互いへの信頼を高める方へと人を促すことができる。

ヒューズはオルタナティブ融資に関わって、既存の金融規制の中でコミュニティ志向の制度作りを試みるという未踏の領域に踏み込むことになった。「何かをするのは必ず利益が動機であるという前提ですべてのルールが書かれているんです」。そして「借り手ではなく貸し手側を有利にする」バイアスが一貫してある、と彼女は言う。

協同組合の伝統は別のルールでプレイしようとしてきた。貸し手はあくまで貸し手のまま、借り手に対して優位性を持たせずに、民主主義を守ろうとしてきた。「外部から資本を借りても統治権は渡さない、というモデルで私たちはやってきました」と言うのはフェアトレード労働者協同組合イコール・エクスチェンジの創設者、リンク・ディキンソンだ。彼の会社は後援する投資家に対して投資のリターンを生み出すが、100名以上いる労働者の統治権は放棄していない。ルーミオが2016年に50万ドル近くの資金を調達した時も同様の方法を取り、投資家に収益に基づくリターンを得る権利を与えつつも投票権は与えない償還優先株を発行している。[2] 協同組合をよく知る貸し手にとっては賢い投資だ。事業の舵取りをする組合員兼所有者は直接の当事者だから、成功に対する真剣味が違う。

金融システム全体をこのようなアプローチで構築することは可能だし、実績もある。信用組合をはじめとする協同組合銀行は資金を保有して融資を行うが、彼らに融資を行わせているのは預金や借入をしているのと同じ人々である。ここでは、借金は銀行の顧客と投資家兼所有者の関係ではなく、コミュニティのメンバー間の関係になる。通常、信用組合の組合員は個人であり、アメリカ国内の6000近い信用組合には合わせて約1億1400万人の組合員がいる。一方、協同組合銀行には利用者である協同組合事業者で構成されているものがある。その一つがデンバー南端に本部を置く、総資産額1000億ドル以上のコバンク［全国協同組合銀行（CoBank）］だ。[3] コバンクは農業信用制度

(Farm Credit System) から派生してできた機関で、20世紀に農業協同組合という重要セクターにサービスを提供するために作られた。協同組合の発展につれて独自の金融が求められ、その理想にかなう形で設計されている。

所有権と統治の問題

コーポラティビズムが考える、する価値のある借金とは、より自分たちらしくあるために、隷属する立場ではなく自由な立場で使う借金だ。それはフランクの名も知れぬ古代の芸術家たちに似ている——彼らはロイヤリティを請求し利用に制約をつけることによってではなく、「債務者」たちの作品の開花を通じて今も生き続けている。

お金自体が一種の債務だ。お金は政府が定めたルールに従い、銀行の借金として無から生み出される。複数の通貨が使われていたり通貨の暴落が起こったりしている地域で暮らしたことのある人は、お金が安定したものではなく一夜にして価値がなくなる可能性があるのを経験上知っている。金融政策についての議論をすると、価値の安定したドルの世界で何十年も生活してきたふつうの北米人が、現代のふつうのアルゼンチン人やエクアドル人にまったく太刀打ちできないのはそのためだ。私たちアメリカ人はお金を、たやすく移り変わる複雑な債務関係ではなく恒常的なもの、実体がある確実なものと勘違いしている。だがそれは変わっていくかもしれない。かつて大衆運動に携わった農民たちはより民主的なお金の創出手段を求めたが、今、価格変動の激しいデジタル通貨が数十億ドルの価値を持つに至っている。銀行紙幣に嫌気がさした、あるいは単純に自分のお金を自分の管理下に置きたい人々が、国が発行する金券に代わるものを確立しようとしている。

ロンドンの移民居住区で使われるブリクストン・ポンドからアメリカ北東部のイサカ・アワーズやバークシェアーズまで、単一通貨しか使われていない文化圏にも地域通貨が登場し始めている。価値の単位をドルやポンドに紐づけているものもあれば、価値を利用者の1時間と紐づけて時間銀行と同等に機能しているものもある。ポイントは、利用者のコミュニティが仕組みを決められること。本来は遠くにある中央銀行が許さない権限だ。意味のある民主主義がお金の発行とお金の性格にまで影響を及ぼせるとしたら、お金そのものが協同組合になれるかもしれない。新しいテクノロジーがそんな地域通貨の広まりを後押ししている——「コモングッド」(支払いシステム)や「メイン・セイントマーケット」(地域通貨が共有している協同組合市場のアプリ)など、ツールの名前も期待を持たせる。

だが最も影響力の大きな動きは、二律背反する目的に使われてきた。今のような流動的な時代には、基本——協同組合の伝統がたえず粘り強く問い続けている所有権と統治の問題——を見失いやすい。

ニューヨーク市のビットコインセンター、自称「ビットコイン革命の中心地」は、マンハッタンのニューヨーク証券取引所の1ブロック先にあるブロードストリートの路面店舗に入居していた。隣のアジア風コーシャステーキハウスの店員が、進行中とされる革命になど何の関心もなく、路上にたむろするビットコイナーたちを追い払う。ビットコインセンター内の壁際に寄せられた二つの小さなテーブルに、インターネット時代の採掘装置が集められていた。ビットコインの採掘《マイニング》マシンである。

見た目は箱型のデスクトップコンピュータだ。こちらの方が大きくて画面もキーボードもついていないところだけが違う。２０１４年11月にセンターを訪れた時はその中の１台、コインテラ・テラマイナーⅣだけが稼働中で、ホワイトノイズのうなり音を発していた。とはいえ、それがもはやけっこうなお荷物になっていることに変わりはなかった。

テラマイナーⅣはテーブルに横に置かれていた。ラックマウント型の黒い金属の箱におさまり、側面についている二つのステンレススチール製グレーチングパネルが深海ダイバーのゴーグルの眼に見える。グレーチングの後ろにあるのはずらりと並ぶ特定用途向け集積回路（ＡＳＩＣ）の冷却用ファン――ＡＳＩＣとは暗号を解読するための複雑な数学的演算を処理する以外ほとんど何もしない最先端のチップだ。計算の見返りに、採掘者《マイナー》にはネットワークから新たなビットコインが支払われ、ユーザーから手数料を稼ぐ。（英文で大文字から始まるBitcoinはシステムの名称、小文字から始まるbitcoinは通貨単位を指す。）貴金属の採掘と同様、暗号資産の採掘は当たれば大儲けできる。だがこのテラマイナーⅣには報酬獲得の見込みがほとんどなかった。

誕生してまだ1年ほどにしかならないテラマイナーは、テクノロジーの最先端に登場する機器の宿命ともいうべき陳腐化の、とりわけ早くて不吉な例を体現していた。ネットワーク上にすでに出現していたもっと速くて性能のいい競争相手のせいで、テラマイナーは消費する電気代分のビットコインももう発掘できなかった。テラマイナーⅣのメーカー、コインテラは２０１５年前半に破産申請した。すたれた金鉱のように、ビットコインセンターが最もにぎわう夜間でさえ、このマシンからはゴーストタウンの雰囲気がにじみ出ていた。

ビットコインを「採掘」する者たち

ビットコインは新しいグローバル経済——インターネット時代の金——を到来させ、ビットコインの採掘は民主主義的な行為になるはずと期待されていた。２００９年2月11日に、本名を公開していないビットコインの生みの親であるサトシ・ナカモトがオンラインフォーラムで自分の発明を発表し、「従来の通貨の根本的な問題はそれが機能するためには信頼を必要とする点だ」と説明した。(4) 巨大金融機関が世界の信頼を踏みにじっていた頃だ。当時、ビットコインの最初の「ジェネシスブロック」がネット上に公開されたわずか1カ月後には、技術的には難しくほとんど儲からないとはいえ、ユーザーがふつうのコンピュータを使ってマイニングを行うことができた。ただし実行するソフトウェアも一般のマイナーが選択できたから、ネットワークの未来を決める一種の投票権を手にしていたといえる。

それはまちがいなくブレイクスルーだった。ビットコインを支えるテクノロジーが、安全で分権化したオープンソースの金融ネットワークを初めて可能にしたのだ。ユーザーは銀行も政府も信用する必要はない。ソフトウェアさえ信用すればよかった。ビットコインの後援者たちは、これまで銀行に相手にされなかった人たちがまもなく自由に金融サービスを利用できるようになる、世界のどこにいてもインターネットを通じてタダのような手数料で送金できるようになると喧伝した。ナカモトは２００９年のフォーラムへの投稿で「簡単に拡散するが隠されにくい、情報というものの性質を利用する」と予言した。

一言で説明するなら、ビットコインはユーザーが共有するリスト——取引リスト、どの口座に何が入っているかの記録だ。このリストをブロックチェーンという。リストの価値は安全性と信頼性にある。熱烈なファンはシステムの安全性の確保にまつわる卓越した数学的な仕組みを強調したがるが、数学的な仕組みとともにブロックチェーンを成立させているのはゲーム理論——ユーザーは合理的に行動し、自分のバーチャルな財産を消失させるようなまねはしないはずという想定である。ビットコインは暗号の傑作であるとともに、人類学の実験でもあるのだ。そしてそれは驚くほどうまく機能している。ビットコイン周りのインフラを無数のハッキングやクラッシュや人間的な弱点が襲ったが、中核部分は無傷だった。

最初に信奉者になったのはテクノロジーに強いユートピア主義者だった。彼らのビットコインの価値は数セントから数百ドルになり、旧来の金融産業の時代はもうすぐ終わると多くの者が信じた。まもなく、ドラッグや武器の類いを人目につかずに取引する方法を探していた密売人たちが入ってきた。雑誌業界やウェブサイトがやってきて、新しい通貨について報道すると同時にプロモーションした。ビットコインで成り立っているフロリダの慈善団体が9エーカー［約3万6420平方メートル］の森林を購入し、ホームレスの避難所にした。『WIRED（ワイアード）』誌は、金融サービスを貧困層に届けられる可能性からビットコインを「偉大な平等化装置」ととらえた。マーク・ザッカーバーグのかつての仇敵、ウィンクルボス兄弟のような、イノベーションを血眼で探している投資家たちの関心も引いた。ビル・ゲイツはビットコインを「通貨より優れている」と発言した。だがやがてビットコイン革命は、取って代わるつもりだった旧来の金融システムにどんどん似ていった――おそらくむしろそれ以上に中央集権化され、不平等になった。見苦しい私利私欲にまみれたところだけはそっくり同じに。(5)

ビットコインの価値がドルに対して膨れ上がった2013年に、マイニング装置の軍拡競争が始まった。コンピュータに搭載されている標準的なCPUよりもグラフィックチップの方がビットコインのマイニング・アルゴリズムに向いているとわかると、人々はグラフィックプロセッサを過積載した専用機を作り、ビットコイン獲得のチャンスを増やした。この年の前半にASICが登場した。まもなく、通常のコンピュータを使う個人マイナーは、新たに登場したマイニング集団、通称「マイニングプール」との競争に敗れ、脱落していった。世界で寒冷な気候と安価な電気料金という最も利益の上がる条件を備えた各地に、数百万ドルもするデータセンターができた――例えばスウェーデンのとあるヘリコプター格納庫に4万5000台のマイニングマシンが集められたり、ジョージア［旧グルジア］共和国で2000万ワット消費されたりした。ビットコインのマイニングマシンをすべて合わせると、世界トップ500台のスーパーコンピュータを合わせた何倍もの計算能力に達する。流通している数十億ドル相当のビットコインを処理して守るためには、年間数億ドル分の電力が必要で、さらにその電力消費分の二酸化炭素排出量がともなう。

このシステム内の民主主義の先行きはいっそう暗くなった。2014年半ばには、最大規模のマイニングプールが市場シェアの50パーセントに届こうとしており、彼らが取引の改ざんによってシステム全体を危険に陥れる可能性も出てきた。実行に踏み切らなかったのは、そんなことをすれば自分た

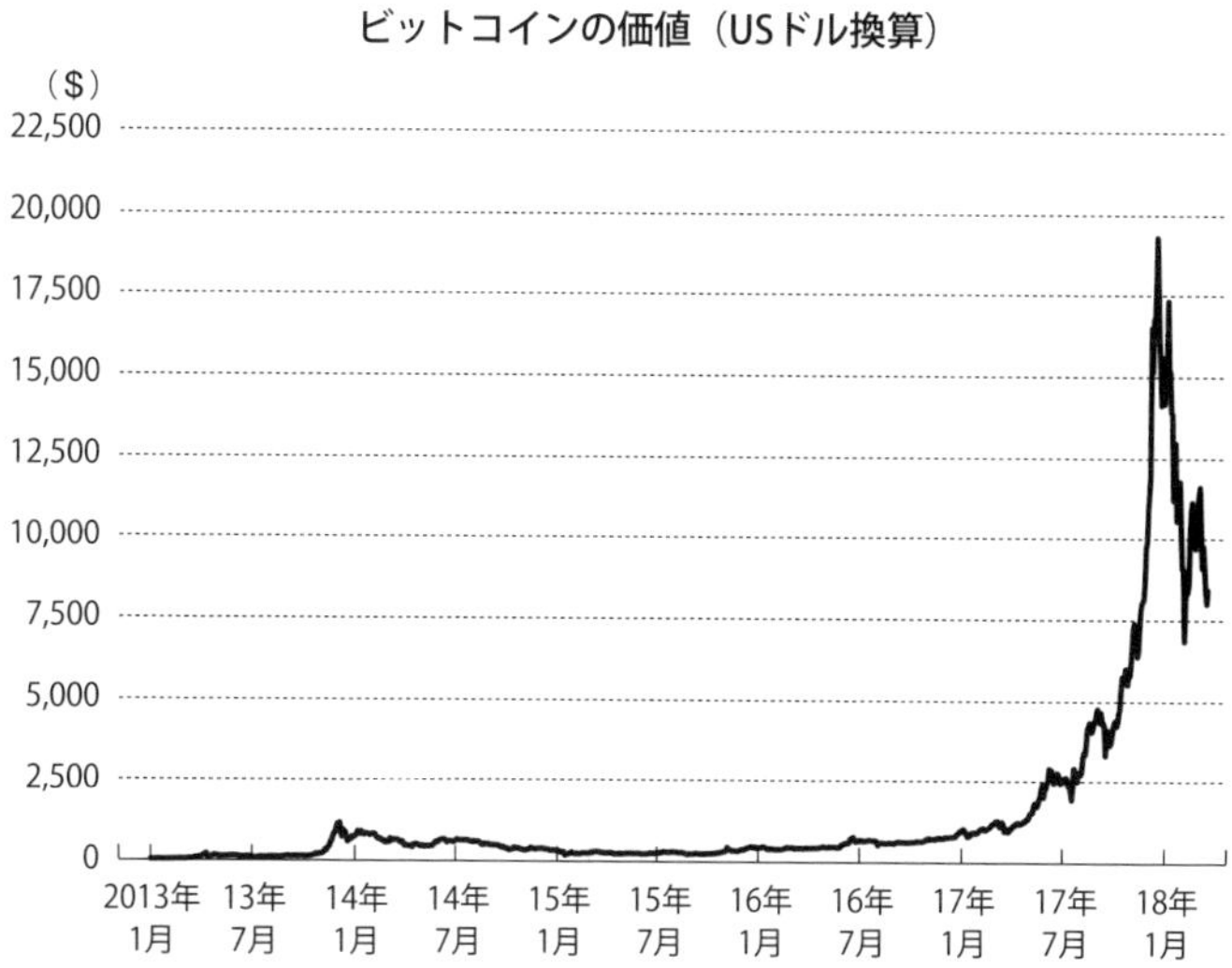

ちが採掘のために多額の投資をしてきたビットコインの価値への信頼が低下するからだったと思われる。また彼らは自分たちの支配力を弱めるようなビットコイン・ソフトウェアへの変更を妨害し始めた。信頼が不要なお金を追い求めるユーザーたちの分散ネットワークは、大きな資本力を持つマイナーたちによる得体のしれない寡頭制を信頼するしかなかった。

暗号資産の行方

参加者の間ではビットコイン「スペース」と呼ばれることの多い、この急成長する仮想通貨業界には布教者特有の一途な空気が幅を利かせている。（口座管理に使われる「ウォレット［財布の意味］」ソフトウェアからバーチャルに流通する「コイン」まで、暗号資産にまつわる用語はきわめて物理的なモノの隠喩をもとにしている。）熱心な信奉者たちの言葉は楽観主義一色だが、時としてそれは純粋に信じているからというよりは、自分のビットコインの価値がさらに下がるのではないかという不安から出ているようにも見えた。

「ニューヨークのビットコインセンターの人たちの中には信者みたいな人がいますよ」とティム・スワンソンは言った。彼は初期のアナリストで、暗号資産に関する電子書籍を2冊自費出版している。その前に中国に住んでいた頃は、グラフィックチップのマイニングマシンを自作した。だがスワンソンはビットコインが既存の金融システムという巨石を覆すことに次第に懐疑的になった。「中央集権のメリットのない中央集権だからね」と彼は私に話してくれた。スワンソンが計算してみたところ、ビットコインのサービスを開発途上国に持ち込むコストは安価な取引コストによる経費節減などふっとんでしまうくらいかかる。私がテラマイナーⅣとの対面を果たした時にはもう、ビットコインの富の分散は従来型の経済と変わらないほど不平等になっていた。ユーザーのおそらく90パーセント以上は男性だ(6)。

結局アルゴリズムにお金を委ねても、機関や人間にお金の管理をまかせるのに比べてまともな結果になる保証はない。お金を信頼から解放しようと思い描いたナカモトの理想は、信頼のありかを変えただけだった。ビットコインにおいて機能しているブロックチェーン技術は柔軟だ。競争ではなく協力のために、匿名性ではなく評判の追跡のために、寡頭制ではなく民主主義のために作り変えることもできる。その路線で行われた初期の実験が、何百と現れた「アルトコイン［ビットコインに代わる仮想通貨］」の中にもあり、集中的なマイニング作業をいっさい不要としていた。しかしビットコインとは違って、それらには資金も広める人々も足りなかった。暗号資産の黎明期にこの界隈にいた大勢の知り合い――一夜にして貨幣理論の専門家になったソフトウェア・ハッカーたち――はやがて、自分たちが起こした変革で破壊するつもりでいた銀行のためにビットコインに似たシステムを構築するようになっていた。背に腹は代えられぬ。

この優先順位の変化が、ある晩のビットコインセンターで特に顕著に表れていたのを思い出す。部屋の隅にできた人だかりの中で、荒らし行為で悪名を轟かせたハッカーで最近出所しばりばりのネオナチズムに鞍替えしていたウィーブが、ノートパソコンを打っていた。何をしているのかとたずねると、「俺は今ビットコインで食ってるのさ」と彼は言った。参加者たちはピザを食べラムコークをすすりながら彼の周囲になんとはなしに集まっていた。その晩の集まりがお開きになりかけたところへ、トレンチコートの下に真珠のネックレスをのぞかせた中年女性がマイニングマシンの横に立っていたぼさぼさ頭のスタッフに近づいた。彼女はハーレムから来たという。名前は「ミズ・E」としか教えてくれなかった。

「このビットコインというのはどんなものなの?」彼女にたずねられ、スタッフはビットコインとはインターネット上の金融「レイヤー」で、周辺の高層ビル街で行われている仕事に貴重な貢献をしているんですと長々と講釈を始めた。話が佳境にも入らないうちにミズ・Eはもう帰りたそうな顔になっていた。

「ここに来ればあの銀行の代わりになる誰かが見つかると思ったんだけど」と彼女は窓から見えるブロードストリートを指して言った。「富は分配すべきよ。私の言ってること、わかるかしら?ビットコインって庶民のためのものかと思ったのよ」。

「ブロックチェーン」という呪文

2012年に初めてビットコインについて耳にした時は興味を覚えなかった。私はお金そのものには心を動かされないたちだ——もったいないことをした。（当時1ドル相当だったビットコインは今なら数百ドルの価値になっていたはずだ。）ようやく関心を持ったのは2014年1月にサンフランシスコを訪れた際、退役軍人が経営する街中の期間限定カフェでジョエル・ディーツとアンソニー・ドノフリオから2人がかりで、この新種のお金は単なるお金以上の存在だと説明されてからだ。ディーツは昔からの友達だった。彼の気難しい天才ぶりが神学者、言語学者、コーダー［プログラミングのコードを書く人］、お茶愛好家と変遷しながら発揮されるさまを見てきた。ドノフリオとは初めて知り合った。彼もまたさまざまな分野を渡り歩いて先見的な試みをしてきた人で、当時は大麻入り食品ビジネスに関わっていた。彼のパートナーは妊娠中で、私たちが話しているそばで物静かに座っていた。

つい数週間前に、ヴィタリック・ブテリンという19歳のロシア系カナダ人が、イーサリアムと自身が名づけたものの提案書を公表していた(7)。ビットコインがお金のかわりだとすれば、イーサリアムはそれ以外のすべてを担うことになる。単一の管理者がいない鉄壁のリスト——ブロックチェーン——という基本的な概念には、実は潜在的な用途が膨大に秘められている。例えば取引を記載するかわりに、契約を記載しそれをコンピュータによって実行させれば、結果として裁判所や警察が不要な自律的な法制度が生まれる。ウェブサイトのブロックチェーンはもっと安全なインターネットの基盤になるかもしれない。

「社会のオペレーティングシステムなんだ」とドノフリオは言った。

まもなく、コーダーたちが分散自律型組織（DAO）──イーサリアムの「スマートコントラクト」で成り立つ組織──のプロトタイプの概略を構想した。地図上には存在しない国の憲法をコーディングしてもよい。その国には人々が自由意思で参加し、税金を支払って便益を受け、投票ができる──そうして決まったルールには従わなければならない。国をまたいだマイクロレンディング［少額融資］プログラムや新しいタイプの信用スコアを設計することもできる。ディーツは友人とネット動画で簡単な結婚契約のコーディング方法をデモした。人権宣言と合衆国憲法の後を継ぐ世界の次なる社会契約が、イーサリアムのプロトコル上で書かれるかもしれない。未来の協同組合も、スマートコントラクトで構築されるかもしれない。ローカル法の制約を受けない、より自由な形で、広大なネットワークの共同所有権と共同統治権が定められるだろう。あるいは、ブテリンが当時たまに冗談で言っていたように、映画『ターミネーター』シリーズに出てくる武装したロボットたちのネットワークで、自分を創った人間たちを絶滅させようとする「スカイネット」の作成にも使うことができる(8)。イーサリアムはどちらの方向にも進む可能性があった。

ブテリンのアイデアに集まるハッカーたちを必死で追い、この天才本人とも議論を戦わせたあの初期の数カ月間、夜ごと私の頭に「ブロックチェーン」という言葉が神聖な呪文のように繰り返し浮かんだ。普遍的な台帳、価値の裁定者──現れつつあるがまだ全容がわからない、全知全能のリストの未来をのぞきこんでいるような戦慄。すべては取引なのだ。生活のあらゆる細部に至るまで。

私がイーサリアムについて書いた初期の記事をめぐってReddit（レディット）［コメント機能のついたソーシャルニュースサイト］上で議論した際、ブテリンは次のように説明した。

最近、僕はコンピュータが制御するシステムというアイデアに、以前よりずっと居心地の良さを感じるようになりました。理由は単純で、僕たちの世界はすでにコンピュータ制御されているからです。そのコンピュータとは物理法則を有する宇宙であり、人間は自分の体のパーツを操作することによってこの巨大なマルチシグ［取引を実行する際セキュリティのために複数の秘密鍵を使用する技術］に入力しているのです(9)。

共同体の復活はなるか？

2014年の真夏、再びベイエリアを訪れた私は友人に借りたガタつく自転車でハッカー道場に向かった。マウンテンビューのグーグルプレックス［グーグル本社］にほど近い、メンバーが自主運営するハッカースペースだ。オフィスビルの正面玄関の向こうには奥まで部屋が並んでいて、中には複数の人がいる。ほとんどは白人かアジア系の若い男性で、各々のコンピュータスクリーンとにらめっこしているが、少なくとも同じ空間を共有しているのはまちがいない。入り口で迎えてくれるのは受付係ではなくコンピュータで、メールアドレスをたずねられる。メールアドレスを伝えると、利用ルールを教えられる。特に目を引いた独自のルールは、すべての場所、すべてのものが「１００パーセント共同」だが「公共施設ではない」というものだ。仮眠はＯＫだが寝泊りは認められない。

ハッカー道場がその夜のイベント、ベイエリアのイーサリアム・ミートアップ・グループの初会合の会場だった。生み出されようとしていた新しい秩序の特徴がここである程度わかるかもしれない。コーダーで経済学ブロガーでもあるスティーブ・ランディ・ワルドマンが、部屋に集まった20名ほどのイーサリアムファンに講演を行った。彼は協同組合と友愛組織が１００年前に、何百万人ものアメリカ人に保険をはじめとするさまざまな便益を提供した話をした。このような互助ネットワークは人の移動が激しく共同体が弱体化した時代に崩壊したが、ブロックチェーンならそれを取り戻せると彼は信じていた。

ワルドマンは「戦略の主体として設計された」ＤＡＯの実現に期待していると言った。会費を徴収して契約に責任を持つ会員を擁することによって、ＤＡＯはこれまでネットのソーシャルメディアには現れてこなかった新しいタイプの労働組合を組織したり統制のとれた消費者運動を育成したりする手段となりうるかもしれない。フェイスブックで抗議デモに参加するつもりだと単に意思表示するかわりに、契約で抗議デモに参加する義務を負った人々のグループに加入したらどうなるだろうか。スマートコントラクトは連帯を復活させることができるだろうか。

それはデジタルの可能性の宣言であるとともに、意図していたかどうかはともかく、デジタルワールドが失ったものの告白でもあった。ワルドマンは対面の会議やおそろいの服装などインターネット以前の遺物に触れ、宗教の信仰さえ「強力なエンジニアリングツールであり、ばかにしてはならない」と取り上げた。彼は未来のDAOのヒントになるとしてフリーメイソンやエルクスのような秘密結社について過去形で語った。ところが彼の話が4分の3ほど進んだところで、会場にいたエンジニアの一人――中年の、濃いひげを生やし大きな眼鏡をかけていた――が手を挙げ、自分は本物のフリーメイソンだと明かした。

「われわれはまだいますよ！」彼は力をこめて言った。その後の技術的な実現可能性と実行に関する議論にも彼は割り込んで、所属する支部を通じてリアル社会で行ったさまざまな善意の行動について語った。

イーサリアムは2015年に一般公開された。イーサリアムを支える通貨「イーサ」はまもなく総額数十億ドル相当の価値になり、暗号資産市場でビットコインに次ぐ存在となった。ウォルマートはサプライチェーンの管理にイーサリアムを利用し、JPモルガンは取引を自動化するためにスマートコントラクトを書いている。アメリカの信用組合連合は組合員身元情報を管理するために「CUレジャー」［レジャー（ledger）は台帳の意］を構築している。完璧な協同組合ないし何らかの形で平等主義のDAOを作ろうとしている人々もいるが、旧来型の大銀行のためにブロックチェーン台帳を作っている人々ほど稼いではいない(10)。

イーサリアムが誕生して1年経ったところで、システムはトラブルに見舞われた。コードの欠陥を悪用したあるハッカーが、その名も「The DAO」として知られていた代表的なDAOから数百万ドル相当のイーサを流出させたのだ。コードで構築された世界の基本的なジレンマはここにあった。欠陥やハッカーもすべて込みでコードを尊重すべきか、それともコードの背後にある意図を重視するか。全体としての「コミュニティ」は後者を――人間の意図を選び、ハッキングを排除する道を選択した。少なくともしばらくは、システムはまだ若くて選択を許すだけの柔軟性があった。即興の産物だが、まったく新しいタイプの統治の先触れでもあった(11)。

それは始まりにすぎなかった。今ではこのシステムを使って会社が作られ、投機で一攫千金を期待するコントリビューターやユーザーに仮想の暗号トークンを売って資金調達している。その新規仮想通貨公開（ＩＣＯ）は、政府の監督によって危険な遊びに横やりが入る前の大恐慌以前の株式市場にも似た、ほとんど規制のない参加自由な場の再来だった。ＩＣＯには民主主義の可能性が秘められているが、実態はほぼ無政府状態の資本主義である。ブロックチェーンの未来は私たちの使い方で決まっていき、またその使い方が私たちの未来を決めるだろう。

コードで作る社会

シリコンバレー滞在中のある夜、私はジョエル・ディーツの家で行われた、クリプトコモンズと称するグループのミーティングに顔を出した。家にもラブネストという名前がついていて、ブロックチェーン、アート、「指数関数的」関係へのディーツの関心を共有する人々が入れ代わり立ち代わり住み着いていた。ディーツは現在関わっているプロジェクト「Swarm（スウォーム）」の白い輪のロゴが入った黒いＴシャツを着ていた。スウォームは暗号クラウドファンディングのプロトタイプで、まだ新しすぎて合法かどうかあいまいな立ち位置にあり、後に「実物資産の共同所有プラットフォーム」として生まれ変わることになる。ヴィタリック・ブテリンのいとこのアナスタシアが遅れて到着した。その夜のスピーカーはスタンフォード大学の学部生で、自分が立ち上げたドローンのスタートアップ企業に専念するため休学していたエリック・スモールズだった。スモールズはリーランド・スタンフォードが協同組合に関心を持っていたこと、ダンバー数［個人が互いを認知して安定した社会関係を維持できる人数の上限］、アレキサンドリア図書館の焼失は「単一障害点」［その一点が機能しないと全体が障害を起こすような箇所］であるという話をした。彼はアンジェラ・デービス［公民権運動活動家］の言葉を引用し、刑務所を廃止してブロックチェーンに基づいた評判システムに置き換えることを提案した。さらにオートポイエーシスやシステム論も。盛りだくさんだった。

会場で「構築すべきプロダクトとしての自由に関心がある」と発言した男性の名前は結局聞き取れなかった。

こういうグループの中にいると、私は自分なりのルールと社会システムの構想をコードで書き始めたくなる無責任な衝動にとらわれる。コードは厳密だ。コンピュータがどう読み取るか以外の解釈をいっさい必要としない。不正をする可能性がある裁判官も陪審員もいない。完璧な透明性が確保されている。例えば、プログラミング言語「Python（パイソン）」でバーチャルコミュニティに新しいメンバーを加えるルーチン［処理］を書くと上のようになる。

```
def addMember(person, votes):
    if len(MEMBERS) == votes:
        MEMBERS.append(person)
```

この数行は「addMember」という関数が、人物の名前と投票数を入力すると、メンバーリスト上にすでにある名前と投票数が等しい時、その名前をリストに加えると定義している。シンプルだが純粋だ。

工業化時代の協同はまず、苦汁をなめていた人々の間で、当時の慣習となっていた社会のアルゴリズムを変えるために起こった。彼らは他の人々には見えなかったところに価値を見出した。彼らはシステム構築者だったが、そのシステムは関わる人間に説明責任を負って初めて機能する――利己的な衝動、信頼の絆、選択の余地。つまずきながら何度も繰り返されるこのような社会変革が今また発生し、コードから社会を作り変えようとしている。

サブプライム危機に気づいていた「銀行からお金を盗んだ人」

エンリック・ドゥランは常に文字通りの意味で「地下にもぐって」いるわけではないが、2015年の1月下旬のある夜、私は彼に同行して地下室から地下室へと移動した。彼はパリを南下したすぐ近郊にある小さな図書館の地下のハッカースペースでフランス中からやってきた活動家のグループと落ち合い、一緒にバスとメトロを乗り継いで、パリ北端の古い館に設定された別の集会場所に向かった。館のメインフロアは白い壁に囲まれ音が響きやすく、アートギャラリーのように見えたが、地下室は衣装と科学機器がぎっしりと詰め込まれ、壁には石積みが露出しており洞穴のようだ。そこに、ドゥランはやってきた10人ほどのために椅子を輪に並べた。皆が腰を落ち着けて何語で話そうかと話し合っていると、科学研究のオープンライセンスに関するイベントに参加していた女性が上階から降りてきて、入り口から中をのぞき込んだ。彼女は周りの目をろくにはばかろうともせず、自分の友達にドゥランを指さしてみせた。集会が終わると彼女はドゥランにつかつかと歩み寄って、「あなた、銀行からお金を盗んだ人でしょ！」と言った。

アメリカではほとんど無名だが、ドゥランの名前は、少なくともその評判は、西ヨーロッパの活動家とハクティビスト［政治的な目的でハッキングを行う活動家］たちの間ではよく知られている。彼の噂は何年も前から私の耳にも入っていた。他の人々が口で語っているだけのアイデアが現実に動いているモデルを見たいなら、彼を見つけるべきだと言われてきた。彼の最新計画はおそらく頓挫するだろうと言う人たちもいた。共通の友人が暗号化メールで仲介してくれ、私は1週間の大半を朝から晩まで彼についてパリをかけめぐることになった。

その地下室の主役はドゥランだった。2年近く逃亡生活を送っている38歳、隙っ歯で、黒い中にまんべんなく白髪が混じっている髪とひげ。白いスウェットシャツといういでたちだ。控えめでぎこちないたたずまいだったが、彼の存在は部屋に威厳をもたらしていた。他の人々が世間話をしている間、彼はよそを向いていたが、会話が自分の関心事になり協力のチャンスが訪れたとみるやたちまち集中力を発揮した。

彼が人を集めたのは目下の取り組みであるFairCoop（フェアコープ）の説明をするためだった。フェアコープはまったく新しいタイプの世界金融システムともいうべきその全容を徐々に明らかにしつつあった。フェアコープがあれば、世界中の協同組合が取引をし、互いの成長のために資金提供を行い、富の再分配をし、集団としての意思決定ができると彼は語った。通貨市場をハックして資金調達をする一方で、競争資本主義を協同に置き換えよう。ドゥランはさらに、FairMarket（フェアマーケット)、FairCredit(フェアクレジット)、Fairtoearth(フェアトゥアース)、Global South Fund(グローバル・サウス・ファンド)など、フェアコープの発展的な構成要素の名前を挙げていった。「政府にコントロールされずに交換ができるようになる」と彼はブロークンイングリッシュで約束した。プロジェクトを始動させるため、彼はビットコインのような暗号資産のアイデアを借用し、FairCoin(フェアコイン)と名づけていた。

フランス人活動家たちはおぼろげながらなんとか理解できたことをもとに、ドゥランに質問を浴びせた——政治的な質問もあれば技術的な質問もあった。フェアコインとフェアクレジットの関係は？　フェアマーケットでは何が買えるのか？　ファンドにはフェアコインをいくら調達するのか、その用途は何か？　質問の主はほとんどが男性で、おおむね若く、顎をさすりながら話を聞いていた。女性のほとんどは閉会前に席を立った。ドゥランの声は単調そのものだったが、にもかかわらず彼の回答にはどこか熱狂があった。たくさんのさまざまな「もし〜だったらどうなる」の質問への答えは「皆で決めればいい」のバリエーションだった。

集まった人々がこんな人を煙に巻くような可能性に終始する話でも聞こうと思う唯一の理由は、ドゥランが実際に銀行からお金を盗んだ人物だからだ。彼自身はそう呼ばれるのを拒否しているが、2008年の世界金融危機に至るまでの間にスペインの複数の銀行から数十万ユーロをせしめたことは否定しない。窃盗に成功した勢いに乗ってドゥランはカタラン・インテグラル・コーポラティブ(Catalan Integral Cooperative)——略称CIC、「シーク」と発音する——を組織した。CICはスペイン北東部で独立運動が盛んなカタルーニャ地方で活動する協同組合のネットワークで、パリの活

仕事中のエンリック・ドゥラン。パリにて

動家たちはフランス全土でそれを再現しようとしていた。それが今後何年にもわたって法から逃げ回る地下生活を意味しようとも、彼の取り組みはたいがいうまくいく方に転がる。たぶんこれも。

銀行と問題を起こすはるか以前から、エンリック・ドゥランは人と人をつないできた。十代の時に彼はプロの卓球選手で、カタルーニャ地方の競技連盟の再構築に尽力した。二十代前半になると、エーリッヒ・フロムによる物質主義社会の分析やヘンリー・デービッド・ソローの不服従の呼びかけを読み、さらに大きな不正に関心を移した。1990年代後半、グローバル正義とも反グローバリゼーション運動とも呼ばれた動きが盛り上がった時期だ。メキシコ南部にサパティスタ民族解放軍が自治区を建設し、2000年になる直前には手足をひもで結び合い顔にマスクをした活動家たちが数週間にわたって抗議を行い、シアトルで行われた世界貿易機関（WTO）の閣僚会議を妨害した。ノースイースタン大学の人類学准教授ジェフリー・

ジャリスによれば、バルセロナで「何かが組織される時、その中心にはエンリックがいた」[12]。人は彼を「つなぎ役《エル・オンブレ・コネクタード》」と呼んだ。

ドゥランは2000年にプラハで行われた世界銀行とIMFの年次総会への抗議活動で、カタルーニャ代表団を組織した。現地では路上で警官に頭を殴打されている。ドゥランは石油依存をやめ、貧困国への債務を免除せよと訴えた。当時、彼は薬剤師をしている父親からのわずかな仕送りで生活していたが、2003年に有り金をはたいてバルセロナに「Infospai（インフォスパイ）」という協同組合式のインフォショップ〔市民運動や文化などの活動と情報の拠点〕の立ち上げを手伝った。インフォスパイで生活できるようになればというもくろみがあったが、インフォスパイはまもなくお金の問題に悩まされるようになる。周囲の活動家グループもプロジェクトに同じ悩みを抱えるケースが実に多かった。資本主義では得られそうにない収入源が必要だった。

ドゥランはお金の性質を研究してきて、お金とは金融エリートの手先として行く先々を不当な利息を乗せた取引で汚染し、世界中に債務奴隷を作る道具だと思うようになった。大銀行が世界の不正の元凶だと確信するに至っていた。だが、大銀行は解決策ともなりうるかもしれない、と彼は考えた。

最初に銀行にお金を借りて返さなければどうかとアイデアを出したのは起業家の友人だった。大勢で借りて集団での活動を組織するか、それともそういう筋書きのフィクション映画を製作するにとどめるかと当初は2人で話し合っていた。だがその友人が交通事故で亡くなり、ドゥランは自分一人で実行しようと覚悟を決めた。2005年の秋、彼はペーパーカンパニーを設立して融資の申し込みを始めた。すぐにカイシャテラサから20万1000ユーロ（当時のドルで31万ドル）相当の住宅ローン融資を受けた。これを皮切りに、自動車ローンからクレジットカードまで、39行から68件の借金をした。彼の言によれば、借金の総額は約49万2000ユーロ――利息と手数料を除けば36万ユーロになる。ドルに換算すれば50万ドル以上だ。

ドゥランは3年近くの間、借金を続行した。「私の戦略は完全にシステム化されていた」と彼は宣誓書「銀行を撲滅せよ（Abolish the Banks）」に書いている。「私の行動の一つひとつがフォード生産方式の組み立てライン上の部品であるかのようだった(13)」。ネクタイこそどうしてもする気になれなかったが、銀行との打ち合わせにはブリーフケースを提げていった。一つの品目――例えばビデオカメラ――のために複数の銀行から同じローンを借りた。手に入れた現金の額が増えると、彼は周辺にいた信頼を置く知り合いのグループに資金を提供した。「デグロース・マーチ（脱成長行進）」やカタルーニャ地方で経済成長の論理に反対するために組織した集団自転車走行を後援し、インフォスパイにテレビスタジオを設置した。

終わりの始まりは2007年夏にやってきた。アメリカの住宅ローン危機の兆候に気づき、活動の公開準備をする潮時と判断したという。翌年1年間かけて彼は仲間を集め、銀行の悪行と銀行を出し抜くために自分がやったことを詳述する新聞を製作した。デグロース・マーチの組織に協力した人々が、カタルーニャ全域にあらかじめできていた配布網を提供してくれた。彼は決行の日として2008年9月17日を選んだ。

絶妙なタイミングだった。9月15日にリーマン・ブラザーズが破産法の適用を申請し、これがまちがいなく世界的な連鎖反応の口火を切った。その日の朝、ドゥランはバルセロナからポルトガルのリスボンに飛び、翌日リスボンから友人のリルカが住んでいたブラジルのサンパウロに飛んだ。17日にカタルーニャ中のボランティアたちがドゥランの新聞「クライシス（Crisis）」20万部を配付した。当日まで、ボランティアたちのほとんどは自分の配るニュースの中身をわかっていなかった。国際メディアが取り上げると、ドゥランは銀行を相手にした義賊ロビンフッドとして知られるようになった。

彼はこの件を自分の「パブリックアクション」と呼ぶ。もともとそのように計画していた――衆目を集める派手な、ただし他のプロジェクトのためのネットワーク作りになる活動と位置づけていた。「これは単一の活動として語るべきものではありません」と彼は言った。「オルタナティブな経済システム構築のプロセスなんです」。

利用価値からコミュニティへ導く総合《インテグラル》革命

ブラジルで、ドゥランは次の動きを討論するため支持者向けのウェブサイトを立ち上げた。最初は借金による集団ストライキをする計画だった。世界中で借金踏み倒しの仲間が募られ始めたが、銀行に痛手を与えられるだけの参加人数はあまりに膨大に思われ、計画は頓挫した。２００８年の後半に、ドゥランとリルカと友人たちは別の提案に方向転換した――総合《インテグラル》協同組合（Integral Cooperative）を立ち上げ、いずれ総合革命をめざす。

銀行に対するアクションと同様、これも政治的な意図と実用的な目的を兼ねた構想だった。インフォスパイは資金面で苦労したとはいえ、協同組合を組織する利点を教えてくれた。スペイン政府は通常、独立労働者から高額な自営業者税を取り立てる——月額約315ドルに加え所得の一定割合——が、仕事が協同組合内で発生していると主張できれば、税は適用されない。世界金融危機の最中で人々は職を失い、生計を維持するために請負仕事をしようにも税金が壁となっていた——だが集まって協同組合になるなら話は違ってくる。ドゥランに、労働者ないしサービス利用者が所有・運営する従来型の協同組合事業を作るつもりはなかった。それよりも協同組合の傘を作り、その下で人々が形を問わず自分の好きなように生活を営み働けるようにしたかった。人々を助けつつ、彼らに社会改革の急先鋒になってもらおうというわけだ。お金持ちは税の抜け穴をうまく利用している。協同組合員にも同じことができると彼は気づいたのだ。

ドゥランは自分のシステムに接続するパーツがもっとないかと探した。カタルーニャ地方のエコシャルシャ（エコネットワークの意）と呼ばれる諸都市に生まれ始めていた一群のオルタナティブ通貨については知っていた。その第1号は偶然にも、2009年にビットコインが公開された翌日に開始されている。これらの通貨には共通する関心と価値観が見られたが、統合する構造がなかった。ドゥランは自分の新しい協同組合を通じて地域通貨同士を連携させる提案をし、通貨の利用者は彼の温めていた社会構想へのもう一つの入り口となった。

彼と友人らは、スペイン語とカタルーニャ語で「全粒小麦」を指す「インテグラル」という言葉を、プロジェクトの全体性、統合性、多様性を表す言葉として採用した。プロジェクトに勇気づけられ、ドゥランはカタルーニャに帰国する約束をし始めた。銀行から借りた残りのお金の大半を注ぎ込んで、新聞第2号「われわれにはできる！（We Can!）」を製作した。「クライシス」が銀行制度の諸問題に焦点を当てたのに対して、「われわれにはできる！」は解決策を取り上げよう。一面に「資本主義がなくても生きられる。求めている変化に私たち自身がなれる！」と宣言を掲げる。第2号ではドゥランと友人たちが総合協同組合のために発展させてきたビジョンの概略を描いた。２００９年3月17日、「クライシス」配付のちょうど6カ月後に、「われわれにはできる！」35万部がスペイン全土で刊行された。同じ日にドゥランはバルセロナ大学のキャンパスに姿を現し、即刻逮捕された。いくつかの銀行が彼を告訴した。スペインの検察は実刑8年を要求した。

ドゥランは収監されたが、ある支援者が保釈金を支払い、2カ月後に釈放された。その後、4年近くにわたって自由な身で友人たちと組織化活動をする生活が始まった。ドゥランらは最初に法に沿った体制をしっかりと整備し、税金のメリットで人々を協同組合に引きつけられるようにした。次の優先課題は生活必需品の用意だった。農家から食品を、無断居住者とコミューンに住宅を、自然療法で手の届く価格のヘルスケアを調達した。２０１０年初めには、カタルーニャ総合協同組合は委員会も月例総会もある実体を持った組織になっていた。翌年、財政緊縮と汚職への抗議デモがスペイン中の町の広場を占拠した後、参加者たちは協同組合に加入した。模倣組織がスペインの他地域とフランスに生まれ、さらにギリシャにも現れた。ドゥランが銀行から借りたお金はＣＩＣの形成に実はまったく使われていないが、ＣＩＣは彼の名声と人脈と情熱的な活動の広がりとともに成長していった。

ビットコイナーたちの中に身を置いた数カ月の後で、ドゥランと一緒に人目を避けて過ごした時間には安堵と解放感があった。それは、金融システムへの不満と分散型台帳への期待はビットコイナーたちと共通していても、彼にはコーポラティビズムがあったからという理由が大きい。彼が作ろうとしているものは既存の協同組合とは似ても似つかないが、所有権と統治に説明責任を持たせることへのあの関心がベースにはある。生活の要素を次々に信頼の不要な取引に移そうとするよりも、彼は信頼の存在感を高めようとしていた。生活の要素を次々に信頼の不要な取引に移そうとするよりも、彼は信頼の存在感を高めようとしていた。ＣＩＣは私に地球の断面図を思い起こさせた。固い外殻は新規加入者に、参加したり便益を受けたりできる具体的なサービスを提供する。自分たちが利用するために中で何が行われているかはほとんど知らなくてもかまわない。その段階でとどまっていてもよい。しかし中心部に踏み込むこともできる。するとサービスがさらに増え、信頼も濃厚になる――正式な取引があまり必要なくなる、溶岩のような液状の、共有されたコモンズがそこにはある。それはビットコインという惑星の中心部にある、岩のように堅固な取引の楽園とはおよそ遠いものだ。人は利用価値から入ってコミュニティに導かれていく。

パリ滞在中のある雨の夜、私は理論をめぐる議論でドゥランの立ち位置を確かめようと、「コモンズ」とは何かという質問の意味を長々と説明しようとしていた。彼は途中でさえぎって言った。「コモンズについての議論をするような人たちのためにコモンズを作りたいわけじゃない。庶民《コモナーズ》のためにコモンズを作りたいんだ」。

彼の言葉は刺さった。自分が恥ずかしくなったからというのもあるが、それがコーポラティビズム全般への教訓であり警告だったからでもある。コーポラティビズムの価値は使われてこそなのだ。

「モンドラゴン」に見切りをつけたＣＩＣ

アントニ・ガウディのいまだ未完の大聖堂、サグラダ・ファミリアから数ブロック先にアウレア・ソシアルはあった。ヘルススパだった3階建てのこの建物は、２０１２年からＣＩＣのバルセロナ本部として使われている。スライド式のガラス扉と受付デスクを通り抜けると廊下があり、組合員たちの手になる商品が展示されている——石鹸、子供服、木製のおもちゃや野鳥の餌台、太陽光調理器。レイキの施術を受けたり合気道を習ったりできる、ホステルとウェルネスセンターを兼ねたエスパイ・デ・ラルモニアのパンフレットもあった。奥には小さな図書室、ビットコインのＡＴＭ、有給でＣＩＣの運営に携わる75名の一部が使っているオフィスがあった。アウレア・ソシアルが市場を開催する日にはカタラン・サプライ・センターから届いたばかりの商品が並ぶ。センターはバルセロナから南に1時間ほどの町にある協同組合の物流倉庫で、カタルーニャ地方全域の市場に月当たり数千ポンドの商品を供給している。そのほとんどはＣＩＣに加盟する農家や生産者が作ったものだ。

ＣＩＣの対外窓口になっている広報委員会のメンバー、ジョエル・モリストが私を迎えてくれた。彼はジャック・ケルアックをこよなく愛しているが、風貌はむしろウォルト・ホイットマンとスラヴォイ・ジジェク［哲学者］に似ている——いきなり発作のように身振りが激しくなるところ、頭の回転が速いところなどはジジェクにそっくりだ。左目が斜視だが、輝きは劣らない。モリストは映画製作者だ。誰にも臆するところがないがエンリックに対してだけは別で、何度も冗談まじりにまもな

商品の計量、カタラン・サプライ・センターにて

く戻るはずの不在の神として口にした。続けてＣＩＣの歴史の話に入った。まずは文明の起こりから——最初の首長、最初の祭司、最初の軍隊、最初の貨幣、最初の借金。彼は利息を取って貸し付ける前提の貨幣制度とは別のやり方が必要だという説明を小さな紙切れにスケッチした。

アウレア・ソシアルで宣伝されている事業者はいずれも、ＣＩＣに程度の差はあれつながりを持ちつつ、まがりなりにも独立運営している。私が訪問した２０１５年時点で、ＣＩＣはカタルーニャ地方一帯に散らばる６７４のプロジェクトの連盟であり、９５４名の労働者がいた。[14] ＣＩＣはそれらのプロジェクトに税金と法人化に関する法の保護を与えていた。組合員同士の取引は、カタルーニャのエコネットワークから発生したオルタナティブ通貨の単位「エコ」で行う。保健医療従事者、法律の専門家、ソフトウェア開発者、科学者、ベビーシッターを皆で共有している。ＣＩＣの50万ドルの年間予算、クラウドファンディング・プラットフォーム、無利子の投資銀行「Casx（キャッシュ）」（カタルーニャ語でxは「シュ」と発音する）で組合員は互いに融資をする。CICの加盟条件は、プロジェクトが合意制で運営されていることと、透明性や持続可能性など一定の基本原則に従うことだ。総会で新しいプロジェクトの加入が認められると、プロジェクトの所得はCICの経理部を通すことができる。その一部は財源と共有インフラに回される。参加者は誰でもサービスを受け、共有資源の使い道の意思決定に関わることができる。

会員はバルセロナ市内の提携しているアパートメント群か、ティピー〔ネイティブアメリカンのテント住居〕とユルト〔モンゴルの遊牧民の移動式住居〕とストーンサークルがあり馬がいる「Lung Ta（ルンタ）」という農場コミューンで暮らす選択もできる。ルンタの住人はマヤ暦占星術の自分の星座に従って「家族」を形成している。「Calafou（カラフォウ）」に移り住む者もいる。100年前の工場街の廃屋が売りに出ているのをドゥランがネットで見つけて数名で共同購入し、「ポスト資本主義のエコインダストリアル・コロニー」にしたものだ。（私のカラフォウ訪問記をここで詳しく紹介できないのは、コロニーの総会が取材記事に課したオープンライセンスという出版条件を本書が満たせていないからである。）そこからほど近い場所では、かつてアナルコ・サンディカリスム〔無政府主義と労働組合運動が結合した運動〕の労働組合であるCNTのものだった建物で、無政府主義者グループがバー兼シルクスクリーン印刷スタジオを経営していた。CNTは1930年代の内戦時には集産主義的な工場や民兵組織を運営し、おそらく現代において最大であろう無政府主義の実践実験を指揮した。CICもCNTのように、旧世界の外殻の中に新しい世界を作りつつあった――ユートピア主義者のお題目の通り――そして、生計を立てるのがまったく容易ではない場所で、およそユートピアらしからぬレベルで自分たちの生活の糧を作っていた。

スペインは長年不況から抜け出せず、失業率は人口全体で20パーセントを超え、25歳未満の若年層では50パーセント前後で推移していた。その鬱憤から財政緊縮政策に反対するポピュリスト新党、ポデモス党が台頭し、私がスペインを訪れた時は既存体制を追い出すと気炎を上げていた。だがこの反乱の目立たない側面が、地に足をつけた活動で日常生活の構造を作り変えようとしていたCICのような動きだった。彼らのような協同組合活動家は、モンドラゴン路線の安定した正規の職を求めることに見切りをつけていた。彼らは大勢で一緒に消費財を量産する産業官僚主義に加担することに目標を置いていない。カタルーニャに近く、やはりスペインからの独立をめざしているバスク地方で生まれた有名な協同組合、モンドラゴンを参考にしたのかと私は一度たずねたことがある。返ってきたのは「なぜ意識する必要があるんだ?」といわんばかりのまなざしだった。彼らはそれよりも完全な形の自由を求めていた。

CICの「連邦準備制度」

アウレア・ソシアルの1階に構えた、CICのメンバー5人で構成する経済委員会の事務所は、ふつうの経理部門とは趣が異なっていた。天井から吊り下げられた紙製の鳥の群れがホワイトボードに向かって飛んでいる。壁一面を覆うホワイトボードには「愛こそはすべて」と書かれていた。反対側の壁には子供たちのアート作品が一面に貼られている。スタッフのコンピュータはオープンソースのオペレーティングシステムであるリナックスとＩＴ委員会が開発したカスタムソフトウェアで動いており、ＣＩＣ傘下のプロジェクトの所得を処理したり、会費の支払いを管理したり、剰余金を要求に応じてプロジェクトメンバーに振り分けたりするのに使われている。

税務署員が来ることがあったら、自分は協同組合のボランティアだと言って経済委員会の連絡先を教え、経済委員会が適切な書類を提供してくれる、という筋書に従う申し合わせがＣＩＣメンバーの間にはできている。公式にはＣＩＣは存在しない。ＣＩＣは組織内でさまざまな目的別に設立された複数の法人を通じて運営されていた。中の人々はこのシステムと、それにともなう税務上のメリットを「財務的な不服従」、「法律上の形式」、あるいは単純に「ツール」と呼んでいた。

経理はユーロとＣＩＣ内通貨となっていたエコで行われていた。エコにはビットコインのようなハイテクソフトウェアは不要で、単純な相互貸借台帳さえあればよい。ビットコインが中央当局と完璧ならざる人間を介在させないのに対して、エコは互いを信頼する人々のコミュニティに依存している。口座は数千あるが、口座の持ち主なら誰でも、もともとは南アフリカで開発されたオープンソース・ソフトウェア・パッケージだったウェブ上のコミュニティ・エクスチェンジ・システムのインターフェースにログインできる。そこでユーザーは全員の残高を確認し、口座間でエコの送金ができる。富の尺度も世間の常識とは逆だ。残高が低かったり少しばかり借金があっても、誰も眉を顰めたりしない。むしろ、プラスでもマイナスでも誰かの残高がゼロからあまりにかけ離れて、その状態のままだと問題視される。利子がつかないため、大量のエコを置いておいても何の得にもならない。このシステムでは蓄積ではなく利用、貢献と消費のバランスをとることによって信用度が高まる。

CICの連邦準備制度にあたるのはソーシャル通貨監視委員会で、この委員会の仕事はあまり取引を行っていない組合員に連絡を取り、その人のニーズを満たすためにシステムをもっと活用してもらえるよう一緒に知恵を絞ることである。例えば、パンツがほしい人がいて、エコで買えるところが近くにないとしたら、服屋にエコで売ってくれないかと交渉してみる。しかし服屋にしてみれば、エコで商品を売るには、自分に必要なものがエコで手に入らなければならない。こうすれば人々は都会と地方の分断を超えて協力せざるをえなくなる。パンクとヒッピー、農家とハッカー、パン屋と科学者がつながる。パズルのピースを合わせるように経済が作られていくプロセスだ。通貨は単なる交換の媒体ではなく、お金がお金を生む金融からCICが独立するための手段なのだ。

CICの周辺で私がよく耳にした言葉は「アウトジェスティオ」だった。人々はこの言葉を、アメリカ人が「自給自足」を語るのに似た愛着を込めて使ったが、そこに自分以外の人間などどうでもよい個人主義の匂いはなかった。彼らは「自己管理」と翻訳してくれたが、この言葉には自己以上にコミュニティという意味が込められていた。CICでは特定の法の抜け穴を利用することよりもこのような倫理観の方が大切にされていた。税務上のメリットは人々を集めるきっかけにすぎない。食べ、眠り、学び、働く方法を自分で管理できる度合いが高まるほど、総合革命は実現に近づく。

海に向かって東に1時間ほど車で走ったところに、CIC組合員のパンクたちがウルトラモートというデスメタルバンドのような名前を持つ小さな中世の町に暮らしていた。ラケル・ベネディクトは髪を赤く染め、『時計じかけのオレンジ』の黒いフード付きパーカーを着ていた。耳はリングピアス

ラケル・ベネディクトとジョエル・モリスト。アウレア・ソシアルの屋上にて

だらけだ。鼻もブリッジ［眉間の下にあたる鼻の付け根］とセプタム［鼻の左右の穴の間］にピアスをしている。路上の抗議デモはもうやめるようにしないと、警官に殴られたら私はやり返しちゃうけど、母親となった今はそういうリスクはとれないからね、と彼女は言った。

長年イギリスで飲食業に従事しながらサーフィン生活を送ったあと帰国した兄とともに、ラケルは２０１４年末に町でただ１軒のレストラン、「レストラン・テラ」を開業した。店は徹底してＣＩＣらしさが貫かれている。食事の支払いにはエコを受け付け、定期的に地域総会に場所を提供する。木材の運搬にロバを使っている地元の林業協同組合の給料支払い窓口も務める。店の奥で地域の子供たちのための保育園も始めた。園児の１人は息子のロックだ。

ベネディクトは２０１１年の15Ｍ運動の占拠行動の最中にドゥランと出会った。ベネディクトにはすでに怒りがあったが、ドゥランはその怒りでやるべきことを教えてくれた――「実体のあることを」と彼女は言った。彼女は受け入れ委員会の一員としてCICで働くようになり、インテグラルの論理を人に教えながら、またドゥランと機会の許すかぎり語り合いながら、みずからも学んだ。まもなく、総会をとりまとめたり委員会同士の連携をスムーズにしたりする調整委員会に入った。だが目下熱中しているのはレストランの経営だ。「ようやく、やりたいことに手をつけたのよ」と彼女は言った。

ドゥランとは頻繁に連絡を取っているが、用心しなければならなかった。警察に電話を取り上げられたこともあるし、友人たちがドゥランの居場所について尋問を受けたこともある。今では彼の話をする時は電話を別室に置くようにし、メールは暗号化している。ベネディクトはドゥランの不在中にCICの運営継続を担う1人でもある。ドゥランは自分がもういなくてもCICが回るようにしていた。

週末いっぱい使って翌年の予算計画だけを話し合うCICの年次総会に立ち会った。アウレア・ソシアルの奥にある大きな部屋に60名ほどが輪になって座り、プロジェクターでスプレッドシートが投影された。後ろには赤ちゃんに授乳している女性がいて、もう少し大きな子供たちが大人たちにそれとなく見守られながら建物中を駆け回っていた。委員会をよりうまく機能させるための再編や、誰に給与をどういう形で支払うかについての議論が行きかう中、ベネディクトはリナックスを搭載したノートパソコンでメモを取った。総会ではそれまでCICが使用してきた「エコベーシック」を終了することも決まった。「エコベーシック」はリスクを抑えるためユーロとの兌換性を持たせたハイブリッド通貨だ――法定紙幣と決別して純粋なソーシャル通貨に一歩近づく決断だった。ここに至るま

アウレア・ソシアルでの総会

での疲労とフラストレーションを考えれば、これだけの規模の組織でこれだけの人数の人が詳細にわたる重大な意思決定を合意制で行っている、という奇跡を見過ごすのも許されるかもしれない。

こまごましたことに関する話し合いの裏には、彼らが行うローカルな意思決定はすべてもっと大きな何かのモデルを形成するという展望がおぼろげに意識されていた。サパティスタ・コーヒーは必需品かという議論の最中、総会に出席していた一人のウェブ開発者がドゥラン宛にフェアコインのウェブサイトの変更に関する暗号化メールをこっそり書いているのに私は気づいた。フェアコインのサイトはCICが新たにグローバル展開した派生プロジェクトの外部向けの顔となるものだ。会場にいた大半の人がその存在を知ってはいたが、自分の目の前のプロジェクトをさしおいて関心を向ける人は当時少ししかいなかった。

「エンリックが新しいことを思いつくと、みんな震え上がるのよ」ベネディクトが休み時間に話してくれた。「ちょっと待って——やることはたくさんあるのに、今度はそれをやろうというの、本気？　ってね」。

アルゴリズムではなく人間同士で

フランスで取材したドゥランは、逃亡生活の制約が許すかぎりインテグラルの活動に昼も夜も駆け回っていた。簡単には見つからないよう住まいと仕事場は時々変えながらも、ふつうに出歩いて道で警官とすれ違っても平然としていた。自分の居場所は必要最小限にしか教えなかった。彼の生活の最も不思議なところはその落ち着きぶりかもしれない。不安とか、壮大な野心に対して自分の力量に疑いを感じる様子はまったく見えなかった。

「自分にはやれるだけの力があると感じているのさ」と彼はあっさり言った。

雲がたれこめたパリでのある日、午後にフェアマーケットのウェブサイトを手がける開発者と打ち合わせた後、ドゥランはよく行くハッカースペースの一つに向かった。そこのＷｉＦｉ設定はＶＰＮ経由でメールが送れるので居場所が特定できないのを彼は知っていた。メーリングリストに登録されている1万人以上に最新情報を送る。それが終わると、シンクタンクのオフィスへフランスの信用組合の幹部との面談に出かけた。相手はフェアコープに懐疑的だったが、彼はびくともしなかった。話し合いは暗礁に乗り上げたように見えたが、終わった後の彼は幹部の人脈をいかに活用するかだけを考えていた。真夜中過ぎ、ドゥランはOuiShareのコワーキングスペースの裏でOuiShareトップらにフェアコープを紹介した。後日対話を続けるため、彼はセキュアなチャットプログラムの使い方を彼らに教えた。

暗号の使い方講座が終わると、私たちは2人でシェアしていたエアビーアンドビーのアパートメントに戻り、ドゥランはコンピュータの前に座った。彼はそのまま朝の4時半まで作業していた——たまにクッキーをつまみ、メールや興味をひいたフォーラムのスレッドを読みながら時折笑みを浮かべ、一本指打法で返信を打ち込みながら。部屋に置かれた2台目のノートパソコンは24時間光を放ち続けている。常時フェアコインのウォレットプログラムを立ち上げた状態になっており、この仮想通貨の分散型ネットワークの安全性を維持していた。ドゥランのふだんの睡眠時間は4～5時間だ。タバコは吸わず、コーヒーも飲まず、ビールもたまにしか口にしない。料理はしない。母親のように世話を焼きたくなる気持ちにさせる男だ。

ドゥランは三つ目の大々的なハックに挑戦しているところだった。一つ目は「パブリックアクション」——金融制度に対するハッキングを行い、活動家たちを支援した。二つ目はCICと「財務的な不服従」——法制度に対するハッキングで新しいタイプの協同組合を発明した。三つ目がフェアコープ——通貨をハッキングして、グローバルな金融制度を作るための資金を調達する。逃亡者の身でこの仕事に取り組むのは容易ではない。

ドゥランの裁判は2013年2月に始まる予定だった。だがその時が来てみると、裁判らしい裁判は行われそうになかった。被告側が立てた証人は1人も証言を認められなかった。当局が法廷を政治的主張の舞台にしたくなかったからだ。最初の手続きが始まる数日前に、ドゥランは再び地下にもぐった。(彼は自分の状況について「忍び(clandestinity)」という英語を使っている。)当初はカタルーニャのとある家に引きこもったが、行動に制約を感じるようになってフランスに移った。フランスならスペイン警察からさらに距離が置けるし、人目にもつきにくい。

他にあまりやることがなかった彼は暗号資産について手当たり次第に勉強を始めた。友人たちがすでにビットコイン関係のソフトウェアを構築していた。カラフォウはビットコイン開発の拠点になっていた。ヴィタリック・ブテリンもイーサリアムの基盤となるアイデアを構想中、そこに滞在している。だが、ドゥランは暗号資産シーンに市場崇拝型の投機が蔓延しがちなのに気づき、この技術をもっとよい目的に使えないかと思案した。「総合革命の資金を作るのにこういうものをハックする方法を考えていた」と彼は振り返る。

ビットコインのコードに何らかの手を加えた模倣通貨が世の中に何百と出回る中、ドゥランはフェアコインに目をつけた。匿名の開発者が2014年の3月に公表し、ほしい人には誰にでもコインを提供していた。ドゥランは通貨の名前が気に入った。フェアコインをフェアにしていると思われる理由の一つは、それがビットコインのプルーフオブワーク・アルゴリズム［非中央集権型のネットワークにおいて、取引に不正がないかをチェックするための仕組み］に依存していないところだった。プルーフオブワークでは、電力を大量消費して計算を行うだけのマシンを集めた倉庫を持っているマイナーが有利になる。それに対してフェアコインの分配はフェアな精神に基づいているように思われた。しかしフェアコインはどうやら信用詐欺のようなものだった。人気が出てから急速にすたれるというサイクルをあっという間に経た後、開発者は姿をくらました。おそらく相当に儲けたことだろう[15]。

フェアコインの時価総額はその年の4月半ばに100万ドルを超えてピークをつけた。その後価値が急落の一途をたどっていた最中の4月21日に、ドゥランはフェアコインのフォーラムのスレッドとレディット上でフェアコインの購入を始めたと発表した。「フェアコインを成功させるのは集団の力であるはずだ」と彼は書いた。「フェアコインは公正な取引《フェアトレード》の通貨になるべきだ」。4月から9月にかけて、ドゥランは自分の生活を支えてきた虎の子のビットコインを使って約1000万フェアコイン――出回っていた総量の20パーセント――を購入した。その間この通貨はコミュニティから見放され、価値がゼロに近かった。それからドゥランはオーストリアの真面目さで群を抜いていたウェブ開発者トーマス・ケーニヒと組み、フェアコインのコードを改変してセキュリティ問題を解決した。2人はフェアコインがビットコインから継承した競争メカニズムを、フェアコープの構造に合わせて設計した協同組合的なメカニズムに置き換える方法を実験し始めた。9月末にはCICのメンバーがフェアコインに投資し始め、その価値はドゥランが夏に買っていた時の15倍にV字回復した。

CICが単なる地域通貨の寄せ集めを超えた存在になっているように、フェアコープもフェアコインの枠にはおさまらなかった。ドゥランはフェアコープを、メンバーとなる協同組合が統治する金融ネットワークにしようともくろんでいた。メンバーは自分の商品をフェアマーケットで販売し、フェアクレジットを使って互いに取引し、成長するための資金をフェアファンディングで調達することができる。GetFairCoin.netで購入し、Fairtoearth.comで売却できる。それはカタルーニャにおけるCICのようなものを全世界で展開することになるはずだった。協議会と委員会、市場と交換――ドゥランはそれぞれにフェアコインという種を蒔き、ツリー状の組織構造の端緒を開いた。あるファンドにはエコシステムのためのソフトウェアを構築する役目を、別のファンドにはグローバル・サウスに富を再分配する役目を負わせた。化粧品メーカー「ラッシュ」からの助成金1万3800ドルに支えられ（グローバル正義運動時代の友人のとりはからいだ）、ドゥランは起きて活動している時間をすべて費やしてあらゆる知り合いに協力を呼びかけ、フェアコープを世界中のポスト資本主義の人々に使ってもらえるものにしようとしていた。

このハックの成功の肝として技術と同じくらい重要だったのが組織作りだ。ネットワークに参加してツールを利用するローカル協同組合が増えるほど、暗号資産市場におけるフェアコインの価値が上がる。暗号資産市場では通貨の値打ちは採用が広まるほど高まるからだ。だから、利用者のコミュニティを築いていけば同時並行的にそのコミュニティに資金が供給されることになる。例えば、もしフェアコインの価格が今のビットコインの価格に達すれば、ドゥランの初期投資は数十億の価値になるだろう。

あれから、この計画はドゥランが銀行から受けたローンをはるかに上回る価値を生み出していた。同行取材が終わると、ドゥランは2人でシェアしたアパートメント宿泊費の自分が負担する分のフェアコインを送ってきた。あやしげなICOや暗号資産長者が続出した2017年の暗号資産ブームの最中、彼が支払ってくれたフェアコインは元の価値の100倍にも膨れ上がった。血の通わない投機の世界とは違う何かを作ろうとしているこの拡大する宇宙のせめて一画に参加しようと、新たな協力者たちがフェアコープに集まりつつあった。世界各地の組織が購買や寄付にフェアコインを受け付け始めていた。この時にはもう、フェアコイン担当チームはシステムを安定させる新たなアルゴリズムを実行していた。ビットコインのプルーフオブワーク・メカニズムとは対照的に、それはプルーフ・オブ・コオペレーションと呼ばれた。

これがリスクをともなうゲームであることに変わりはない。暗号資産の価値は生まれるのも消えるのも一瞬だ。だがドゥランは暗号資産を、テックカルチャーに慣らされた私たちが期待するような、アルゴリズムにすべてまかせれば人間の不完全性を修正してくれる、世界を救済するソフトウェアだと考えてはいなかった。彼は暗号資産を、信頼を優れたテクノロジーに置き換えるのではなく、人間同士に信頼を創り出すために使うことを望んでいた。「新たな文化的関係を作らなければ、何も変わらない」と彼は私に話してくれた。ＣＩＣメンバーが自分たちの協同組合を単なる法的な組織以上の強さを持つものにしようとしたように、フェアコープもフェアコインから完全に脱皮できるほど強固になるのを見守りたいと彼は願っていた。

目が回るように複雑ではあるが、この計画はドゥランの今までの取り組みを貫くロジックの素直かつ単純な延長でもある。資本主義の裏をかいて活動資金を調達する。すでにあるものを組み替える。だがこの常識破りの実績さえ、何の保証にもならない。パリの洞穴のような地下室にあるハッカースペースで、フランス人インテグラリストたちを新たなプロジェクトに引き入れようとしつつ、ドゥランはこともなげに付け加えた。「これが成功するかどうかはわからない」。

ドゥランはパートナーを見つけ、打ち合わせのお膳立てをし、新しい事業に必要なさまざまなタスクをこなさなければならず、それを不自由な世を忍ぶ身で行うことが、ただでさえ困難な仕事に日々制約を課していた。もちろん刑務所に入ったらそれ以上に困るだろうが、彼は隠れることに疲れていた。

銀行を欺いた男はみずから銀行を作ろうとしていた。

第5章

スローコンピューティング
――「協同」のプラットフォーム

無料のオープンソースOSで不便さを楽しむ

意識の高い人々の間で、自分たちの食べているものがどこから来たのか、誰がどのように作っているのかを「知っておきたい」という気運ができてだいぶ経つ。これには手間がかかる。だが、食べ物が生活にどれだけ大事かを考えれば、良識ともいえる。そして同じ意識を、コンピュータに対しても持ってしかるべきかもしれない。コンピュータはたえずそばにあって、私たちの経験に影響を与えている。私たちの多くは私生活、生きるための仕事、生活と仕事に費やす時間の大半をコンピュータに預けている。私たちはコンピュータ生活にも、少し余分な手間をかけるべきなのではないか。

数年前の冬、10年間MacBookを使ってきた後で、そんな仮説に身を委ねてみた。私は型落ちしたばかりのノートパソコンを購入した。ハードドライブを消去して、お仕着せで入っていたウィンドウズを無料のオープンソースOS、Ubuntu（ウブントゥ）に入れ替えた。ウブントゥはイギリスに本社がある会社（創業者は南アフリカ人）とボランティアの巨大なネットワークが管理している、GNU／リナックスをよりユーザーフレンドリーにした変種の一つだ。リナックスが世に出たのは1991年。ヘルシンキ大学の学生だったリーナス・トーバルズが、1970年代にAT&Tが発明し当時一般的だったUnix（ユニックス）に相当するオペレーティングシステムを自分で開発した。トーバルズはこれをGNU一般公的使用許諾の下でリリースし、世界中の人が合法的に使用したり修正したりできるようにした。リナックスは現在、多くのインターネットサーバー、大半のスーパーコンピュータ、グーグルの携帯端末用OSであるアンドロイドを動かしている。それほどの規模でありながら、リナックス本来のアマチュア精神は今も健在だ。大学で講義した際、コンピュータのセットアップを手伝ってくれたそこの学生が、私のデスクトップ上のアイコンのデザインには自分も参加したのだと教えてくれた。

コンピュータの素性を意識するようになったとはいえ、多大な時間を注ぎ込む余裕はなかった。やるべき仕事があるし、仕事相手は.odtや.oggなど見慣れないファイル拡張子を嫌がるだろう。タッチパッドとプリンターを正常に動作させるため、コマンドラインに追加でいくつかのユーティリティをインストールしなければならなかった。クリック一つ、あるいはrm-fコマンド一つで全部壊してしまうのではないかとひやひやする瞬間もあったが、それは起こらなかった。数時間後には、ウブントゥはこれまでのMacのOSとほぼ遜色なくスムーズに動いていた――ほぼ、というのは時々予想外かつ慢性的な不具合が起きるという意味だ。コンピュータを起動するたびに「システムプログラムの問題が検出されました」という謎のエラーメッセージが何年も表示され続け、その後システムアップデートをしたら、今度は別のエラーが出るようになった。何かのプログラムが私のプリンターと相性が悪いのだ。ベクターグラフィックスや動画編集など複雑なタスクを行う無料のオープンソフトウェアは、商用ソフトが何年も前に搭載していた機能にまだ追いついていない。だがそうしたことがほとんど苦になっていないのはわれながら意外だった。

スローフード運動は、文字通りテンポを落とすこと以上に、価値志向の経済とより濃密なコミュニティを求めてきた。同じように、私のコンピュータはおおむねきわめて動作が速く性能も高いが、コミュニティの中でやりくりできる程度にスローダウンしようというのがスローコンピューティングの主旨だ。野菜の泥やファーマーズマーケットの適当さや旬の時期にしか手に入らない不便さを楽しめるようになるように、スローコンピューティングは不具合を面白がれるようになる。私が今使っているソフトウェアに、アップル製品が表向き打ち出している完全無欠さはない。未完成品であることをまったく隠さず、プログラマーたちがニーズに気づいて修正を行っては修正情報を全員にシェアし、開発は永久に続く。だが私は早いうちに、故障に対する自分の感じ方が変わったのに気づいた。MacBookだったら怒り心頭に発したようなことでも、今は腹が立たない。顔の見えないどこかの会社に毒づくわけにはもういかないからだ。コミュニティが作ったソフトウェアの場合、責める相手は自分たちしかいない。私たちは完璧ではない、でも努力し続けている。

執筆のほとんどにはEmacsを使っている。テキストのみの端末画面で動く、1970年代半ばから ずっと開発され続けているプログラムだ。（試してみてほしい。Mac OS Xなら、ターミナルアプリを開いて「emacs」と入力し、エンターキーを押す。）昔ながらの農法で育てられた作物のように、Emacsは過去とのつながりや連続に誘ってくれる。Emacsには「ctrl」＋「X」や「alt」＋「X」など古いキーストローク操作の知識が求められる。フォントもウィザードもない。だが複数のファイルを並べて表示したり、テトリスで遊んだりもできる。書式を設定するには、Markdown（マークダウン）という人間の目で読めるシンプルな記述法で書く。例えば＊This＊と入力するとイタリック体になる。リンクを表示するには［this］（URL）を使う。ネットから借用した数行のコードで、私はいくらでも拡張可能な自分のEmacsに、Emacsのテキストファイルを担当編集者向けに.docxファイルに変換することを覚えさせた。フリーソフトウェア運動を研究している人類学者のクリストファー・M・ケルティは、このようなEmacsのスクリプトを作ることを「仕事を離れた楽しみの一つ」と述べている。(1)

テック企業まかせにしない

私のクラウドはマンハッタンのチェルシー地区にあるコロケーションセンター［複数の企業や団体のサーバーを設置している共同の場所］のサーバー上にある。管理しているのは私が所属するMay First／

People Link（メイファースト／ピープルリンク）で、「民主的な会員組織」を標榜している――本質的には協同組合だ。メイファーストの拠点はアメリカとメキシコにあり、2カ国語で統治されている。加入するか迷っていた当初、私はブルックリンのサンセットパークにあるオフィスに、創設者のジェイミー・マクリーランドとアルフレッド・ロペスを訪ね、技術的な好みやお互いの人生の話をして数時間過ごした。その時、彼らが遠隔地のデータセンターではなくニューヨーク市内にサーバーを置いておくために割高な費用を払っていることを知った。何かあった時、物理的に駆けつけられることが2人にとっては大事だったのだ。私たちのデータを身近に保管したいとの考えだった。

私がメイファーストに加入したのはエドワード・スノーデンの暴露事件のおよそ1年後だった。この事件で国家安全保障局が企業のクラウドサービスを隠れ蓑に監視活動を行う手口がいっそう明らかになった。自分がとりたてて諜報活動の対象になることをしている自覚はなかったが、オプトアウトしてみようと思った。メイファーストには司法警察機関の監視に抵抗した実績がある。もっと最近になって、マクリーランドはデータをアメリカ国外に中継するセキュリティシステムをサーバーの周囲に構築したと話してくれた。その後、私たちはそれぞれ数カ月以内に予定していたお互いの旅行計画がひょっとして重ならないか話し合った。Gメールを運営している担当者とそんな話ができるだろうか。

現在、私のカレンダーと連絡先とバックアップファイルはすべて、マクリーランドがメイファーストのサーバー上で維持しているNextCloud（ネクストクラウド）というオープンソースのプログラムと同期している。私に関するこれらの情報はもう何一つグーグルを経由しない。ネクストクラウドはドロップボックス、グーグルドライブ、グーグルカレンダー、グーグルコンタクト——に加え皆がプラグインとして作成したいろんなアプリの血を引く、思春期に入った子供のようなものだ。もっとアプリを作ってくれとツイッター上でプログラマーたちに働きかけるのが私の趣味になった。

私の新しいクラウドはおおむねうまく機能している。時々ノートパソコン上のシンククライアントがフリーズしてしまい、再起動させなければならないことがしばらくあった。そこで開発者のフォーラムにバグを報告したところ、まもなくアップデートが行われて現象は起きなくなった。その後、今度は連絡先を同期すると私が使っていたオープンソースのメールプログラム、Thunderbird（サンダーバード）がクラッシュするようになった。探し回ったあげく、別のオンラインフォーラムで解決の参考になるスレッドが見つかった。ギークが集まる広大なコミュニティの中で、誰かが何らかの形で解決策を考え出す。必ず。

だがその信頼感を万能感とすり替えてはいけない。フェアトレードコーヒーを飲むことや市民農園で自家栽培することと同様に、私がEmacsとメイファーストに肩入れしても、マクロ経済に及ぼす効果は限られている。「あなたが鶏を育てているかどうかなどゴールドマン・サックスは気にもとめない」と政治理論学者のジョディ・ディーンはかつて述べた。(2) 私がEmacsを使っているかどうかなどグーグルは気にもとめない。だが私にとっては大事なことだし、気に入っている。もっと重要なのは、この自分の手を使った工夫の中で一つの経済が回っていることだ。経済は拡大する可能性がある。

テック企業は私たちが仕組みを本当には知らないまま、自分たちのネットワークに参加することを期待している。私たちの生活はすみずみまでテック企業に筒抜けだが、私たちのデータで何をしているかを企業は内密にしている。コミュニティが運営するソフトウェアは、それとは別の論理で動いている。誰かが所有しているわけではないから、隠し事をしてとてつもなく裕福になるのは難しい。透明であることがデフォルトだ。プログラムを作成するのは自分に必要だからで、それを欲しがる人をいいように操れると思っているからではない。グーグルプレックスのどこかにいる高給取りの若者たちに依存するかわりに、ジェイミー・マクリーランドのような人々を雇ってオープンツールを個々のニーズに合わせて改変してもらうのが、スローコンピューティングの理想形である。マクリーランドが私の契約農家であり、メイファーストが私の地域支援型農業（ＣＳＡ）だ。

とはいえ、私たちが人生のあまりにも多くを費やす機械に対して世の中の意識を高めるためには、個人の信念に基づいた行動以上のものが必要だ――もっと優れたビジネスモデル、移り気な資本市場よりユーザーに対して説明責任を負い、公共の重要データを人為的に少なくする一方で個人の生活データからこっそり利益を上げるような細工よりコモンズへの貢献に報いるモデルが必要だ。インターネットがおもちゃや巧みな工夫や便利なものであることを卒業して経済の基本要素となるにつれ、ビジネスモデルの重要性はいっそう増している。

21世紀の産業主義という従来型の考えでは、ボランティア精神と情報共有が次の経済インフラの基礎を築く力になると期待する理由はほとんどない。だがこの二つは実際にそんな力となってきた。フリーのオープンソース・ソフトウェアの産物――すなわち純粋な共有と協力の経済――は、企業が支配するユーザー向けインターネットの下で、それよりも見えにくい骨格として役割を果たしている。リナックスとユニックスのサーバーは、全ウェブサイトの半数以上をホスティングしている。(3) グーグルなどの商用検索エンジンは、自治運営するウィキペディアの編集者たちによる無償の貢献に依存しているし、eコマースが成立しているのはオープン型の暗号化プロトコル、セキュア・ソケット・レイヤー（SSL）のおかげだ。これらが機能しているのは、内部の仕組みが公開されており、誰でも見られるからにほかならない。

ハッカーたちの実験

物語はあるハックから始まった。コードを共有する初期のハッカーカルチャーの習慣を守るため、企業や大学による専有への動きから守るために、MITにいたリチャード・ストールマンという名の一人のギークがGNU一般公的使用許諾を掲げ、フリーソフトウェア運動を開始した。GNUをはじめとする「コピーレフト」ライセンスは法律を逆手に取った。作成者の著作権《コピーライト》を使ってコードを他の誰もが自由に利用、修正、改善できる共有資源《コモンズ》として保護したのだ。その後、法学者のローレンス・レッシグがこのハックをクリエイティブ・コモンズという一連のライセンスを通じてソフトウェア以外の文化的製作物に応用した。(4) 今では、クリエイティブ・コモンズのおかげで、ストールマンのハックの末裔はユーチューブに動画をアップロードする際の埋め込みオプションになっている。

このような法律的なハックと並行して、社会的なハックも多数行われてきた。1960年代後半に「カウンターカルチャー」という造語を生み出したことで知られるセオドア・ローザックは、1986年に彼が「情報信仰」と名づけた事象についての本を発表した。1970年代前半には、ローザックが「ゲリラハッカー」と呼ぶ人々がテック業界とラディカルなサブカルチャーの交わる西海岸に出現し始めていた。彼らは自分たちで『ピープルズ・コンピュータ・カンパニー・ニュースレター（People's Computer Company Newsletter）』という刊行物を出し、コミュニティメモリーというほぼバーチャルなネットワークを持っていた（物理的な集会場所は一つだけ、バークレー市内のレコード店にあった）。彼らはコンピュータを「情報の直接民主主義」――もちろん「能動的にフリーな（『オープンな』）情報」のことだ――をもたらす「根源的に社会的な産物」としてプロパガンダした。(5)

それは、アップルコンピュータを発明したスティーブ・ウォズニアックや、紙の印刷物と通信販売という制約の中で可能なかぎりデジタル革命の概念を広めた『全地球カタログ（Whole Earth Catalog）』［通信販売で入手できる地球上のあらゆる商品を掲載したカタログ］という伝説的なアイコンを生み出したカルチャーだった。アンモナステリーと同じように、これらゲリラハッカーたちも古いものと新しいもの、過去とポスト産業主義時代を融合させた。彼らのプロジェクトは国や企業の助成金に頼ることも多かったが、彼らは自分たちの取り組みをローザックの言う情報という「安全な中立性」にくるまれた、非政治的なものとして思い描いた。情報の力があれば、旧態依然とした政治と経済の力は不要になると空想したのだ。一方、ウォズニアックの「自家醸造」のガジェットは、スティーブ・ジョブズの巨大な時価総額を持つ企業となった。アップルの内部留保は今やアメリカ財務省の現金保有高を上回る。

ベイエリアのテックカルチャーは専有に傾く傍ら、社会的組織の実験をする下地を今も提供している。期間限定［フリースペース］サイトは使われていない街なかの店舗をドロップイン［ぶらりと立ち寄れる］型のハッカソン会場に変えた――後に開設者たちはそのモデルをギリシャとアフリカの難民キャンプに応用した。小ぎれいになりつつあるサンフランシスコのミッション地区には、有名な（かつ評判のよろしくない）ハッカースペース「ノイズブリッジ」と、女性ユーザーの要望に応えてフェミニストグループが創設した「ダブル・ユニオン」が最初にオープンした場所があった。ベイエリアの中でもバークレーとオークランドの境目のオークランド寄りには「オムニ・コモンズ」と呼ばれる元ナイトクラブだった洞穴のようなコミュニティセンターがあり、無政府主義者的な気風のハッカースペース「スードルーム」と、市民科学者たちが寄贈された機器で研究を行いビーガンチーズ［植物性の材料だけで作ったチーズ］の新製法を考案したりしている「カウンター・カルチャー・ラボ」が入っている。そしてもちろん「バーニングマン」がある。年に1度、ベイエリアからネバダ州の何もない砂漠に場を移した、無料と高価格、「誰でも参加自由」と「部外者お断り」、何でもありのイベントだ。

ハッカーの実験はシステムとワークフローになり、やがて生き方になり、やがて企業になった。例えば、Git（ギット）は世界中からリナックスにコントリビュートされた膨大なコードを管理するためにリーナス・トーバルズが設計したプログラムだ。それを基盤とした、コーダーの順位を決める機能を持つGitHub（ギットハブ）は、今では企業として提供するソーシャルネットワークやプロジェクトの管理サービスである。リナックスの重要プロジェクト、Debianには1000人以上の開発者が関わっているが、Debian憲章に記された手順と選出された役職によって自治を行っている。彼らはコードのための共和国を創設し、私のコンピュータはその上で動いているわけだ。

サンフランシスコのマーケットストリート沿いにある
2014［フリースペース］の店頭に貼り出された注意書き

［フリースペース］にようこそ。

原則

①［フリースペース］のものはすべて無料です。
②［フリースペース］は参加の場。見るだけはご遠慮ください。
③エゴを出さない。地位や肩書を出さない。
④すべては生きています。変化し、成長する可能性があります。
⑤［フリースペース］があなたのために何ができるかではなく、あなたが［フリースペース］のために何ができるかを考えてください。

＊ルール＊

お金を持ち込まない
ドラッグを持ち込まない
アルコールを持ち込まない
人と場所に敬意を
ペットを持ち込まない

デジタルコモンズは中立か

　このようなコミュニティに触発されて、テック業界のコンサルタントたちはホラクラシー、アジャイル、ティールといった名称の新しいマネジメント哲学を推進している(6)。動的な分散ワークフローのこうしためざましい成果は、工業化時代の官僚的な階層組織をそのまま引き継ぎがちな大半の既存の大手協同組合の民主制より優れているように見える。IT技術者《テッキー》の資本主義は協同において協同組合のお株を奪っているかに思われる。

ホラクラシーを例に取ろう。ホラクラシーの名はアーサー・ケストラーの「ホロン」という概念――「それ自体が全体でありながら、さらに大きな全体の一部になっているもの」――に由来し、産業企業のトップダウン型の階層組織をオープンソース・プロジェクトの自由なフローに置き換えることを提案する。ホラクラシーにもある程度の階層はある――ホラクラシー（Holacracy）は正式には大文字始まりで表記される、HolacracyOne（ホラクラシーワン）の登録商標だ――が、喩えていうならピラミッド型ではなく入れ子構造の「円」に立脚したシステムである。労働者は単一の職務ではなく、入念に規定された「役割」をいくらでも担うことができ、その役割においてはCEOの意向に関係なく適切な判断を下す権限を持つ。命令しコントロールする管理法に慣れた上司にとっては、ホラクラシーは部下の一挙一動に口出しする権力を手放すことを意味する。会議は短く、進行手順が厳密に決まっている。マネージャーの肩書を持つ人々は思うがままにしゃべり散らすのではなく、手順と手順を定義しているコードともいうべきルールに従わなければならない。このシステムはテック業界のさまざまな場所で部分的ないし全面的に実施されており、ザッポスやMedium（ミディアム）［ウェブサービス企業］がその一例だが、これらのように投資家の存在を前提とした環境では内部に齟齬をきたしやすい(7)。

おそらく矛盾があまりにも簡単に表面化するからではないだろうか。ホラクラシーは最も地位の低い社員にも自分の担当領域では自主性を与えているが、その自主性はゲームのルール、つまり会社全体の目的と必ず一致していなければならない。ホラクラシーでは目的がすべてだ。そして大半の大規模なテック企業にとって、その目的とは投資家に富をもたらすことである。自己決定権を社員の目の前にぶらさげておきながら、それが本当に重要な場面になるとさっと引き上げてしまう。

テックカルチャーは知的財産法と組織図に巧みなハックを生んだが、企業の基本的な説明責任――特に所有権構造と利益にはほとんど踏み込んでいない。立ち上げたばかりのスタートアップ企業に人材を誘致するために従業員ストックオプションを用いている点では協同組合的な傾向を見せたが、やがて投資家支配が会社で幅を利かせ始めた。このシステムは主にごく少数の内輪の人間を利するだけで、一般社員にはほとんどメリットがない。

ストールマンのフリーソフトウェア運動の原理が1990年代後半の「オープンソース」という名称のもと主流になると、エリック・レイモンドやティム・オライリーなどの提唱者がコード共有を企業の価値獲得に都合のいいようにブランド変更した。(8) 企業の代表者が資金を出してコントロールしている財団の指導で大型オープンソース・プロジェクトが運営され、それらの企業がコミュニティが開発したコードから利益を上げている。企業とオープンソースがすばらしい相乗効果を上げる可能性もたしかにある。クリエイティブ・コモンズのおかげで、ユーザーが作成した画像の膨大なアーカイブは一般利用が可能になったが、利用の仕組みを作ったフリッカーは2005年にヤフーに買収されている。Gitの実力が十分に発揮されたのは、GitHubがGitに使いやすいインターフェースを装備して専有クラウドに置いてからだ。だが同じパターンの企業サービス化が、グーグルによるリナックスカーネル［OSの中核部分］のアンドロイドへの転用を許した。アンドロイドは携帯端末用OSとして世界で最も普及しており、企業の監視ツールとしておそらく史上最も成功している。

フリーのオープンソース・ソフトウェアのコミュニティの同質性がずっと高いままであるのも懸念される。2017年のGitHubの調査では、オープンソースのコントリビューターのうち女性と確認されたのはわずか3パーセント、居住地で民族的に少数派の人々は16パーセントにすぎなかった。なぜそうなのかについては諸説ある。オープンソース・カルチャーは実力主義で誰にでも開かれていると自任していることが多いからだ。しかしコントリビュートするためには、それに対して報酬を得るか、もしくは余暇時間に余裕がなければならない――人によってはその余裕が持ちづらい。[9] スローコンピューティングには時間がかかるのだ。

このように、理想視されているデジタルコモンズは現実には周辺の社会の格差を広げながら、利益をごっそり企業に送り込んでいるのかもしれない。それを多くの一般コーダーたちは意に介していないようだ。彼らが参加している理由こそまさに、企業のシステムからすでに恩恵を受けているからである。だがもしコモナーズ［コモンズの参加者］がコモンズから生活手段を獲得できないのであれば、そのコモンズの正体は囲い込みだろう。

ローザックは1980年代半ばにすでに「ゲリラハッカーのような前向きの民主主義的な人々」について過去形で語っていた。「コンピュータにかんするこの種の小規模で周辺的な利用は、人間の自由と生存をおびやかしている支配的な利用形態からみればとるにたりないものにすぎない」と彼は書いている。ローザックは当時早くも教育のデジタル化が民営化計画であったこと、テックセクターに労働者の組織化がほとんどないこと、国家安全保障局の情報収集が野放しになっていることに気づいていた。その状況に対して必要なのは、単により優れたアプリを次々と世に送り出したりさらに崇高な理想を掲げたりすることではなく、もっと公正で堅固な連合の形であると彼は強調した。「情報時代のなかで民主主義を重視することは、技術の問題ばかりではなく、その技術をささえる社会組織の問題である」と彼は書いた。[10]

社会組織の様式は移り変わってきた。かつてモノを製造し、流通させ、販売した産業は、中立性を装った無色透明な「プラットフォーム」という通り名を持つ、新種のビジネスモデルに道を譲った。プラットフォームは余っている部屋を貸したり、ニュースをシェアしたり、仕事をしたりするために人と人をつなげる多面的な市場で、取引から手数料を取り、私たちの利用データから人工知能を手に入れている。プラットフォームは私たちの生活領域にどんどん入り込んできている。２０１６年には、アメリカの成人の実に24パーセントがネット上のプラットフォーム経由で所得を得ていると報告した。時価総額が世界最大の企業のランキングはたえず変化しているが、今ではアメリカのアップルやグーグルの親会社アルファベットから中国のアリババやテンセントまで、プラットフォーム企業が上位に居座るようになった。[11]かつては人と人をつなぐ技術の専門家だった協同組合も、プラットフォームの破壊的変革にさらされている。そしてプラットフォームが新しい体制と癒着していくにつれ、こうしたものの所有権と統治のあり方はますます重要になる。

１８５７年にジャン＝フランソワ・ミレーが油彩画『落穂拾い』を発表した時、当時のある批評家は、前景に描かれた３人の女性について「巨大で露悪的なまでの醜さ」と反感をあらわにした。[12]女性たちはそれぞれ異なる角度で地面に身をかがめ、地主が雇った大勢の収穫人が刈り残した小麦の穂を拾い集めている。収穫人たちは背景に見える馬に乗った監督の監視の下、作業している。女性たちが得るものはわずかだ。後ろに見える正規労働が光を浴びているのとは対照的に、彼女たちは影の中にいる。パン一斤を焼くのに足りるほどの落穂がはたして見つかるのだろうか。

農耕を始める前、人類は採集生活者だった。農耕によって土地の所有が行われるようになり、土地を持たない者が取り残されると、採集は落穂拾いに形を変えた。落穂拾いが社会保障の原型だった。この原理が中世ヨーロッパ経済の基本的な特徴となる。一握りの者が土地を所有し、大半の人々は拾った落穂で生きていくしかなかった。それは今も地球上の数十億の人々を支える地下経済を動かし続けている。株式市場ではなく現金、ブランド品ではなくコピー商品が彼らの生きるすべだ。インターネットを支配するプラットフォーム・ビジネスモデルが、今また私たち落穂拾いからさらに搾り取ろうとしている。

私たちは自分の人生の話、人間関係のデータ、興味のあるニュースをシェアする。たしかに自分の意思でするようになったことかもしれない。喜びでさえあるかもしれない。実生活上の友人の顔を見たり、何年も疎遠になっていた相手と再びつながったり、プラットフォームがなかったら逃していたであろう機会を見つけたりできるのだから。定職に就いて毎日つまらない思いをしながら働かなくても、ネットで有償の仕事を見つけられる。プラットフォームは私たちに多くを与えてきた。プラットフォームは何でも可能にするように見える。かつての大聖堂や城のように、プラットフォームは私たちの世界の吸引力の中心だ。シェアリングは人間関係の維持や就職に必須になりつつある。しかしそれは選択肢が狭まっていくことをも意味する。インターフェースは私たちが主導権とコントロール権を握っていると感じさせる作りになっているが、現実はミレーが描いた畑の隅で落穂を拾う女性たちの状況と似ている。私たちが目にしているのは、プラットフォームの領主が手にした自分や「友達」についての情報の切れ端にすぎない。私たちは自分の貴重なデータを引き渡しているのに、何かを無料で得ていると思っている。私たちは自分の所有権を放棄しているのに、自分がデジタルコモンズの一員のような気でいる。ミレーの絵の落穂拾いたちは少なくとも自分たちの置かれた立場をわかっていた。

プラットフォーム経済の落とし穴

フェイスブックやグーグルのような普遍的なプラットフォームはユーザーのデータを搾り取り、広告主などに販売する。私たちもそれをある程度は知っている。だが私たちのデータは、ライドシェアリングアプリ、オフィス生産性向上アプリ、私たちを使って他のアプリのＡＩをトレーニングするアプリ、私たちが一生その名を知ることはないだろうが私たちの生活の内容を取引しているデータブローカーなどの商売の種にもなっている。ターゲット広告やターゲット価格設定を基盤とした監視経済はユーザーからの養分供給によって成長し、意図的にかどうかはともかく、いつしか弱者差別に進みかねない。ネット上の行動が信用格付けに影響したり、諜報機関のデータベースに流れたりする可能性が予測され、インターネットによって可能になったはずの自由な言論にはすでに陰りが見えている。私たちユーザーは顧客のつもりでいるかもしれないが、企業の投資家兼所有者からすれば私たちは労働者であり商品だ。(『わたしの消費者たちは結局わたしの生産者ではなかろうか」とジェイムズ・ジョイスは予言的に考察した。)例えばフェイスブックは個人データの所有権がユーザー自身にあると主張しているかもしれないが、膨大でわかりにくいサービス同意書はデータに対する広範な権利を同社に認めており、ユーザーの所有権などほとんど無意味だ。だから――私たちがいるからこそ――このようなプラットフォーム企業は数万人の正社員しかいないのに、社員数数十万人の大手自動車メーカーや数百万人のウォルマートをさしおいて、世界で最も時価総額の高い企業に名を連ねることができる。[13]

貴族階級の正社員と落穂拾いの小作人であるユーザーの間には、手間賃仕事のためにプラットフォーム企業に雇われた大勢のネット傭兵《フリーランサー》たちがいる。永久にパートタイムの身分で単発の仕事を渡り歩く、増大しつつある労働者層の最先端にいる人々だ――フリーランサーとして地位が向上した反面、かつて雇用にともなうものだった権利や福利厚生から閉め出された流浪の民ともいえる。[14]ネットを離れても手間賃仕事の感覚を生活に引きずるようになる人々もいる。ロッシェル・ラプランティは2012年にソーシャルワーカーからアマゾンのプラットフォーム、メカニカルタークでのセカンドキャリアに転身し、不快な画像をチェックしたり学術調査のアンケートに回答したりするタスクをこなして家計を助けている。それとともに物の考え方に新しい癖がついた。「食品の買い出しに行ってキャンディバーを見ても、アンケート2つ分の価値があるかしらと考えてしまうんです」と彼女は私に語ってくれた。手間賃仕事のメンタリティは拡大しつつある。アマゾンが新たに開始した個人に配達を依頼するサービス、Flex(フレックス)や同類の無数のプラットフォームが、法の抑止力

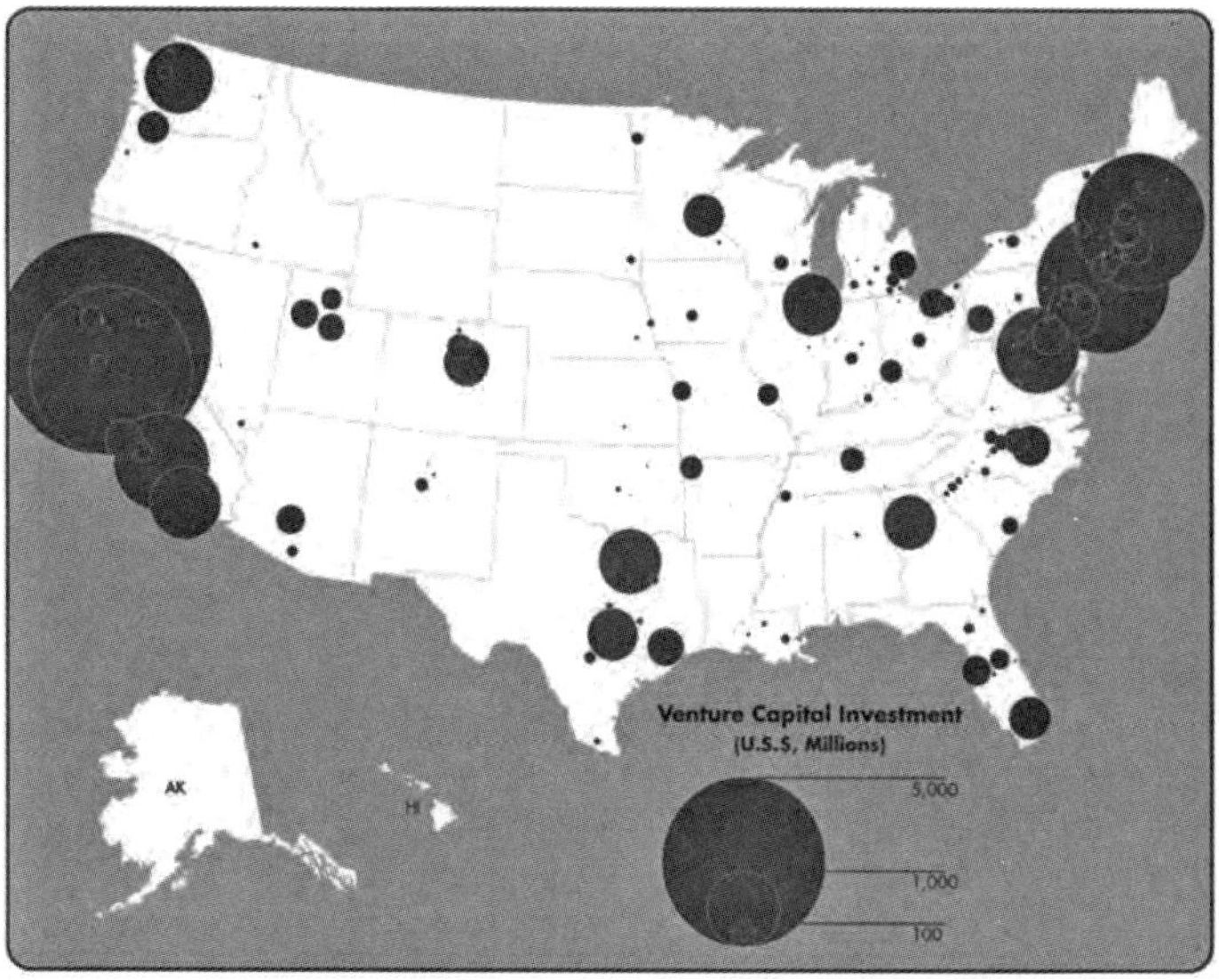

アメリカ国内のベンチャーキャピタルの分布の偏り

がほとんどないまま、不完全雇用の労働者たちを不安定な単発仕事におびき寄せようとしているからだ。

それらは社会契約の変化を知らせるきしみ音である。私たちの多くにはわからない形で、見えない場所で、新しいルールが定着しようとしている。プラットフォーム上だから横行しうるような暗黙のルールが、今や何世代にもわたって残る可能性が出てきた。

プラットフォーム経済の誕生に積極的な役割を果たした要素は、ベンチャーキャピタルによる資金調達である。ほとんどの人がその事情を知らないのも無理はない。一般の人々には縁がないからだ。それは緊密なネットワークを持つ都会のごく少数のテクノロジー系スタートアップ企業で構成された、特権的なサブカルチャーだけにほぼ限定的に使える手段であり、事業を軌道に乗せたい人が他にいくらいても、部外者にはまず誰にも知られていないのだ。

スタートアップ企業がまだ構想か最小限のプロトタイプでしかない段階でも、ベンチャーキャピタリストは大きな所有権を手に入れるために多額の資金を注ぎ込む場合がある。多数のスタートアップ企業に対してこれを行うが、その大半は実を結ばない。だが成功したスタートアップ企業から、ベンチャーキャピタリストはその企業だけでなく失敗に終わった企業への投資まで回収できる利益を期待する。それだけの投資収益は、持続可能な安定成長では得られない。そんな利益をもたらすのは、業界全体を飲み込んでしまうような「ユニコーン」企業である。製品だけでなく市場としても、プラットフォームはこの条件にうまくかなっている。プラットフォームビジネスは勝者総取りゲームになることが多い。そして勝者になると、ベンチャーキャピタルはプラットフォームを神聖なる「イグジット」の儀式に導く――つまり大企業への売却か、一般株式市場への新規株式公開だ。イグジットに際して売却されるものの中には私たちユーザーも含まれている。

ベンチャーキャピタルに取り込まれるスタートアップの若者たち

テック企業の一見成功している創業者たちから、私は同じ話を繰り返し耳にするようになった。彼らが興したスタートアップ企業には優れたアイデアがあり、ユーザーの評価も高く、何がしか価値のあるビジネスになった。そこへ投資家が株式と引き換えにすぐ調達できる資金の提供を申し出た。創業者は投資家の人柄を気に入り、助言がもらえるのもありがたいと考えた。仕事を離れた友人同士になる者もいた。だがやがて、創業者は自分の会社が当初のアイデアどころか、サービスの対象だったはずのユーザーさえないがしろにしているのに気づく。巨額の株主利益を引き出すこと――そしてその事実をユーザーの目からごまかすことが中心目的になってしまった。優れたアイデアはそれに惹かれて集まってきたユーザーもろとも、商品《コモディティ》になり下がった。

才気あふれるアイデアはあるがビジネス経験の乏しい若者たちが取り込まれてしまう。彼らのメンター兼出資者は、若者たちを投資家の望むような人間に仕立て上げる。それがうまくいく場合もある。だがほとんどの優れたアイデアは、他に類を見ない、市場を独占するユニコーンではない。世界に破壊的変革を起こして、投資家に次の新たなスタートアップ企業にあぶく銭をばらまき続けられるだけの莫大な投資収益をもたらすには至らない。プラットフォームは単に世の中の役に立ち、黒字を出すだけでは許されないのだ。投資ファンドはコミュニティではなくコモディティを求めている。

ポール・アレンを例に出そう。マイクロソフトの共同創業者で億万長者になった同姓同名の人物ではなく、家系探索プラットフォーム、Ancestry.com（アンセストリー・ドットコム）を世に出したポール・アレンだ。アレンと共同創業者は1990年にCD-ROMの販売から始め、1990年代後半にウェブサイトを制作するようになった。2人でほぼ全社の所有権を持ち、まもなく黒字化した。彼らは投資家から百万ドル単位の資金を調達してユタ州からサンフランシスコに本社を移し、2000年に入る頃にはウェブ資産価値で世界の上位10社に迫っていた。

その後、株式公開に失敗し、一連の取引が行われた――今振り返ると取引の内容を十分に理解していなかったとアレンは認める。彼が所有していた株式の割合は次第に小さくなり、2002年、ついにアレンは会社と取締役会から去って、アンセストリーが未公開株の売買をする連中にもてあそばれるのを外から見守るはめになった。自分が構築したプラットフォームがユーザーに提供しているサービスには今も誇りを持っているが、現在の投資家兼所有者たちが会社から搾り取れるだけ搾り取っている――その過程でユーザーの大切な家族の記憶を捨てるまねさえしている――さまを見るうちにあきらめの心境になっていった。

「現代文明において最大の不平等をもたらした発明が何かと聞かれたら、近代株式会社だと答えるよ」とアレンは私に語った。

ハックをしなくてよい道を見つける

7つの協同組合原則は、実はネット経済の社会契約とところどころ重なり合う。「自発的で開かれた組合員制」はプラットフォームではデフォルトとなっている慣行で、プラットフォームでは通常、誰でも(必要なテクノロジーが利用できる環境にあれば)アカウントが作成できる。「自治と自立」は、プラットフォームの所有企業が善意の「コミュニティへの関与」を謳いながら、現地の規制を回避する際に主張する価値観だ。APIプロトコルやワールド・ワイド・ウェブ・コンソーシアムのような規格策定団体を通じた「協同」はプラットフォーム企業で多々行われている。「教育、訓練および広報」の慣行もプラットフォームの周辺で実施されている――オンラインフォーラムでも、実際に顔を合わせるオフ会でも――のは、協同組合が組合員に奨励しているような相互教育によく似ている。

だが共鳴し合っているのはそこまでだ。協同組合原則の第2と第3――肝心かなめの民主的な統治と所有権――は、君臨するプラットフォームに欠けている。ネット上のユーザー・エクスペリエンスの設計は、例えば無料に見えるサービスからどのように収益をひねり出しているのかを不透明にするなど、統治と所有権の問題からユーザーの目を逸らすようにできている。機能や方針の変更についてのユーザーへの意向確認が仮にあったとしても、表面的なものでしかない。

意味のある自治のかわりにネット上に存在するのはハッカーたちだ。彼らはジェダイの騎士、システムを正直であると同時に少々危険なものに保っているとされる謎の野武士集団――権力者への牽制、ふつうの人々がまだコントロール権を握っていられるというシンボルだ。ハックするとは外部の人間としてシステムを操作すること、法や作法にとらわれないこと、侵入したり不具合を修正したりできる裏口を見つけ出すことをいう。刑務所に何年も服役するはめになるハッカーもいれば、企業や政府に多額の報酬で雇われる者もいる。元々は裏街道にいた存在が、企業で堂々と憧れられる対象になった。フェイスブック本社の住所は「ハッカー通り1番地」だ。

「デジタルネイティブ」第1世代である私の世代は、はたしてハッカー世代なのだろうか。私たちの多くには、この国の建前上の民主主義が私たちの声に耳を傾けてくれている実感がない。私たちは落穂を拾うように組織から出る散発的な仕事をし、組織は私たちが生み出した価値をごっそり吸い上げてトップにいる人間を肥やしている。生きていくためにはハックしなければならない。システムを掌握している人間よりは私たちの方が巧みにハックできるのがせめてもの救いかもしれない――が、今では向こうもハッカーを召し抱えている。裏口を抜けるハッキングに慣れすぎて、他にも道があるかもしれないことを私たちは忘れてしまった。

誰が永久にハックし続けたいものか。正面玄関の扉を開け放ったら——その先に、テクノロジーに支えられて嘘偽りのない民主主義が行われているネット経済、ハッキングや目先の生活にあくせくするより、人間らしく生きることにもっと時間を使える世界があったとしたらどうだろう。テクノロジーはあてにできない。テクノロジーの形態が私たちの社会的組織のあり方に依存している以上、テクノロジーにそんな世界を実現する力はないからだ。

プラットフォームと協同組合

ブリアナ・ウェットローファーは二十代前半でストックフォト〔画像素材を提供するサービス〕とマルチメディアのプラットフォームとして急成長していたiStockの幹部になった。しかし会議への出席を重ねるうちに、ウェットローファーは板挟みの葛藤を覚えるようになった。会社の投資家兼所有者からの要求で、彼女のような管理職は会社が代理人を務める体裁をとっている独立自営のアーティストたちへの支払い額を下げ続ける圧力にさらされていた。だが彼女自身もフォトグラファーだから、これはわが身の問題だった。自分が出世した理由でもある会社のうさんくさいシステムにも居心地の悪さを感じていたウェットローファーは、結局いたたまれずにiStockを辞め、仲間たちと会社を立ち上げた。iStockがゲッティイメージズに売却されて思いがけずまとまったお金が手に入り、合わせて100万ドルあまりの資金が用意できたので、それを起業に充てた。ウェットローファーはロサンゼルスから故郷であるカナダのビクトリア州に居を移した。Stocksy United（ストックシー・ユナイテッド）は協同組合として法人化し、２０１３年にネット上で事業を始めた。

こうして生まれたのは他とは違うプラットフォームビジネスだった。ストックシー・ユナイテッドでは、ウェットローファーの前職のようにあらゆるものを犠牲にして成長を追求するのではなく、新しいメンバーを迎えるタイミングについてマネージャーたちが組合員のフォトグラファーやビデオグラファーに意向を確認しなければならない。公正な支払いと優れた作品が最優先課題だ。ストックシーが数十カ国にいる世界最高レベルのストックアーティストを抱えられ、競争の激しい市場でお金に糸目をつけないクライアントを惹きつけられる理由はそこにある。ウェットローファーと創業当時の出資者たちは早々に投資金を回収した。売上は２０１５年に前年比2倍の７９０万ドルになり、翌年は１０７０万ドルに達した。現在ＣＥＯを務めるウェットローファーは、役員会でアートの質とアーティストへの公正な待遇を守ることに何の葛藤もない。彼女のボスはアーティストたちだからだ。

そしてウェットローファーのボスは彼女自身でもある。ストックシー・ユナイテッドは、高い理想を掲げた多くの同類たちと同じく、マルチステークホルダー協同組合だ。同社の内規はアーティスト、社員、独自の権限を持つウェットローファーら顧問という3種類の関係者の利害を均衡させている。一度、ウェットローファーと同僚のヌーノ・シルバがランチの席上で、組合員専用の社内ウェブサイトをのぞかせてくれた。社内サイトがフォーラムで会社の意思決定を議論したり、大きな決定事項で投票したりする場になっている。シルバは組合員だけが見られるアニュアルレポート［年次報告書］の詳細版をスクロールしていった。隅々まで配慮の行き届いた、エレガントで細心を尽くした作品

ストックシー・ユナイテッドの法律顧問、マーガレット・ビンセント（左）と
CEO、ブリアナ・ウェットローファー（右）

だった。組合員に対するウェットローファーの説明責任は経済にとどまらず、美的な部分にまで及んでいる。

ストックシー・ユナイテッドは協同組合モデルを新しいプラットフォーム経済に持ち込んだ先駆者だった。ウェットローファーと仲間たちはそれを単独でやりとげた。協同が彼女たちが抱えていた問題を解決する一助となった。だが、彼女たちだけではない。

スペインの共同体ラス・インディアスは2011年のブログ投稿の中で、プラットフォームを協同組合の一カテゴリーと位置づけた。2012年にイタリアの協同組合連合、レガコープは「協同組合コモンズ」のマニフェストを発表し、ネット上のプラットフォームにユーザーが供給し蓄積量が増大する一方のデータについて、それを管理する協同組合ビジネスモデルの必要性を強調した。同じ年に、物柔らかな話し方をするドイツ人起業家フェリックス・ヴェスが、Fairmondo（フェアモンド）という名前のフェアトレードのオンラインマーケットプレイスを創業した。買い手、売り手、労働者が同じ立場で協同組合的に所有するものだ。２０１４年10月には、カリフォルニア州オークランドにあるサステナブル・エコノミクス・ロー・センターのジャネル・オルシが「ネクスト・シェアリング・エコノミー」の必要性を呼びかけるアニメーション動画をネットに発表した――協同組合的な所有権の共有についての動画だ。オルシはギグ・ワーカーが所有するギグ・プラットフォーム、ロコノミクス協同組合の内規の策定も手伝っている。小規模なウェブ開発会社は、労働者所有という形態が人材を誘致し同業者のひしめく業界で自社を差別化するのに向いた手段だと気づきつつある。(15)

プラットフォーム・コーポラティビズム

あの夏パリのOuiShare Festで出会った3人の人物は、その後数カ月の間に同じ方向性をめざしていた。ベンチャーキャピタリストのリサ・ガンスキーは、シェアリング・エコノミーのスタートアップ企業に協同組合の伝統を理解して模倣するよう促してきた。オンラインニュースレター「シェアラブル（Shareable）」のニール・ゴレンフロは私に、単なるモノの共有にとどまらず、会社そのものの所有権をシェアする試みをしている少数の起業家たちについて記事を書いてほしいと依頼した。同じ年の11月、ニューヨーク市のニュースクール大学で、メディア学者のトレバー・ショルツはデジタル労働をテーマに最新のカンファレンスを主催した。カンファレンスでのプラットフォーム・ワーカー、労働活動家、学者らの話は、国際的な調査研究や労働者たちの話からわかった、オンライン労働にはびこる悲惨な労働基準に終始した。だが時折、会場の労働者たちから鋭い質問が上がった。もし私たちがプラットフォームを所有したらどうなりますか？　私たちがルール作りをするにはどうしたらいい？

条件が熟すと大勢の人々がほぼ同時期に一定の考えに至る、同時性が起こる瞬間というものがあるが、これはその一つだった。翌月の２０１４年12月、私は「シェアラブル」に記事を発表し、ショルツは「プラットフォーム・コーポラティビズム vs シェアリング・エコノミー」と選択を提示するタイトルのエッセイをネット上に投稿した。(16) そうすることで彼は私たちの周囲の多くの人が多少なりとも考えていたものに名前を与えたのだ――長々しい名前だが、それは成功し、定着した。それはプラットフォーム・コーポラティビズム、#platformcoop［ハッシュタグつきでＳＮＳの検索キーワードとなる］だった。

ショルツと私はチームを組んだ。私たちはプラットフォーム・エコノミーの最前線にいる団体と会うようになった。その一つが、アプリの登場によって清掃および家事サービス労働者の条件が低下してきたのを目のあたりにしていた全米家事労働者同盟（National Domestic Workers Alliance)、もう一つがフリーランサーズ労働組合《ユニオン》だ。私はエンリック・ドゥラン、アンモナステリー、ケニアからの学びを総動員した。翌年の11月、私たちはニュースクール大学でもう一度カンファレンスを開催した。招いた参加者の顔ぶれには投資家、企業ＣＥＯ、組合活動家、批評家、プラットフォーム労働者が勢ぞろいした。起業家たちが実在する自分たちのプラットフォーム協同組合を紹介した――多くはこの場が初顔合わせとなった。参加者の数は1万人を超えた。バルセロナ、メルボルン、メキシコシティ、ロンドン、ブリュッセル、さらに他の都市でも同様のイベントが開催され始めた。考え《アイデア》は運動《ムーブメント》になっていった。

プラットフォーム・コーポラティビズムは可能性の幅を広げること、企業倫理研究者マージョリー・ケリーの提唱する「所有権の設計《オーナーシップ・デザイン》」という技術をネットに持ち込むことを呼びかけた。投資家が出資しているオフィス清掃のギグ・プラットフォーム「マネージド・バイ・Q」が会社の株式の5パーセントを労働者に持たせる決定をする、などの進展を私たちは歓迎した。(17)とはいえ、私たちが明確にプラットフォーム協同組合と呼ぶ対象は、国際協同組合同盟（ICA）とグローバルセクターが意図する、7つの原則をはじめとする諸条件を備えた協同組合——モンドラゴンが思い描く協同組合、ロッチデール先駆者たちが考えた協同組合である。違いは、所有権を隣人や仕事仲間と共有するのではなく、ネットを介して共有している点だ。

当初は、安直にウーバーをそっくり真似た協同組合に夢を描いてこの業態に入る人が多かった——世界に破壊的変革をもたらす、ただし働く人に優しい協同組合版ユニコーンになろうとしたのだ。しかしウーバーがシリコンバレーの特異なエコシステム、出資者と投資家とバーニングマンとハイテク技術者を輩出する大学の世界から出てきた存在であることを、私たちは認識せざるをえなかった。協同組合方式で物事を進めるには、別のエコシステムを構築するという忍耐強い仕事に取り組まなければならない。ショルツはさまざまな団体の参加を説得するためプラットフォーム・コーポラティビズム・コンソーシアムの立ち上げに着手し、私はオンラインインディレクトリ「インターネット・オブ・

オーナーシップ」にネットワークをマッピングする作業に取り掛かった(18)。まだよちよち歩きのプラットフォーム協同組合に見られるオーナーシップ・デザインが、世の中にすでにあるものの単なる模倣ではないことに私は気づいた。それらはネット上の基本的なビジネスモデルや従来のグローバルな協同組合運動の長年の慣習に、異議を突きつけていた。

求められる成功例

私のスローコンピューティングはたびたび立ち往生した。自分のオペレーティングシステムと自分の端末上のプログラム、さらには自分のパーソナルデータを管理するのに使っているクラウドツールまでなら、コントロールが可能だ。ところが公共プラットフォームに入ったとたん、他の人とつながったり一緒に作業したりする必要が生じたとたん、お手上げになる。私にはどうすることもできない。個人的な信条など通用しない。自分がやりとりする相手のコミュニティやバリューチェーンを知っているスローコンピューティングをネットワーク上で実行したければ、プラットフォーム・コーポラティビズムが必要になる。プラットフォーム協同組合が必要になるのだ。

プラットフォーム協同組合はあまりにも数が少ない。すでにあるそれらの大半は、まだ立ち上がったばかりだ。世界のごく一部に点在するわずかな実例をのぞけば、プラットフォーム協同組合でまかなう生活は、まだほとんど空想の域を出ない、成功する保証のない現在取り組み中のプロジェクトの先にある未来の可能性にすぎない。成功例が出れば、他のプロジェクトも成功しやすくなるだろう。

今は互いを拠りどころとして構築している最中なのだ。

執筆中、少なくとも時々、私はResonate（レゾネイト）で自分の知らなかった曲を聴いている。ベータ版のプレイヤーだが今のところおおむね不具合はないし、音楽の質も期待した以上に向上し続けている。レゾネイトはリスナーとミュージシャンと開発者らが共同所有する音楽ストリーム配信協同組合だ。曲を聴くと、クリエイターにわずかばかりのお金が入る。聴くたびに課金されるが、同じ曲を9回再生すると以降は私のものになる。自分が買いたくなりそうなもっといろいろなものに、こんなまっとうなフェアトレードの選択肢があればいいのにと思う。私が毎日何時間も接続しているネットワークがもっと、そのネットワークを介してつながる人同士のためになる設計になっていればいいのにと。

あなたの周りにはすでにネットワーク化した協同組合活動家がいるかもしれない。例えば、私の町のカーシェアリング非営利組織は、メンバーの予約管理にカナダの協同組合Ｍｏｄｏ（モド）が開発したソフトウェアを利用している。モドの設立は１９９７年にさかのぼる。また、プラットフォーム協同組合などまったく話題にも出なかった２００８年に早くも、ハイ・プレインズ食品協同組合が遠方からの注文をインターネットで受け付け、はるばるカンザス州の農家からコロラド州フロントレンジ地方への食品配送を始めている。だがこれらは巨大企業にはほとんど脅威になっていない。

私のカレンダー、連絡先、メールはメイファーストで管理できるが、１日に行う仕事のほとんどはいまだにフェイスブックグループ、グーグルドキュメント、スラックのチャンネルにデータを供給せざるをえない。いずれも共同作業のためだ。別のやり方があってほしい。それは現代のゲリラハッカーたちが探し求めている幻の聖杯――私たちのネット生活にあまりにも蔓延している監視依存への解毒剤となるものだ。ワールド・ワイド・ウェブを発明したティム・バーナーズ＝リーがＭＩＴの研究者らとともにこの問題に取り組んでいる。あまたのブロックチェーンのスタートアップ企業も。しかしデータに信頼できる保管場所を提供するのに特に適しているのは、貪欲な投資家兼所有者から自由な――本当の意味で私たちのものである共同作業のクラウド、協同組合かもしれない。

ウェブに自分の情報を共有する

２０１３年に、あるアーティストの共同体がウェブサイト「commodify.us」のプロトタイプを開発し、フェイスブックから自分のデータをダウンロードして彼らのサイトにアップロードし直し、第三者データ市場を通じてユーザーが決めた条件で販売できるようにしようと人々に呼びかけた。（「よくある質問」より：「この取り組み、本気ですか?」「はい」。）これはブラウザプラグイン経由で組合員のデータを取得し、透明性の高い方法で売却して収益を海外のマイクロローン・プログラムに再投資している、ロンドンを本拠地とする協同組合「TheGoodData（ザ・グッド・データ）」の考え方に通じる。農家も似たことをしている。現代の農業機械から生み出される膨大なデータには、投資家がバックについた企業の関心が高まっている。生産者農業データ協同組合（The Growers Agricultural Data Cooperative）は歴史の長いアメリカ農協のレガシーに立脚し、AgXchange（アグエクスチェンジ）というプラットフォームを使って農家のデータを保護し、処理し、仕事の改善に生かせる形にして農家に戻している。さらにスイスの科学者たちのプロジェクト、MIDATAがある。MIDATAは組合員兼所有者に貴重な個人の医療データを安全に保管できる場所を提供し、誰を何の情報にアクセスさせるかを本人が選べるようにしている。この協同組合の運営費は、組合員のデータを――組合員の許可を得た上で――医学研究に提供することでまかなわれている。ただし、誤ったインセンティブを生じさせないよう、組合員がじかにお金を得られる仕組みにはなっていない。監視経済からオプトアウトするのに、自分自身を商品化する必要はないのだ。[19]

サンフランシスコ湾に浮かぶ古い航空母艦の上で行われた会議で、私はあるコミュニティカレッジの団体が学生にプラットフォームの単発仕事を雇用機会として紹介しようと計画しているのを知った。懸念されたのは多くのネットの労働者斡旋業者が最低賃金、病気休暇、基本的な保険などの労働者保護を無視しているからばかりではない。教育的な意味でもお粗末な選択肢だと感じられた。プラットフォームでは、労働者にはユーザー向けの面しか見えず、良質なインターンシップのようにビジネスの仕組みを本当の意味で学ぶことができない。結局、幸いにも、大学が要求する国の法律「障害者差別禁止法」の基準を採用している企業のプラットフォームは一つもないだろう。だがそれを採用しているプラットフォームが一つあった。ロコノミクスだ。

ロコノミクス協同組合はMBAとコーディングの心得を持つサンフランシスコの起業家、ジョシュア・ダニエルソンが中心となって設立された。組合員兼所有者は独立自営のプロフェッショナルたち――パーソナルトレーナー、ドッグウォーカー［犬の散歩代行業］、家政婦など――で、クライアントはウェブサイトかモバイルアプリを通じて予約を入れ、支払いができる。プラットフォームの機能、基準の設定、剰余金の使い道の決定には組合員も参加する。同組合は従来型の資金調達をしないために、クリティカルマスに到達するのに苦労していた。潮目が変わったのは、コミュニティカレッジの学生たちが流入してからだ。

大学がプラットフォーム協同組合の醸成の場として成果を上げつつある。そのさまは、1960年代にオハイオ州の大学群から生まれて発展したオンライン・コンピュータ・ライブラリー・センター（OCLC）のような、古いタイプの協同組合の設立に大学が一役買ったのとそっくりだ。スタンフォード大学の研究者らは労働者の自治によるクラウドソーシングのプラットフォーム、Daemo（デイモ）を構築中だし、コロラド大学の私の教え子のグループは学生が運営するギグ協同組合を考案した。大学は協同によってビジネスと教育と公共サービスを一石三鳥で実現できるのだ。

プラットフォーム協同組合の賛同者は他にも現れている。労働組合SEIU─ユナイテッド・ヘルスケア・ワーカーズ・ウエストは訪問看護師向けのプラットフォームを開発する試みを行ったし、ニューヨークのロビンフッド財団は、テクノロジー系協同組合がユーザーであるハウスクリーニング労働者と共同で構築したハウスクリーニング労働者協同組合向けのプラットフォーム、Up&Goを支援した。開発コンサルティングを行うコーポラティブ・マネジメント・グループが立ち上げに関わり、ゴルフコースの池に落ちたボールを回収してオンラインで販売する独立自営のダイバーたちの協同組合、ゴルフボール・ダイバーズ・アライアンスが誕生した。

まだある。LibreTaxi（リブレタクシー）とArcade City（アーケード・シティ）はウーバーやLyft（リフト）のような閉鎖的なアプリを、ドライバー協同組合に適したオープンなプロトコルに置き換えようとしている。創業者たちがヨーロッパ各地に散らばるFairbnb（フェアビーアンドビー）は、地元の団体にメリットを提供してエアビーアンドビーに対抗する計画だ。サビー協同組合（Savvy Cooperative）は患者が共同所有し、自分で決めた条件で研究者や企業に病気の知見を提供して収入を得るプラットフォームだ。「ワード・ジャマーズ」は自分たちが使っている既存のクラウドソーシング・プラットフォームに不満をつのらせ、自分たちで始めることにしたコピーライターたちの協同組合である。サビーもワード・ジャマーズも、創業者たちは慢性疾患を抱えて生活しており、身体の状態が他の人々と異なる自身の経験からプラットフォームの仕事の基準に懸念を覚えるようになった。主流のネット経済が彼らを考慮した設計になっていないことを、彼らは誰よりもよく知っている。

プラットフォームのユーザーの中にはすでに、自分たちに置き換わるロボットのトレーナーの役割を果たしている人々がいる。ウーバーのドライバーは未来の自動運転車に自分たちのデータを供給しているし、ウェブサイトがreCAPTCHA（リキャプチャ）［閲覧者がボットではないことを確認するための機能］の質問で道路標識がどれかを私たちに答えさせるたびにグーグルのアルゴリズムは学習している。人工知能はすばらしいものであるはずだが、今現在その大部分を所有しコントロールしているのは一握りの巨大ビッグデータ企業だ。アメリカとインドの研究者グループが「人工知能トレーニングの協同組合モデル」――共有の所有権を通じてトレーナーが便益を受け取れるようにするもの――を提案した理由はそこにある。[20] だがそれらはまだモデルでしかなく、立ち向かう相手は現実に稼働している巨大プラットフォームだ。現時点で、プラットフォーム協同組合の実績はスローコンピューティングのささやかな実験の域を出ていない。将来性はあるが、力が足りていない。インターネットを独占するプラットフォームやその所有者をおびやかすには至っておらず、また成功を可能にする手段が手に入らないかぎりそれはかなわないだろう。

協同組合を作るための資金調達とは

意欲的な先駆者グループ――満たすべきニーズや世に問いたいアイデアを持つ人々――に、自分たちのビジネスを構築する方法として最適で最もやりやすいのは民主主義の実践だと気づいてもらうためには、何が必要だろうか。

これは私にとって机上の空論ではない。プラットフォーム協同組合の設立に取り組んだり検討したりしている起業家たちとやりとりしながら、週に何度も立ち返る問いだ。手探りの相手の相談に乗る私の方も手探りである。例えば、将来とても有望なスタートアップ企業の創業者がいるとする。ターゲット市場については利用者としてもサービス提供者としても知り尽くしており、新しくて優れたものを世に出すには必須といえる決死の覚悟もある。彼女の勢いを止めるものは何もない。たぶん、協同組合の設立をのぞいては。

最初に電話で私は謝りたくなる。われわれはまだそこまでたどりついていない。あなたの会社を軌道に乗せるには、多額のベンチャーキャピタルを獲得する方がたぶん楽だし、その気になれば獲得できるはずだ。実際、オファーもあったという。彼女が参入しようとしているセクターは大規模な破壊的変革が起こりやすいからだ。だが彼女はそれを望んでいない。未来のユーザーをすでに家族のように、コミュニティのように感じているから、協同組合化する以外の道は妥当だと思えない。自分のビジネスを一番生かせるのは協同組合方式だと彼女は考えている。なんたることか、出資のオファーにも彼女の心は揺らがなかった。公正先駆者とはそういうものだ。

とはいえ、創業には資金が必要だ。私にどんなアドバイスができるだろう。プラットフォーム協同組合はシリコンバレーやシリコンアレーに潤沢にあふれる資本を簡単には取り込めない。ベンチャーキャピタリストは所有権とコントロール権を求めるからだ。だが協同組合の歴史を知る私には確信がある。資金調達は何とかなる。農家が加工工場や全国展開ブランドの協同組合を作った時は、協同組合銀行を設立して資金を調達し、協同組合の規模と質を確保した。都市の労働者が産業制度を生き抜くために協同組合式の店舗や工房を作った時は、信用組合と相互保険会社を創設した。摩天楼や原子力発電所の建設資金を提供したのは協同組合だ。モンドラゴンのアリスメンディ神父は協同組合には資本を提供する責任があると説いた。「工業生産に求められるレベルの資本を誘致して取り込める組織力のないコーポラティビズムは、一時的な解決策、無益な方策である(21)」。

私たちはプラットフォーム協同組合で同様の方法を考え始めている。ベンチャーキャピタリストでさえ、既存モデルの限界に気づいてきている。例えば、ニューヨークのユニオン・スクエア・ベンチャーズ（ＵＳＶ：Union Square Ventures）は従来、プラットフォーム協同組合とはおよそ縁遠い会社だった。ＵＳＶのパートナー、ブラッド・バーナムはニュースクール大学での第１回のカンファレンスで、中央集権の度合いを弱め便益をより広く共有する、リスクの少ない新世代の「スキニー・プラットフォーム」を構想していると語った。「そのプラットフォームに参加することで収益を生み出せるし、それが当社のやるべきことだと考えている」と彼は２０１５年に発言した。(22) とはいっても、協同組合に直接投資することまでは彼の想像外だ。

別の方法がなければならない。協同組合はクラウドファンディングの元祖だった。協同組合とは、人々が集まって、自分たちのために他の誰もしてくれないことを実現するビジネスに資金を調達する手段だった。ネットのクラウドファンディングはこのアイデアを借用したものだが、Kickstarter（キックスターター）やGoFundMe（ゴーファンドミー）のようなプラットフォームは、先例である協同組合の共同所有権と相互説明責任を自分たちのモデルから取り除いている。プラットフォーム協同組合はそれを取り戻そうとしている。プラットフォーム協同組合の古参の一つSnowdrift.coop（スノードリフト・コープ）は、共同所有者が誰の所有にもならないコモンズを作る自由で開放的なプロジェクトに、クラウドファンディングで資金調達する支援モデルを確立しつつある。ベルリンを本拠地とするSeedbloom（シードブルーム）は、新規プロジェクトの後援者がプロジェクトの共同所有者になれるようにしている――一種の「公正なクラウドファンディング」だ。レゾネイトの最初の会員募集を実施したのもシードブルームだし、ブロックチェーン技術も利用しており、後にRChain（アールチェーン）という協同組合ブロックチェーン・プロジェクトを通じて１００万ドル相当のトークン［ブロックチェーン上で発行された仮想通貨のこと］を調達している。アールチェーンがイーサリアムベースでクラウドセール［仮想通貨の発行による資金調達］を実施した際のトークンの総額は8億ドル以上に達した。高度な次世代プロトコルの開発を提案するアールチェーンだが、創業者のグレッグ・メレディスがアールチェーンの協同組合的な組織構造の手本にしたのは昔からあるＲＥＩ［レクリエーショナル・イクイップメント（Recreational Equipment Inc.）、アウトドア用品店」だった。

健全な資金調達の選択肢はクラウドファンディング以外にもなければならない。「パーパス・ベンチャーズ」は、企業が「管理者所有であること」を維持して目的志向でいられる――企業を商品に変えてしまうイグジットを常に意識するのではなく――ように設計された、新しいベンチャーファンドだ。その実現のためにファンドの若き創業者たちが創ったモデルは、古い協同組合銀行によく似た、相互に支え合う事業体のネットワークだった。ローカルな規模なら、このような融資ネットワークがベイエリア発祥の組合員所有の出資者グループ「アプティマ・ビジネス・ブートキャンプ」や、ピッツバーグの「ワークハードＰＧＨ」のような協同組合を通じて形成されつつある。

協同組合化するというイグジット

協同組合はロボットさえ擁している。フィンランドで法人化されたロビンフッド協同組合は一種のヘッジファンドだが、成功している投資家の行動を真似るソフトウェア「パラサイト」の助言をもとに株式市場に投資して、収益を上げている。収益を組合員に還元するほか、協同組合の利益の一部をコモンズ志向のプロジェクトの支援に充てている。

活発化してきたプラットフォーム協同組合への動きの一角には、古くからある大規模な協同組合もいる。各種の全国的な協同組合連合が、上はＩＣＡに至るまで、プラットフォーム化の課題に取り組む必要性について発言し始めている。だがこのセクターの力を動員するのは容易ではないだろう。信用組合と相互保険会社はそれぞれ自分たちのベンチャーキャピタルファンドを有しているが、それらは主に投機的な取引をするのみで、新しい協同組合の種蒔きをしているわけではない。かつては実店舗で提供していたサービスにウェブサイトやモバイルアプリでも対応するようになっているが、プラットフォームというつながりの経済において意義のある別の選択肢を生み出しているわけでもない。オープンソース・ソフトウェアや、広まりつつある労働者所有のソフトウェア会社を活用することもめったにない。それよりもありあまる資本力を持つ競争相手に追いつこうとしているのだ。このような保守的な態度を理事たちは組合員の利益のためだと主張し、おそらくその通りではあるのだろう。規制のせいでもあろう。インターネットアーカイブの創設者、ブリュースター・ケールは２０１１年にインターネットアーカイブ連邦信用組合を始めようとした――信用組合をインターネット時代にふさわしい規模に拡大する野心的な試みだった――が、強い規制に阻まれて計画は結局は暗礁に乗り上げてしまった[23]。その規制が今も信用組合の前に立ちはだかっている。しかし問題の大部分は想像力の欠如にあるのではないかと思う。

私はそこを変えたい。既存の、世間の目から隠れた協同組合コモンウェルスと、今はなばなしく注目を浴びているピカピカのテクノロジー系スタートアップ企業の間を橋渡ししたい。

もしスタートアップ企業が、投資家ではなく自社のユーザーか従業員に売却する――つまり協同組合化するというイグジットをめざすことができたらどうなるだろう。協同組合に特化した新規事業育成会社《インキュベーター》あるいは成長支援会社《アクセラレーター》とはどんなものだろう。私の頭にまとわりついているのは、私が一緒に仕事をしている創業者たちにはその答えを待つ余裕がないという懸念だ。

一方で、芽吹き始めたプラットフォーム協同組合のエコシステムには資金調達以上のものが必要になるだろう。労働者としてだけでなく所有者としてのトレーニングを行う教育が必要になろう。その中には、私がニュージーランドで訪ねたエンスパイラル開発《ディブ》アカデミーのような、数週間でコーダーを養成するという未認可のテクノロジー系ブートキャンプの形を取るものもあるかもしれない。あるいは、リーランド・スタンフォードが構想しシリコンバレーの企業教育の場となった、学位を授与する教育機関の体裁を取るものもあるかもしれない。だが教育は文化を通じても行われる。協同組合式のテクノロジー企業には、バーニングマンよりもインクルーシブ〔多様な条件や価値観の人々を受け入れる〕なフェスティバル、「ワイアード」ほどスタートアップ企業に肩入れしすぎていないジャーナリズム、マウンテンビューやパロアルトのような地価の高すぎる場所に利益を集中させない地域環境が必要になる。ある女性創業者の団体は、ベンチャーキャピタリストが熱望するユニコーンに対抗して「ゼブラ〔シマウマ〕」スタートアップ企業という新しい文化を提唱してきた。彼らいわく、ユニコーンが架空の生き物であるのに対してシマウマは現実に存在する生き物だ。シマウマは群れで行動して互いの面倒を見合うが、ユニコーンは常に孤立して見える。

協同組合のツール

そんな文化を私たちは前に進みながら作っていこうとしている。プラットフォーム協同組合のメーリングループやソーシャルメディアグループで、私たちはお互いにもっとインクルーシブネスと透明性の高さを求めて働きかけ合っている。新しいプラットフォーム協同組合プロジェクトが始まるたびに、コラボレーションツール［共同作業をするためのツール］としてどれを使うかが話し合われる。ルーミオが共通の出発点になるのは、協同組合が制作したツールであり、小規模グループで初期の意思決定をするのに向いているからだが、より同期性の高いチャットツールが必要になると、スラックを使うべきか、Mattermost（マターモスト）やRocket.Chat（ロケットチャット）のようなオープンソースで提供されているスラックに似たツールを使うかの議論が噴出する。組合員の貢献をスプレッドシートで追跡すべきか、イーサリアムで独自の暗号トークンを立ち上げるべきか。利害関係者クラスをどこまで特定して包含できるのか、彼らの相対的な力関係をどうバランスするか。今すぐ協同組合として法人化するのか、しばらくは誰かのペイパルアカウントを使いながら非公式に運営するか。じかに顔を合わせないことが多い協同組合活動家たちのプロセスに対するこだわりが命取りになる場合がある。そのために有望なプロジェクトがつぶれてしまうのを私は見てきた。だがそこを乗り越えてプロセスがうまく噛み合い始めるプロジェクトもある。

こうした苦労はやがてなくなっていくかもしれない。プラットフォーム協同組合の特殊なニーズに合ったツールが出始めている。「ドルートピア」はオープンソースのDrupal（ドルーパル）コードベースを使用したウェブサイト構築用のウェブホスティング協同組合だ。この運動に寄り添う「オープン・コレクティブ」という会社は、協同組合が正式な法人化の労を取らずに始められるサービスを提供している。同社は一般に公開する表の情報と事務局の裏の情報が同じになるくらい、組合員の貢献と共同負担した経費をきわめてオープンに表示する。協同組合の立ち上げは楽になりつつある。またプラットフォーム協同組合があらゆる面で前のめりに急進的である必要はない。仕事のやり方が他のテクノロジー企業とほとんど同じでも、所有権と説明責任が資本家より参加者の方を向いているのであれば、それだけで急進的だ。

プラットフォーム・コーポラティビズムの初期の提唱者にはフリーなオープンソース・ソフトウェア運動の闘士たちが多かった。プラットフォーム創設者の中には信念としてフリーソフトウェア・ライセンスを死守する者もいたが、ユーザー会員の利益のために専有プラットフォームの使い勝手の良さを選んだ者もいた。さらにその中間に選択肢を見出した者もいる。例えばドミトリー・クライナーは2010年に発表した「テレコミュニスト・マニフェスト（Telekommunist Manifesto）」でピア・プロダクション・ライセンスを提案した。クリエイティブ・コモンズの表示・非営利・継承ライセンスに、黒字分を価値生産者のみに分配する労働者所有事業体の商業利用を許可する条項を加えて改変したものだ。

リナックスがこのライセンスになったとしよう。グーグルはリナックスを無料で使えなくなるが、モバイル端末を開発している労働者所有企業であれば使える。企業に採用されて世の中の主流になる可能性は失われるが、ピア・プロデューサーが生み出した価値は簡単には奪われなくなる。このようなライセンスはコモンズを領主の手から守る役に立つ。コードを使用したいスタートアップ企業には協同組合化するインセンティブができるだろう。翻訳者の協同組合「ゲリラ・トランスレーション」や自転車便の協同組合向けプラットフォーム「コープサイクル」など、総合方針としてこのライセンスを採用したプロジェクトも少数ながらある。ただし実地の使用例はまだほとんどない。(24)

一方、コード共有はすでに協同組合の成長戦略として定着し始めている。イギリスの人々がドイツ企業フェアモンドのマーケットプレイスを自国で開設したいと関心を示した時、同社は投資家所有の企業であればめざすであろう規模の拡大そのものを目的とした単純な海外進出をしなかった。かわりにドイツとイギリスで協同組合を別々に設立し、同じオープンソースのコードベースを利用したりコントリビュートしたりすることにした。ローカルなフェアモンドが増えれば、ソフトウェア改善の協力者が増え、単なるコングロマリット化ではなく複製化によって製品の規模を拡大していける。このような方法なら、プラットフォーム・コーポラティビズムはより公正な、より明確な経済レイヤーをオープンソース・カルチャーに加えることができる。これは投資家志向の経済に依存、もっと言えば寄生している状況を改善する手段となる。また、オープンソースという活力で古い協同組合の伝統を刷新する手段ともなる。[25]

決まったルールは存在しない。私たちは学習の途上にある。だがスローコンピューティングをあまりのんびり進めるわけにはいかない。破壊的変革は進行しており、破壊の対象になっている人々は高いリスクにさらされているからだ。できるかぎり同志を増やさなければならない。

デジタル民主主義への挑戦

この数年、心ある政治家たちはデジタル世界の破壊的変革の襲来にノーを言おうとする立場を取ってきた。交通システムや労使関係に関して良識的な主張を守り、地元の富を地元の管理下に置こうとして、さまざまな方法を取りながらもおおむね成功はしてこなかった。だがプラットフォーム・コーポラティビズムになら彼らもイエスと言える。

ニューヨーク市議会議員のマリア・デル・カーメン・アロヨは2015年のプラットフォーム協同組合カンファレンス参加に同意した当時すでに、労働者協同組合への出資に尽力していた。事前の声明文に、アロヨはプラットフォーム・コーポラティビズムが「深い淵のようにそれを前にした私たちがしばしば無力さを感じるインターネットに対して、一般市民により大きなコントロール力を持たせる可能性がある」と書いた。別の市議会議員のブラッド・ランダーが滑り込みで参加し、オープンデータに関する案を発表した。他の参加者らに混じって市政や国政に携わる政治家たちが、検討すべき政策や利用すべきエビデンスを探ろうとショルツと私のところにやってきた。バルセロナ市は市の経済戦略にプラットフォーム・コーポラティビズムを盛り込む段階に踏み出した。テキサス州オースティンがウーバーとリフトの運転手に標準の安全性試験の実施を求めたところ、2社は2015年5月に同市から撤退し、市議会は新たに協同組合タクシー会社と非営利のライドシェアアプリの設立を支援した。これらの代替手段がすっかり順調に機能したため、ウーバーとリフトはオースティンが先例になる前に無理やり復帰を果たそうとロビー活動に数百万ドルを注ぎ込んだ。一方、イギリス労働党の党首ジェレミー・コービンは、8項目の綱領の中に「プラットフォーム・コーポラティビズム」を含む「デジタル民主主義マニフェスト」を発表した。[26]

こうしたデジタル民主主義への挑戦は地域での工夫の域を超えてきている。協同組合もそうあらねばならない。プラットフォームが経済の一セクター全体の取引を組織化したり可能にしたりする役割を果たすのであれば、それは公共サービスとみなされるべきだ。100年前に国土をつなぐ鉄道の独占がアメリカの反トラスト法誕生のきっかけとなったように、台頭するネットインフラを規制する新しい法律と施行の意思が必要だという認識が高まっている。[27] 規制でがんじがらめの体制を招くよりも、より民主的なオーナーシップ・デザインへの移行を実現することこそ、これらの企業の自主規制を促す方法になるのではないだろうか。

バーチャルなプラットフォームのさらに先、プラットフォームの物理的な基盤にも目を向ける必要がある。つまり、プラットフォームを支えるハードウェア製造のための鉱物採掘や組立に関わる人々の状況も考えようということだ。有名な例としては、イギリスの電話協同組合(Phone Co-op)が、まっとうな労働条件で非紛争鉱物〔紛争鉱物はアフリカなどの紛争地域で採鉱され武装勢力の資金源になっているとされる〕を用いて製造されたオランダのスマートフォン「Fairphone(フェアフォーン)」を推進し、インドネシアの協同組合KDIMが独自に地元生産のスマートフォンを製造している。大手インターネットサービスプロバイダ(ISP)が国内で最も嫌われている企業に名を連ねるアメリカでは、協同組合や市の所有するISPが、説明責任を負うもっと高速で安い別の選択肢があることをすでに証明した。私の住むボルダーから西にある、大企業が投資しないような山の中では、地域の人々が自前のインターネット協同組合を立ち上げた。また東にあるロングモント市は、私が使っている企業ISPの接続速度がかすんでしまうほどのサービスを提供している。こうした別の選択肢は非常に優れているため、多くの州で業界ロビイストたちが先手を打ってこれらを閉め出している。[28]

民主的なインターネットには優秀なスタートアップ企業や魅力的な創業者以上のものが求められる。

単なるプラットフォームではなくインフラが必要だ。そのためには、未来だけでなく歴史が必要だ。

協同組合AP通信社の変遷

1918年11月7日、全米の新聞が第一次世界大戦の終結を知らせる号外を出した。ドイツがついに敗北を認めたのだ。ニューヨーク株式市場は休場となり、各地で教会の鐘が鳴らされた。ただ、たった一つだけ問題があった。知らせが4日早すぎたことである。

全米の新聞がそろって誤報を流すという驚天動地の事件の張本人は、E・W・スクリップス社のユナイテッドプレス（UP）通信だ。誤報を流した新聞各社は、自力では収集できないニュースの提供を同社のニュース配信サービスに頼っていた。UP通信はウィリアム・ランドルフ・ハーストの国際通信社（INS）とともに、古くからあってより排他的だったニュース配信サービス、米国連合通信社（AP通信）への挑戦者だった。UPとINSは競争意識からセンセーショナルな、事実の歪曲さえする報道が習い性になっていた。

新聞の編集者から歴史家に転じたビクター・ローズウォーターが1930年に、これは組織的な問題だと書いている。彼は新興の通信社2社が、AP通信が得意とする冷静な報道よりも煽情的な見出しを好むとして非難した。「歯止めとなる中立性の方針が介在していない」と彼は述べた。そうして1918年の事故は起きた。「過熱報道体質が災いして、UP通信は、まだ事実ではなかった第一次世界大戦終戦の先走り記事という最大級の誤報を発信し拡散する不名誉な役割を演じてしまった(29)」。

新興の通信社とAP通信の違いは単なる歴史の長さやニューヨークの老舗新聞社との関係だけではなかった。所有権構造にも違いがあった。UP通信とINSが圧倒的な力を持つ新聞界の大物が創業した会社であるのに対し、AP通信は協同組合だった――配信先の新聞各社が共同で所有していたのだ（時代によって所有権の度合いには変遷があるが）。インターネットの影響で新たに分極化し誇大報道に傾くメディア環境の中でも今なお、AP通信はその最も得意とする、退屈だが信頼できる事実に基づいたニュースで卓越した存在であり続けてきた。

AP通信の発祥は、1846年から1848年の間にできたとされる、記録には残っていないニューヨークの新聞記者たちの協定にある。新聞同士は熾烈なライバル関係にあったが、困った事態が起きていた。当時の最新技術だった電報の回線を全社が個別に使うと、回線が足りなくなるのだ。そのためライバル同士が嫌でも協力するほかなかった――海底ケーブルでヨーロッパからニュースを輸入し、共同出資で調達した馬を使ってメキシコ国境から原稿を送り、互いの報道記事を配信したのである。ニューヨークの新聞各社はこの事業の所有権と統治権を共有し、ハドソン川埠頭から先にある他社に自分たちの記事を売った(30)。

取材のリソースを抱え込む誘惑は大きく、その牙城が崩れるまでには100年の年月がかかった。小説家のアプトン・シンクレアは早いうちからAP通信を「アメリカで最も強大かつ最も邪悪な独占企業」と呼んでいた。スキャンダルがきっかけで1897年にシカゴに移転した後、イリノイ州最高裁判所はAP通信の加盟制限を反競争的であると判決を下したため、1900年にAP通信は法律が協同組合にもっと寛容なニューヨークに戻った。しかしＡＰ通信が排他的なギルドから加盟条件をオープンにした真の意味での協同組合に変わったのは、戦時中に司法省の調査を受けて１９４５年に最高裁判所の判決が下りてからのことである。（イギリスで同じ形態を取っていたプレス・アソシエーション〔ＰＡ通信〕は、最初からその条件の下で運営されていた。）

波乱の歴史と数々の欠点はありながらも、ＡＰ通信はアメリカのメディアシステムの中で代わりのきかない存在であり続けた。ＡＰ通信によれば世界人口の半数以上が毎日同社の記事を目にしているという。その独自性と立場は協同組合ならではの利点に負うところが少なくない。

ＡＰ通信に加盟している新聞社は、世界中にいる２５０以上のチームからの記事を利用でき、取材報道のコストを削減できる。加盟新聞社の政治観が幅広いため、ジャーナリズムに期待できる最大限の中立性が確保されている。事実への志向は各社共通の合意事項だ。ＡＰ通信のビジネスモデルは、スポンサーに顔が向いている大半の出版物とは異なり、口コミ拡散やクリックを誘うことではなく信頼性に依存している。同社は多くのニュース組織が口先だけで実行がともなわない、取材と販売の分離を実現している。

商品としてのツイッター

今は新たなメディアが生活に定着している。駆け出しの記者だった頃はツイートが私にとってのＡＰ通信だった。自分では足を運べない場所からの、生で即時性が高いと思われる最新ニュースを入手する手段がツイートだった。初めてツイッターを夢中で追ったのは2011年にエジプト・カイロのタハリール広場で起きた暴動の最中、アンダーソン・クーパーらジャーナリストが現地に到着する前だった。ツイッターもAP通信と同じく、現代のメディアの発信源が互いに会話しニュースを共有する手段となった。ツイッターのCEO、ジャック・ドーシーはツイッターを「人々のニュース・ネットワーク」と呼んだ――だがそれは正しくない。[31] ツイッターはウォール街の産物、最も高値をつける入札者のための商品だ。

それがことさらはっきりしたのが2016年の秋、ツイッターが売却を検討しているという見出しがメディアに躍った時だ。買収先としてベライゾン、グーグル、セールスフォース、マイクロソフト、ディズニーが候補に挙がった。ウォール街の尺度からすると、ツイッター社はうまくいっていなかった。ユーザー基盤の成長速度が不十分だ。約140億ドルの企業評価額も市場独占を見込んで投資した人々には物足りず、特に評価額が400億ドル近かった時に株を買った投資家の期待には到底およばなかった。

だが、ユーザーにとってはどうだろう。黒人差別抗議運動ブラック・ライブズ・マターからドナルド・トランプまで、ツイッターは重要な意見表明の場、ツイッター民（ボットも多いが）のまさしくネットワークになった。また、ネットワークのネットワークでもあり、例えばテレビのニュース番組の画面にはキャスターの名前の横にツイッターのハンドルネームも表示されている。ツイッターは断続的に黒字も出している――インターネット企業の水準からすれば上出来だ。そこで、「ガーディアン」紙の記事で私は当時議論されていなかった選択肢を提案した。[32] もしツイッターが、ツイッターに依存しているユーザーに売却されるとしたらどうだろう。記事ではグリーンベイ・パッカーズをイメージしてもらった。トップクラスのフットボールチームでありながらずっと小さな町に本拠地を置き、ホームスタジアムの広告掲示を最小限にとどめ、高すぎないチケット価格を維持している──それは1920年代以来、ファンが所有する非営利組織体制になっているおかげだ。地元ウィスコンシン州ノースウッズのとあるバーのスクリーンでパッカーズの試合が放映されている時に、私は居合わせた女性になぜこのチームが好きなのかと聞いてみた。何をあたりまえのことを聞いているのかと一瞬あきれ顔になった後、女性はチームの共同所有者になっている何人もの親族の話をしてくれた。

ツイッターを手に入れろ

ふだん私がこの「ガーディアン」の記事のような突拍子もない提案を発表しても、反響はほとんどない。だが今回は違った。ツイッターユーザーたちは自分たちがもしツイッターを買収したらどうするか、#（ハッシュタグ）BuyTwitterで思いを投稿して応えてくれた──迷惑メールや嫌がらせ行為に関するポリシーを強化する、APIデータを再び公開する、相応の利用料を課金するなど。ユニオン・スクエア・ベンチャーズ（USV）のパートナー、アルバート・ウェンガーは「私はさっそく@ntnsndr［本書の著者ネイサン・シュナイダーのツイッターアカウント］にアイデアを出すつもりだ」とツイートしてくれた。（USVは創業期のツイッター社に投資していた。）数百人もの人々がルーミオやスラックのグループに参加して、このアイデアを議論した。多くはすでにプラットフォーム協同組合のネットワークに関わってきた人たちだった。彼らがネット上で嘆願書をシェアしてくれ、さらに数千人が集まった。まもなく#BuyTwitterは『ワイアード』誌、『デア・シュピーゲル』誌、「フィナンシャル・タイムズ」紙、『ヴァニティ・フェア』誌など数十のメディアに取り上げられるようになった。参加者の戦略はツイッターと競合するSNSを協同組合で立ち上げる派と、ツイッターを直接買収する派の2つに分かれた。両者が同時進行した。前者に挑戦するために投資クラブが結成され、後者に関心を寄せる人々は嘆願書に署名した人々の中からツイッター社の株を持っている人を探し始めた。

その年の12月、株主有志とともに私たち数名は次のツイッターの株主総会に向け提案書を起草した。同社に「所有権の対象が広く説明責任の仕組みがある協同組合ないし同等の組織を介してユーザーにプラットフォームを売却する案とその実行可能性についての報告書」の作成委託を求めるにとどまる穏健な内容だった——報告書、それだけだ。この変更が同社と株主にとって最も得になるという説明を心掛けた。AP通信を引き合いに出した。このような形の買収なら経営権の放棄や損切行為にはならないと主張するためだ。人々のネットワークは、その名にふさわしい所有形態になれば一層「らしさ」を発揮できる。

ツイッター側の弁護士は提案書の提出を阻止しようと、曖昧で誤解を生じさせる意図があると主張して異議申し立てをした。2017年3月10日に証券取引委員会はその申し立てを退けた。5月22日の株主総会に先立ってツイッター社から公式に出された株主総会招集通知には、私たちの提案も入っていた——同社からの反論書簡と一緒にだったが[33]。

ベイエリア在住の若き協同組合経験者で社会運動の戦略コンサルティングも行うダニー・スピッツバーグがリーダーを引き受け、ボランティアによるウェブサイト制作や、賛同してくれる組織による株主の説得を指揮し、その間にもツイッターを卵の殻に半身が入っているヒヨコの絵文字で埋めた。荒らしにも彼が対処した。私たちの多くは本気で実現をめざすというよりは世の中に知ってもらうためのデモンストレーションのつもりでいたが、スピッツバーグは本気で、彼の本気は周囲に伝染していった。ＩＣＡ、全国協同組合事業連合（ＮＣＢＡ）、イギリス協同組合連合会など大手協同組合組織も参加し、このアイデアの後ろ盾になった。株主総会の投票は委任投票と機関投資家が大勢を占めるため、過半数を獲得するのはおよそ不可能に思われた。影響力のある株主たちは調査報告書の作成委託すら市場に嫌気されるのではと恐れていた。私たちは将来提案書を再提出できる3パーセント――たったそれだけでも達成するのは容易ではない――の獲得をめざした。

サンフランシスコにあるツイッター本社で株主総会が行われた日、会場にはスピッツバーグとともに、私たちの運動に参加した物言う株主の代表、ジム・マクリッチーがいた。歯に衣着せぬコーポレートガバナンスの専門家であるマクリッチーが白いひげを動かしながら提案書を読み上げるさまは、その後ＳＮＳ上で保安官になぞらえられるネタになった。同席していたジャック・ドーシーをはじめとする上級幹部は無言で耳を傾けていた。私たちは5パーセント近くの票を獲得した。

ビジネスモデルを変える

同じ日に、バーモント州在住の協同組合活動家マシュー・クロップが旗振り役となったもう一つの#BuyTwitterのサブグループが、Social.coopの誕生を発表した。Social.coopはツイッターの新たな代替となるオープンソースの「フェディバースな」［互いに接続して連合を形成している］SNS、マストドンのサーバーをホスティングしていた。ドメイン名からわかる通り、Social.coopはユーザーが管理する協同組合だ。マストドンのような連合型のソーシャルネットワークは、一企業がコントロールするのではなく、相互接続したノードで構成されている。ユーザーは自分のデータを預けるノードを選び、全員が投稿したすべてを中央ハブに委託しなくても、ネットワークを経由して別のノードにいるユーザーと交流できる。Gメールからyahoo.comにいる相手にメールを送るような感じで、ユーザーはホストを気にせずネットワーク全体と通信できる。これを可能にする技術はしばらく前からあった。私もメイファーストのメンバーシップを通じてその一つの例であるGNUソーシャルを使っていた。だがこの技術は実用に発展しなかった。監視と独占で利益を狙う企業はプライバシーや分散型所有権のために作られた技術にそれだけの価値を見出さないのだ。Social.coopはその状況に一石を投じようというささやかな試みだった。Social.coopのメンバーはやがてルーミオ上で意思決定を行い、オープン・コレクティブでお金の管理をするようになった。産声を上げたばかりのプラットフォーム協同組合エコシステムがこの小さくてシンプルなスタートアップ企業の道ならしをした。

協同組合の後援を受けて、連合型テクノロジーは実用化に必要な一つの経済を得たことになる。

ニューヨークでのある夜、２０１６年後半のプラットフォーム協同組合カンファレンスの会場で、講演者の一人が友人を私に紹介してくれた。長い金髪を真ん中で分けた温かな笑顔のその男性は、ツイッターのエンジニア第1号となったブレーン・クックだと紹介者は説明した。リプライ機能や「ツイート」という用語の生みの親は彼だ。#BuyTwitter の話を聞いてそのアイデアを気に入ってくれたそうだ。実はツイッターをオープンな連合型ネットワークにするコードを、自分も初期に書いていたのだと彼は言った。だが彼のプロトタイプは定着しなかった。

「未知のものに対する全般的な恐怖心から敬遠されたんじゃないかな」とクックは私に言った。「それによってビジネスモデルをさらに複雑で難しいものにしてしまうのではないかという懸念からね。ビジネスモデル自体がまだ想像の中にしかなかった時期だったから」。ツイッター社は大半の投資家が期待していた、テクノロジー界でもっとなじみのある戦略に固執した。しっかりと囲い込みを行い、新市場を一網打尽にする可能性を狙ったのだ。

連合というアイデアを少なくとも一人、熱心に支持してくれた人物がいる。ＵＳＶのもう一人のパートナー、フレッド・ウィルソンだ。ベンチャーキャピタリストとしてのキャリアが長い彼は、その後なかなか理解の得られにくい「技術的なイノベーションよりビジネスモデルのイノベーションの方が破壊的変革力がある」という説を書いた[34]。今回のケースでは彼の説は当たっていた。ツイッターが創設当初から可能だったはずのオープンユーティリティにならなかったのは技術のせいではない。問題はビジネスモデルにあった。連合は投資家所有という慣例とは相性が悪いと思われた。一方、協同組合は昔から連合を形成してきた。連合は協同組合の本質だ。オープンソースのコードを共有した小規模な信頼のおける協同組合のノードが活発になれば、違うタイプのソーシャルネットワークができるかもしれない。それは同じものを単に協同組合化しただけのものではない。投資家所有企業があえて見ようとしない形のつながりと価値で機能する可能性がある。

常道から外れたツールや慣習、満たされていないニーズには隠されたインターネット、一種のダークウェブ［通常の検索エンジンで見つけたり通常のウェブブラウザで閲覧したりできないウェブサイト］が潜んでいる。それを協同の経済に組み込めるかもしれない。「隠されたインターネット」を閲覧するための特殊なブラウザプラグインなど存在しないが、協同組合の歴史のパターンを知るのは役に立つだろう。この動きに関わるようになった私たちは、インターネットは協同組合化した方が良くなる――公正さ、正義、自由度が増す――と信じている、少なくともそんな希望を持っている。インターネットでこれから何が起きるかは知るすべがないが、インターネットの未来にはもっと発言をしていきたい。私たちのインターネットは、閲覧専門になるも荒らすも、コントリビュートするもデバッグするも、探検するもシェアするも、もっと完全に私たちの場になるはずだ。

第6章

土地《フリー・ザ・ランド》を解放せよ——権力と自由

アメリカ農村部の電力事情

ドナルド・トランプは大統領選の最中、サウスカロライナ州のブロードリバー電力協同組合が主催した集会を訪れた。講堂の舞台に現れ、「大勢集まったね」と述べ、聴衆とともに自分の名前を連呼すると、トランプは演説を質問から始めた。「ところで電力組合の皆さん、皆さんは電力を愛していますか?」続けて「電力のない生活は? よくない、そう、あまりよくないですよね」と言葉を継いだ。そして話題を変えた(1)。

その発言から、アメリカの電力協同組合が誇りにしている発祥の歴史をトランプが直前に聞かされたことがうかがえる。次のようなものだ。大恐慌が始まる直前まで、アメリカの農村部で電気が引かれていた家庭はわずか10パーセントしかなかった。都市部を電化していた企業が、僻地の農家にサービスを提供しても十分な利益が上がらないとみなしたためだ。だがそれら農家の一部が徐々に電力協同組合——料金を支払う人々が所有し統治する電力会社——を結成し始め、自前の電線を引いた。多くは国有地にあるダムから安価な電力を購入した。彼らの自助努力に動かされ、1935年にフランクリン・ルーズベルト大統領がニューディール政策の一環として支援策を提案し、翌年に議会で予算が承認された。農務省は全米に低利子ローンの提供を始め、農家はそれを利用して協同組合を組織した。競合する企業が阻止をもくろんで、進出予定の土地にどこにもつながっていない「妨害用電線」を張りめぐらせたが、協同組合側が勝利した。国策の後押しもあり、農家の電力協同組合は電気の来ていなかった地域の大部分に10年で電気を通した。彼らがスイッチ一つで明かりのつく生活をもたらしたのだ。

協同組合活動家はお上の政策に頼るのをよしとしない傾向がある。自分たちの協同組合を真に自分たちのものとして構築し形成していくのを好む。協同組合は自治的な組織だと国際協同組合同盟（ICA）は主張している。ソ連圏やペロン政権下のアルゼンチンなど、さまざまな時代や地域で政府は協同組合をコントロールしようとしてきたが、功を奏した例は少ない。とはいえ、どんな事業もそうだが、協同組合も政府が定める（あるいは定めない）法律や恩典に命運を左右される。協同組合は、競合関係にある投資家所有企業がすでに受けている政治上の優遇制度に立ち向かわなければならない。競争条件の差を克服するためには、彼らと同じきれいごとばかりではないビジネスに入っていかねばならない。

協同組合を組織する権利と能力は政治力を蓄えることによって獲得されたが、政治力にともなう矛盾も生じた。アメリカ農村部の電力協同組合がたどったのはまさにその道だった。

協同組合と政治

都市部で電気料金を払い慣れている人々は、アメリカの国土の75パーセントが協同組合で電力をまかなわれているのをあまり知らない。電力協同組合をすべて合わせると、組合員兼所有者の数は約４２００万人、販売されている総電力の11パーセント、資産額１６４０億ドルに達し、アメリカの万年貧困に苦しむ郡の93パーセントにおいて富を創出する手段となっている(2)。地域の協同組合は団結し、さらに大きな協同組合の協同組合を形成している――参加しているのは発電所を運営している電力供給会社、共有形態の採掘会社、協同組合銀行、共同所有型の技術企業だ。人口が増加し拡散すると、かつては農村部だった地域の多くに裕福な郊外が拡大していった。協同組合といえば食料品店や共同住宅を連想する人にとっては、まったく未知のスケールの協同組合事業だろう。それは放置された民主主義でもある――顧客として以外の立場を自覚していないことが多い組合員兼所有者からも、協同組合事業がかつて政府の後押しを得て成し遂げた偉業を忘れた社会からも顧みられていない。私たちは自分たちに何ができるのか、その可能性を見過ごしているのだ。

共和党の大統領だったアイゼンハワーとニクソンは電力協同組合を忍び寄る共産主義勢力とみなしたが、民主党の大統領たちは選挙戦で協同組合セクターからの支持によく助けられた。リンドン・ジョンソンは自分の牧場に電力を供給する協同組合の設立を支援したし、ジミー・カーターの父親は協同組合の理事を務めていた。しかし進歩的な支持者層が都心部に後退すると、ビル・クリントンは協同組合を財政カットの対象に選んだ。最近では、2010年~16年の間に、全米農業電力協同組合（NRECA）の政治献金先は共和党と民主党で半々だったのが、共和党に72パーセントへと比率が傾いた。マイク・ペンス副大統領はインディアナ州の電力協同組合と長年にわたる結びつきがあった。そのため農村地域の進歩主義の残滓であったはずの電力組合は、選挙人団と議会の票をペンス副大統領とトランプ大統領に集めるのに一役買った。[3]

2016年の大統領選の結果を祝賀した人々の中には、ユタ州選出の元民主党議員でNRECAのCEOになっていたジム・マセソンがいた。「今回の選挙ではアメリカ農村部の声が中央に届いた。この声は力強く前進するでしょう」。これはマセソンの発言としてあるプレスリリースに引用された言葉だ。[4] 農村部の有権者の急激な右傾化は、マセソンがトップを務めるNRECAの協同組合投票キャンペーンと時期を同じくしている。このキャンペーンはアメリカの838の地域電力協同組合に所属する組合員兼所有者を動員するものだった。しかも、次期大統領に就任するのは前任者オバマ大統領のクリーンパワー計画を反故にすると約束していた候補者である。マセソンをトップに頂くNRECAはこの計画を組合員にとって負担が重すぎると考えていた。その後発表されたプレスリリースは、トランプが指名した気候変動否定論者で規制撤廃を掲げる閣僚候補者たちを称賛した。

ところが、トランプ政権の最初の「アメリカファースト」予算案は、農務省の農村協同組合振興助成金を含む農村を対象とした政策の廃止を提案していた。2017年3月に予算案が発表されると、マセソンは組合員たちを安心させようとした。「これは予算プロセスの最初の段階にすぎません」と彼は声明で述べた。その何日か後には、クリーンパワー計画撤廃に向けた大統領令というマセソンにとっては喜ばしい出来事が起きている。(5)

電力協同組合は信頼性が重要なビジネスを行いながら組合員の利益と強力な惰性のバランスを取る、保守的な機関になった。だが電力協同組合は、再生可能エネルギーの比重を増やした分散型エネルギーグリッドへの移行で先頭に立つ構えも取っている。歴史の長い既存体制という性格も持ちうる反面、ボトムアップ式の地域自治の砦でもあるからだ。電力協同組合は投資家所有の公益企業に比べると、組合員兼所有者が自主的に規制を行うという理由から国の規制ははるかに緩い。アメリカのエネルギーシステムの一角は、投資家の意向や社長の口約束だけでなく、利用者として組合を組織した人々の覚悟を基に動く電力協同組合が担っている。

再生可能エネルギーへ

惰性に抗ってきた地域協同組合もある。その一つがコロラド州西端にあるデルタ・モントローズ電力協会（DMEA）だ。2016年の秋にDMEAの再生可能エネルギー技師、ジム・ヘネガンが私をDMEAの担当地域に車で案内してくれた。まずDMEA本部から、協会のピックアップトラックを借りた。本部は協会が所有する出力10キロワットの太陽光発電所2基のうち1基を併設した複合ビルになっている。本部を出発すると、土肌の見える丘とセージの茂みの間を蛇行する細い水路、サウス・カナルから電力を引いているＤＭＥＡの水力発電所に向かった。水路の出所はウィリアム・ハワード・タフト大統領が１９０９年に建設したガニソントンネルである。

ヘネガンは最初の2基の水力発電所建設でプロジェクトマネージャーを務めた。２０１３年から稼働を開始した発電所は人力をほとんど必要としないが、それでも彼はできるだけ手をかけるようにしている。「手で始動させるのが好きなんですよ」と彼は制御室で話してくれた。ヘネガンの語り口はきれいに整えられた口ひげの形同様に几帳面だ。姿勢の良い小柄な彼が振動音を発する背の高い機械の間を縫って歩くさまは、稀覯本《きこうぼん》の棚の間を歩く図書館員を思わせた。

最初の2基の水力発電所はビジネスモデルの正しさを証明した。まもなく他の開発業者も追随し、サウス・カナル沿いに発電所を建設して地域の協同組合に電力を販売しようとした。２０１５年にはこのビジネスモデルが連邦政府の規制の対象として議論されるようになった。

配電を担う協同組合の大半がそうだが、ＤＭＥＡはより大規模な「発電および送電」協同組合（Ｇ＆Ｔ：generation and transmission）の組合員兼所有者という立場にある。ＤＭＥＡと所属先のＧ＆Ｔ、Ｔｒｉ－Ｓｔａｔｅ（トライステート）の契約は、トライステートがＤＭＥＡの販売する電力の95パーセント以上を供給しなければならないと定めている。これは長らく良識的な取り決めだった。配電協同組合には大規模な発電所を運営するリソースがないし、独占に近い取り決めのおかげでＧ＆Ｔ

ジム・ヘネガン。DMEA水力発電所の制御室にて

と組合員である43の協同組合は政府や協同組合銀行や民間市場から割安に資金調達ができたからだ。1970年代にできた連邦政府の方針では、電力投資の大半を石炭火力発電所に投じることを求めていた。電力生産のうち石炭火力発電所が占める割合は、全米の電力網の33パーセントに対して、G&Tは71パーセントになる。[6] しかしDMEAは契約で取り決められた以上の電力を自前で生産するチャンスを見つけていた——従来よりも安くなったソーラーパネル、水力発電所、そして地元の廃鉱から出るメタンガスだ。組合員が選任した理事会はコスト、環境保全、地域開発の観点からこれらのチャンスに賭けたいと考えた。

「この地域には、地産地消を守りたいという文化があるんです」と広報・人事マネージャーのバージニア・ハーマンは言う。また、光ファイバーを利用した安価なブロードバンド回線インターネットをサービスの普及していない農村部の組合員に提供し始めた協同組合がアメリカ各地に現れているが、DMEAもその一つだ——電力協同組合の誕生時の状況と重なる動きである。

２０１４年にＤＭＥＡがモンタナの協同組合からジェイセン・ブロネックをＣＥＯとして迎え入れると、ブロネックは新たな戦略を持ち込んだ。ふだんはビジネス一辺倒といった態度の彼が、この話をする時だけは笑顔が混じる。ＤＭＥＡは連邦エネルギー規制委員会（ＦＥＲＣ）に、もしもっと安価な再生可能エネルギーが火力発電に代わる選択肢として現れた場合、カーター時代の法律を根拠してトライステートとの契約で定められた地産エネルギー利用の上限を超えてもよいかと問い合わせる要望書を提出したのだ。２０１５年６月にＦＥＲＣはＤＭＥＡにむしろそれを奨励する決定を出した。トライステートは反対したが、決定は覆らなかった。

ヘネガンは僻地の農場で暮らしているため、ＤＭＥＡの電力網にさえ入っていない。彼はそこで自家発電を行っている。「集中型発電方式はいずれ確実にすたれていくと私は思っているんですよ」と、次の発電所に向かって狭い土の道路を走りながら彼は言った。「電力業界に構造的な変化が起きる予兆はたくさんあります」。ヘネガンはその変化を固定電話から携帯電話への移行にたとえた。彼はテスラが最近発売した蓄電池「パワーウォール」を試用してみたいと夢を描き、倫理上、環境上、技術上、経済上の必須要件の転換が進みつつあると楽しそうに語った――そうしたものにしがみつこうとする自分自身の内面の規制を捨て去ればいいだけなのだ。

協同組合は変化の時代に有利な独特の立ち位置にあるとヘネガンは考えていた。協同組合の身軽で地元密着型の、顧客を中心に据えたビジネスは、新規加入者に対するエネルギー効率の向上や再生可能エネルギーを利用するための手軽な融資の提供で、すでに他社に先駆けていた。市が所有する電力会社と同様、電力協同組合が説明責任を負っている損益は投資家利益よりも柔軟だ。2016年にトライステートの組合員に提供された電力の約4分の1は再生可能エネルギーによるもので、同組合はもはや経済的合理性がないという理由から2基の石炭火力発電所の閉鎖を発表した。NRECAによれば、協同組合セクターの太陽光発電能力は2017年の1年間で2倍以上に伸びたという。(7) G&Tとの契約を持たない協同組合は再生可能エネルギーへの移行に特に意欲的に取り組んできた。DMEAの南に隣接するキット・カーソン電力協同組合はトライステートとの契約を完全に終了し、2022年までに日中の電力需要をすべて太陽光発電でまかなうことをめざしている。ハワイ州のカウアイ島電力協同組合は2002年に島の電力独占企業を島民が買い取って設立され、2023年までに電力の50パーセントを再生可能エネルギーにするという目標に向かって邁進している。太陽光発電による電力生産量は豊富で、消費者に家庭用蓄電池の設置を奨励しているほどだ。

「今私たちは非常に先が楽しみな技術革命を経験しているのです」と農務省地方公益事業局で電力政策を監督するクリストファー・マクリーンは言う。同局は今も協同組合に低利の融資を提供する連邦機関だ――現在40億ドル弱の資金を貸し付け、黒字を出している。「かつては電力政策はどちらかといえば単調な政策でしたが、今は面白いことが目白押しですよ」。

環境か利益か

マクリーンの熱意の陰で見落としそうになるのは、電力協同組合が再生可能エネルギーの利用に関して全国平均からかなり遅れている事実だ。地域協同組合は何十年も前に交わしたG＆Tとの契約に縛られており、G＆Tには石炭火力発電所への過去の投資を近々に放棄する余裕はない。組合員への責任があるから、というのが協同組合の言い分だ。公式にも非公式にも、組合幹部は会議室の壁に掲げられた7原則への取り組みをよく口にする。ヘネガンはすべてのプロジェクトが組合員にとって費用便益計算上、正当性があるように心を砕いていた。しかしこの民主主義には名ばかりの面がある――書類上は正しくても、実態がそうである保証はまったくないのだ。協同組合の行動を支配する要因は他にもある。例えばFERCの決定が出た後、トライステートや同業のG＆Tは組合員である協同組合に対し、理事会がDMEAの先例に倣う意思はないと確約する権利放棄証書の提出を促した。数十年前の経済的制約がいまだに変化のペースを抑制している。

「鎖に亀裂は入り始めています」と、電力協同組合を注意深く観察してきた地域自立研究所(Institute for Local Self-Reliance)のエネルギー民主主義政策を指揮するジョン・ファレルは語る。だとしても、かなり長い時間がかかっていることになる。1970年代後半、電力協同組合を研究した『全土にめぐらされた電線――地方電力協同組合、アメリカ農村部のエネルギー政治の変遷（*Lines Across the Land*）』の著者は現代にもそっくりあてはまる状況を描写している。「地方の電力利権はその政治力を、環境保護法の遵守をめざす戦いの先頭に立つことより、環境保護法の撤廃に向けた」。しかし当時でさえ、「地方の電力協同組合は多様な地産エネルギーの選択肢を追求できる独自の立場にいる」ことは明白に見えた。(8) 当時も今と同じように、協同組合の未来は組合員たちが市場要因や旧来の惰性に負けずにあえて声を上げるかどうかにかかっていた。

ＤＭＥＡ本部への訪問を終えて玄関を出ようとした時、料金の支払いに来た女性と鉢合わせした。すぐ横の壁には理事会役員の写真がずらりと並んでいる。私がこの協同組合の組合員であることに満足しているかとたずねると、女性は怪訝な顔をした。私は「組合員」を「顧客」に置き換えて質問しなおした。女性は笑顔になり、20年間ＤＭＥＡの電力を利用しているが気に入っている――サービスもいいし、信頼性の高さもピカイチだと言った。自分はハワイで育って電気のない生活をしていたから、帰宅してスイッチ一つで明かりがつくのはありがたい、とのことだった。

連邦政府の協同組合政策が始まった当初、農村電化局（現地方公益事業局）は将来の組合員兼所有者に向けて協同組合の原則と実務を説明するパンフレットを制作した。担当官僚は電気の仕組みそのものを説明する必要も感じたらしい。パンフレットには全編にわたって電力の利用法を表すイラスト（「電力の利用法は200以上あります」）と最大限に活用しようという呼びかけ（「あなたが電気を使えば使うほど電気代は安くなります」）が盛り込まれていた。

それはアメリカ政府が融資だけでなくプロパガンダで協同組合を後援した時代だった。協同組合の連鎖によって構築された経済の民主的な未来展望を描いた映画が製作され、国民に協同組合加入を誘った。組合加入はアメリカ国民の権利と義務のようなものになるだろうと謳ったのである。ある電力協同組合のパンフレットには、農務長官のヘンリー・Ａ・ウォレスが序文を寄せ、「あなたの協同組合はいずれ失敗する、あるいは早晩政府が買い取って最寄りの民間電力会社に格安で売却せざるをえなくなるだろうなどと、誰にも言わせてはならない。そのような最悪の事態が起こるとすれば、あ

1939年版『農村電化局協同組合員のためのガイド』より

なたや仲間の協同組合員がやるべきことを怠った場合だけである」と書いている(9)。

不透明な統治

２０１６年の秋に、デラ・ブラウン＝デービスは12歳の娘とミシシッピ州タイラータウンの自宅から州都ジャクソンまで車で5時間の往復を5回も繰り返した。電力協同組合の勉強をするためだった。ブラウン＝デービスには教師とセラピストの他に、マグノリア電力協会の組合員兼所有者という顔もあった。マグノリア電力協会は、全米黒人地位向上協会（ＮＡＡＣＰ）ミシシッピ州支部の姉妹組織「ワン・ボイス（One Voice）」が指揮する新しい運動に参加した9つの協同組合の一つである。

　ジャクソンで行われたワン・ボイスの勉強会で、ブラウン＝デービスと娘は世界中の協同組合が共有する崇高な組合原則を知るようになった。母娘は電力協同組合が非営利組織として公開を義務づけられている納税申告書の読み方を習った。ミシシッピ州各地のアフリカ系アメリカ人協同組合員が本来受けるべきサービスを受けていない証拠も目のあたりにした——法外な電気料金、黒人が過半数を占める地区なのに白人だけで占められた理事会、参加を阻む不透明な統治の手続き。ブラウン＝デービスの協同組合の代表として、ワシントンD.C.への視察旅行に行った白人高校生たちの写真もあった。家に向かう車の中は、学んだことを娘と話し合う場になった。

「今この時代にもまだ、1950〜60年代のようなことがたくさん起きているのだとわかって情けなくなりました」とブラウン＝デービスは私に語ってくれた。

2014年にワン・ボイスの最高財務責任者ベニータ・ウェルズが、ミシシッピ州の公益事業委員会による協同組合の調査を手伝った。協同組合独自の会計の仕組みに触れるのは初めてだったが、それでも専門家の彼女はすぐにおかしいと気づいた。幹部が過大な額の給料を受け取っており、さらには何十年間も籍を置く理事会役員らも同様だった。各協同組合は百万ドル単位にまで積み上がった累積資産を組合員に還元しておらず、非営利組織としての優遇措置を受けられなくなる瀬戸際の状態になっていた。「どの数字もことごとく計算が合わないのです」。ウェルズの仕事を難航させたのは、協同組合に情報開示要件がほとんどなく、しばしば組合員にさえ財務情報の公開を拒んだことだ。

ワン・ボイスはMITとコーネル大学から研究者を招き、問題の解明にあたった。研究者らは聞き取り調査を実施し、ミシシッピ州のブラックベルト〔黒人が多く居住する地域〕一帯の電気料金を精査し、調査結果を参考に電力協同組合リーダー養成所（Electric Cooperative Leadership Institute）を立ち上げた――ブラウン＝デービス母娘をはじめ、協同組合に電気料金を支払っており隣人たちのまとめ役を志願した人々が第1期生になった。だが初日の段階では、自分が共同所有者として協同組合の理事会に投票権を持つ立場にあることもまだ知らない者が多かった。

ミシシッピ州には電力協同組合が他に類を見ないほど密集している。住民の半数近くが協同組合から電力を買っている。そして州民の37パーセントがアフリカ系アメリカ人であるにもかかわらず、ワン・ボイスの調べによれば運動の開始当時、協同組合の理事になっていたのは6・6パーセントにすぎなかった。女性理事はわずか4パーセントだった。ワン・ボイスが運動を展開した貧困層が大半を占める地区では、住民は多い人で所得の40パーセント以上を電気代に費やしていることもあった。

協同組合の基本についての教育はさらに大きな計画の第一歩だった。NAACP州支部長とワン・ボイス会長を兼任するデリック・ジョンソンによれば、「最終目標は組合員の参加を最大化する戦略の立て方を皆さんに理解してもらうこと」だという。そのうえで、「再生可能エネルギーについても新たに取り組めるようになるのではないか」と彼は期待する。

組合員参加とエネルギー改革にはたしかに相関性があるように見える。例えばノースカロライナ州のロアノーク電力協同組合は、1960年代に黒人主導の組合員募集運動を行った。その時に始動したプロセスが今も生きている。現CEOのカーティス・ウィンはNRECA理事会の副会長を務めているが、同理事会唯一のアフリカ系アメリカ人である。一方、ロアノークは組合員の省エネ改修工事向け融資を採用した、州で最初の協同組合になった。また同組合は地域のソーラーアレイ〔太陽電池パネルを組み合わせてまとまった量の太陽光発電ができるようにしたシステム〕導入に組合員からの賛同を取り、ブロードバンドインターネット計画も策定中だ。

「経営スタッフや役員会の構成にコミュニティの人口構成が十分に反映されていないと、住民の要望やニーズと、理事会や経営陣の意思決定の間に乖離が生じやすくなります」とウィンは私に語った。例えば組合員からの圧力がなければ、経営者は組合員の電力消費やコスト、二酸化炭素排出量の削減を支援するよりも、何も考えず単純に電力の販売量を拡大しようとするかもしれない(10)。

ロアノークの組織作りの成功は一般化せず例外にとどまった。1980年代と1990年代に公民権運動団体「南部地域評議会（Southern Regional Council）」は「協同組合民主主義および開発プロジェクト」を開始し、南部の協同組合活動地区で実施されたこの一連の運動には、近年ワン・ボイスが目標としてきたものと重なる部分があった。だが運動が勝ち取ったのはルイジアナ州の協同組合理事会の一議席のみだった。現職の理事たちが保身のために内規と選挙手続に手を加えるのはいとも簡単だったのだ。南部の協同組合では、白人住民が黒人住民より先に電線を敷設してもらい、黒人住民より電気料金が安いのがあたりまえだった1930～40年代の設立当時からの慣習を継続しているケースもあった(11)。だがワン・ボイスは先達よりも大きな実績を上げられるかもしれない。ジョンソンの話では、最初の組合員研修が終わる前に、ミシシッピ州の少なくとも2つの協同組合で初のアフリカ系アメリカ人理事が選出されたという。

協同組合の連合組織はワン・ボイスが取り組んできたような組合員の啓発運動からは距離を置きがちだ。州の連合会、ミシシッピ電力協同組合連合会のスポークスマンは私にこの運動については聞いたことがないと言った。NRECAのスポークスマンはNRECAは公正な選挙を支援していると一般論を口にしたのみだ。融資に差別禁止要件をつけている地方公益事業局も、人種的平等の問題は憂慮していなかった。「公民権局にはこのような問題に関する苦情はごくわずかしか来ていません」とクリストファー・マクリーンは言う。かりにそうだとしても、デラ・ブラウン＝デービスのような協同組合員を行動に突き動かしている懸念は、ミシシッピ州やアフリカ系アメリカ人にとどまるものではない。それはもっと広く蔓延した問題放置の一つの表れなのだ。

テネシー州のナッシュビルを含む選挙区から選出された民主党下院議員ジム・クーパーは、一家で暮らしていた地域の電力協同組合の立ち上げに尽力した父親に育てられた。後年、政治家になってから協同組合を訪問する際は、組合の納税申告書に目を通すのをならわしにしていたが、クーパーはそこでベニータ・ウェルズと同じことに気がついた。「ずいぶんお金持ちになられたのですねと言うと、何をおかしなことを言っているのかという顔をされるのです」とクーパーは私に語ってくれた。これが彼いわく「全国規模の巨大隠蔽工作」の調査に乗り出すきっかけになった。クーパーは調査結果を2008年に『ハーバード・ジャーナル・オン・レジスレーション（Harvard Journal on Legislation）』誌に寄稿した舌鋒鋭い論考に発表した。特に彼が指摘したのは各協同組合が組織として所有している数十億ドル分の「資本信用」だ——名目上は組合員のものとされる利益剰余金だが、還元要求がないまま無利子の融資の財源として使われることが多い。組合によって方針はさまざまだが、組合員やその家族による資本の回収を阻むところさえある。それが何代にもわたって続いている可能性がある。「地域協同組合の大部分は、すでに亡くなった人々が所有しているのです」とクーパーは言う。

クーパーの記事は抜本的な効率化をめざした合併や組合員および一般社会へのもっと強制力のある情報開示など、一連の改革を提案していた。協同組合が経済発展と環境保全の新たなニューディール政策に取り組まないかぎり、いつまでも連邦政府の支援を受け続ける資格を与えるべきではないと示唆した。クーパー議員の論考は発表された年に連邦議会記録に残されたが、協同組合のロビイストの強硬な抵抗に遭い、彼の提案はそれ以上の進展をみなかった。(12)「議員仲間にこの話をしても、みんな見ざる聞かざるという態度になるのです」とクーパーは言う。「ＮＲＥＣＡのやりたい放題になっています」。

組合員の関与を増やすために

各連合組織の見て見ぬふりの態度が火をつける形となり、新しい運動の輪が広がった。ワン・ボイスはその一端にすぎない。例えば、「ウィー・オウン・イット」は、連合組織の舵を握る幹部や役員ではなく協同組合員による組織活動を支援しようと決意した、若いが経験豊富な協同組合活動家たちが始めたネットワークだ。彼らは全米の電力協同組合の活動家組合員同士をつなげ、求めるべき方針やそれを採用させるための戦略について互いに学び合えるようにした。オンラインフォーラムでは、協同組合の汚職のニュースや太陽光発電と省エネ改修工事に融資を受けるコツを回覧した。「私たちの目的は社会運動を形成することです」と創設者のジェイク・シュラフターは言う。

運動は前途多難だ。地域自立研究所の調査によれば、協同組合の４分の３近くは役員選挙の投票率が10パーセントに満たない。[13] 私が自宅近くの電力協同組合の役員候補者討論会に出席したところ、一般組合員より候補者と事務局スタッフの数の方が多いありさまだった。投票対象は4議席だが落選する候補者は1名のみだ。（それでも決選投票が行われる年次総会には数百名の組合員がやってくる。年次総会は賞品が当たる抽選会、豪華ディナー、ライブパフォーマンス、トライステートのロボットマスコットと盛りだくさんのお祭りだからだ。）私が他の大手協同組合のリーダーたちに聞かされたのと同じ説明を、ここでも事務局スタッフは繰り返した。投票率が低いのは組合員が満足している証拠だという。

運動を起こしている人々はそんな説明など信じない。「長年の間に私が学んだ最も重要な教訓は、協同組合システムの根幹は組合員の関与にあるということです」と言うのはウィー・オウン・イット参加者のマーク・ハケットだ。彼が所属するジョージア州の電力協同組合、コッブＥＭＣは汚職事件をきっかけに組合員の啓発運動に成功しており、ハケットも運動に加わった一人だった。「組合員が重要な部分に関与していなければ、役員が内輪の仲間同士で組合を運営するようになり、組合を私物化できてしまいます」。

しかし、経営者の組合運営はそこまで個人の思い通りに行われているわけではない。協同組合経営者は皆、経営者としての質に関係なく、数十年前の契約と昔の融資条件と数十億ドルを投資した石炭火力発電所という重い足かせを財務と慣習に引きずっている。役員やスタッフが立場を悪用した呆れるような事例はたしかにあった。だが協同組合は今でも大規模な参加型経済の手段として機能しうる。銀行は信用できず、資本家からは相手にされなかった農家の人々が自力で電力事業を立ち上げ、その成功が政府に認められて、銀行とほぼ同じ利率の融資を獲得した時がまさにそうだった。コロラド地方電力協会は今でも、子供たちに自分で協同組合を組織し運営することを教えるサマーキャンプを実施している。こうした協同組合は、サービス対象者を実際に直接エンパワーすることを意図した希少な人材育成方針から生まれたのだ。

後にアメリカ合衆国協同組合連盟とネーションワイド相互保険会社のトップになったマーリー・リンカーンは、オハイオ州で電力協同組合システムの構築に携わった一人だった。彼は回想録で電力協同組合事業の性格を振り返っている。「農家の人々は電気を手に入れたい、ただその一心であり、自分たちの協同組合で電気をまかなうことは夢の実現にほかならなかった」と彼は書いた。「私たちはどんな代償があるのかもわからないままやみくもに事業に突き進んだが、これがやるべきことであり、自分たちのためにやらなければならないということだけはわかっていた」[14]。そんな気概の下に電力協同組合が生まれた。協同組合の生命線はこの精神をなんとか復活させられるかどうかにかかっている。

クーパー議員は電力協同組合に関してもう一つ、耳に痛い問いかけを発している。電力協同組合は本当に協同組合なのか。「政府機関でもあり、農業協同組合でもあり、非営利企業でもある、この不思議なハイブリッドに、三つの要素の中で最も汚れなき印象のある名前がつけられた」と彼は2008年の記事に書いた[15]。ICAの第1原則「自発的で開かれた組合員制」は、協同組合が州の指定地域における生活必需サービスを独占した時、齟齬が生じる。電力協同組合は「開かれた」の部分については語りたがるが、問題は「自発的」の部分だ。政府の融資に依存したセクターでは、自治の原則も侵される。

米国農務省は「協同組合」を政策の適用資格を判断するための省内用語として使っており、この言葉を省独自の協同組合原則と関連づけているが、農務省の協同組合原則からは自発性という事項が都合よく欠落している。

1. **利用者所有の原則**：協同組合を所有し資金調達する者は協同組合の利用者と同一である。
2. **利用者管理の原則**：協同組合を管理する者は協同組合の利用者と同一である。
3. **利用者受益の原則**：協同組合の唯一の目的は、利用を前提に利用者に便益を提供・分配することである。(16)

悪い内容ではない。だが電力協同組合の事務所に掲げられた協同組合原則は通常、米国農務省が作成した簡易版の原則ではない。もっと美しいICAの原則を掲げているのに、その最初の一語を電力協同組合は組織的に破っているように思われる。実際のところ、どんな協同組合も叩けば埃が出てくるだろう。力を獲得するための妥協、権力との妥協があるはずだ。

協同組合運動が向かう先にあるもの

ルーズベルト大統領が農村電化法を通した時、アメリカ合衆国協同組合連盟の創設者で初代会長だったジェームズ・ピーター・ウォーバスの胸中は複雑だった。かつて無政府主義者寄りの世界産業労働者同盟のメンバーだったウォーバスは「建設的急進主義」を公言していた。バリケードやゼネストやプロレタリアート独裁を求めないタイプの革命のことである。しかし彼が思い描いていた変革は急進性ではそれらに劣らなかった。

「協同組合運動が最終的に向かう先は、営利産業と強制的な政治国家の両方に取って代わられる社会構造の創造である」とウォーバスは主張した。[17] 企業と政府は協同組合という上げ潮を前にして退いていく、つまり弱体化してやがては消えていくだろう。企業の利益は協同組合の圧倒的な資産力に太刀打ちできず、政府の強制力は協同組合の自由な連合の前に崩れ去るだろう。政府とともに裁判所や刑務所もなくなり、協同組合の調停委員会に取って代わられる。地域に密着した協同組合の教育活動が州立の学校に取って代わる。人々は単一政府の国民ではなく、部分的に重なり合う複数の協同組合の組合員となる。連邦政府の一部の機能を同盟や連合――ウォーバスが創立したような組織――が担うようになる。

協同組合内部から自然発生する酸が国家を――投資家所有の企業もろとも――溶かすだろうというウォーバスの信念は、エビデンスに裏切られる形となった。協同組合的な相互組織として始まった保険業界は20世紀後半、ヨーロッパでは政府の指揮下で、アメリカでは企業の支配下で再編に傾いた。ベンジャミン・フランクリンが作った協同組合式の消防署や図書館は政府に期待される追加サービスとなった。食料品協同組合からホールフーズマーケットが生まれた。ユーゴスラビアからベネズエラまで、社会主義政権は国家が統制する協同組合を経済政策の手段に使った。それよりも少しだけ目立たない形ではあれ、アメリカの電力協同組合が協同を続けてこられたのには、農務省と特権的な関係があったからという面がある。

この関係は、考え抜いた政治戦略に組織の創意工夫が合体したたまものだった。そして政治の手詰まり状態と民間の目先にとらわれた思考のせいで必要なインフラが実現されないとなれば、私たちは再びこの戦略に目を向けてもよいのかもしれない。ウォーバスが期待したような、協同組合を通じた自治は可能かもしれない。１９３０年代に、電力を求めた農民たちは企業に頼らず、自分たちの手で電化を実現した。今は、医療制度の行き詰まりに同じ対応が必要かもしれない。

コロラドケアの取り組み

アレタ・カザディが２０１５年の夏いっぱい、デンバーの街頭で請願書への署名集めをした時に最も多かった反応は「私は大丈夫ですから」だった。通常はたいした意味のないこのセリフが、この時は常よりも雄弁に人々の本心をさらけだしているように思われた。カザディが人々に求めたのは、医療皆保険制度の議案提出権を求める州民投票への支持だ。その人たちは大丈夫かもしれない。でも、医療保険に入っていない30万人以上のコロラド州民はどうだろうか。

「同じ州に住む仲間を守ろうという発想は、あの人たちにははなからないのがありありとわかりました」とカザディは私に語った。「困っている隣人に無関心だなんて、私たちが暮らしているのは一体どんな社会なのでしょうか」。イリノイ州出身で教師を定年退職し孫のいる彼女自身も、終身保険に入っており困ってはいない。だがコンゴ民主共和国で暮らした10年間が、困窮している隣人について教えてくれた。マラリアで子供を亡くした家族のむせび泣く声がそこここで聞こえ、村中が眠りを忘れた夜の記憶が彼女にはある。

この年の４月から10月までの間に５００名以上のボランティアと有給スタッフで集めた15万８８３１名分の署名のうち、カザディが集めた数は少なくとも７００名分にのぼるという。署名運動の開始時と終了時に行われたバーニー・サンダースの集会や、ゲイ・プライドのイベント、奴隷解放宣言祝賀イベントの会場には心を寄せてくれる人が特に多く、署名がよく集まった。この問題を州民投票にかけるには９万８４９２名分の署名が必要だったが、州務長官事務所は最終的に10万９１３４名の署名を有効として受け付けた。カザディのような人々の奮闘によって、２０１６年11月にすべての人を対象とする医療保険がコロラド州の有権者の前に選択肢として提示された。医療皆保険制度は協同組合——良くも悪くも政府と紐づいた協同組合の形をとる予定だった。

「コロラドケア」が成立すればコロラド州は医療保険制度改革法［通称オバマケア］から離脱し、全住民に包括的な保障を提供することになる。財源は３・33パーセントの所得税と６・67パーセントの雇用者負担の給与支払税——自営業者の場合は最大10パーセントの税金だ。大幅な増税となるが、大半のコロラド州民にとってはこれまで払っていた保険料よりも安い。（ただし業務請負契約で働く個人事業主に不利な条件であるため、コロラド州のこれから起業したい多くの若者には支持されそうになかった。）支持者はこの制度なら現状より年間計60億ドルのコスト削減になると考えていた。

コロラドケアの元の名称はコロラド・ヘルスケア協同組合といったが、協同組合をやっている人々

コロラドケアを考案した医師でコロラド州選出上院議員のアイリーン・アギュラー

から、コロラド州民が税金を払わないという選択はできないため加入は自発的ではないと指摘があり、改称した。しかし協同組合を模した設計は肝となる仕組みで、州議会が新たな税を徴収することを妨げる憲法の条項を迂回するための方策だった。州議会はコロラドケアの収入に手をつけることはできない。収入はそのまま基金に入り、住民が直接選出した管財人が監督する。コロラドケアは500万人以上の規模で行われる、社会主義とリバタリアニズムを足して2で割ったような共同所有と共同統治の実験だった。

コロラドケアを設計したのは州選出の上院議員アイリーン・アギュラーだ。アギュラーはもともと家庭医で、保険が不十分な患者が苦しむさまを数十年にわたって目のあたりにし、医療保険制度をなんとかしたいと数年前に政界入りした。彼女は州議会で医療保険制度改革の議案を通そうと熱心に働きかけたが、果たせなかった。ついにアギュラーは中心的な同志グループとともに——なぜか心理学者がとても多い——州民投票に訴える決断をし、自費で数万ドルを投じて運動を始めた。

同じ州民投票というプロセスで、２０１２年にコロラド州はワシントン州とともに嗜好品としてのマリファナを合法化した最初の州になった。他の州も追随した。コロラドケアの支持者は、医療保険制度でも同様の連鎖反応のきっかけづくりになればと期待した。バーニー・サンダースはもしコロラドケアが通ればコロラド州が「国を先導」できると述べ、最終投票の前に提案を支持する演説を行った(18)。

コーク兄弟の影響下にある人物が反対勢力

この取り組みに反対する人物としてジョナサン・ロックウッドはまさにはまり役だった。ロックウッドは本人いわく「自由市場を信頼し擁護する人々の代弁者」となるべく２０１４年に設立された、「アドバンシング・コロラド」という団体の事務局長である。ほっそりした体にファッショナブルな服をまとい、早口で、自説を声高に主張する。コーク兄弟［大富豪の一族で、保守的な政治思想を持ち政界や社会に影響を及ぼしているとされる］によるミレニアム世代の取り込みを狙った団体「ジェネレーション・オポチュニティ」の運営に携わった経歴の持ち主だが、見た目が若く、自分が代表だと言っても信じてもらえないことがあると私に語った。10月23日の朝、コロラド州務長官事務所の通用口に請願書が届けられるところを見にやってきたまばらな人垣の中にロックウッドもいた。彼は一部始終を小型ビデオカメラで録画する「アメリカ・ライジングＰＡＣ」――「調査し迅速に反応する新世代の共和党員」「この言葉をキャッチフレーズとした団体で、民主党議員を「偽善を暴くため」監視するなどの活動をしている」――の若い女性とぴったり行動を共にしていた。

請願書は視覚効果を狙い、レンタルした救急車からストレッチャーに運ばれて到着した。（運転手は「それなりのお金をもらって、もっと変なことも以前やりましたよ」と私に告白した。）白衣姿のアギュラーがストレッチャーを通用口に誘導した。その後、アギュラーと数十名の支持者はデンバーの議事堂や省庁が集まる地区にあるギリシャ風の屋外円形劇場、グリークシアターに集合し、記者会見を開いた。私が出席した数少ない記者の1人だと気づいたロックウッドは、自己紹介してインタビューを受けてもいいと言ってきた。彼の評判はすでに聞いていた。コーク兄弟の団体「アメリカンズ・フォー・プロスペリティ」をはじめ、今のところコロラドケアにわざわざ公然と敵対する団体は少なかったが、アドバンシング・コロラドはその一つだった。

ロックウッドはコロラドケアが愚策であるとあの手この手で私を説得しようと試みたが、いずれも提案の内容を曲解した言い分だった。しかし彼が指摘しなかった現実の提案には、とびぬけて急進的な点があった。運動の最中も私の見たかぎり1度も議論されていないが、それはすなわち、コロラドケアは州の通常の予算と意思決定から切り離された政治のモデルになるだろうということだ。教育委員会など特定分野に限定した選挙はすでに多くの自治体で行われているが、今回の選挙はその枠組みを超える。コロラドケアは医療保険制度にとどまらず、政府や企業にまかせていては行き届かないサービスを協同組合のメカニズムに移行させる先例になる可能性があった。

コロラドケア推進派の人々は、コロラド州の我が道を行くという政治文化に訴えようとした。「これは国の医療保険制度ではありません」とアギュラーはグリークシアターの壇上から呼びかけた。「私は連邦政府の議員を務めてきましたが、国の議会では医療保険制度改革はできないのです」。

コロラドケアにはマイケル・シャディドという先達がいた。現在のレバノンからの移民であるシャディドは、1929年にオクラホマ州エルクシティに初の患者所有の協同組合病院を設立している。しかしアメリカ医師会の医師たちが自分たち同業者団体の権威に対する脅威として抑圧に乗り出し、協同組合病院は全米の各州で次々と違法とされていった。同様のことがもっと最近の、医療保険制度改革法で可能となった非営利・加入員運営型プラン（CO―OP）にも起きている。CO―OPは立ち上げ段階から早くも不自由な制約条件を課せられ、議会が約束した融資予算が3分の2も削減される憂き目にあった[19]。コロラドケアを脅威とみた有権者はさらに多く、彼らはコロラドケアが始まりもしないうちに阻止した。民主党と共和党の双方の有名議員から反対され、投票用紙の冒頭に書かれた増税になるという威圧的な文言も災いし、提案の得票は20パーセントを少し超えるにとどまった。

コロラドケア運動の最中、アギュラーはよくマーガレット・ミードの「少数のしっかりと物を考え、全身で取り組む市民」が世界を変えるという言葉を好んで引用した。だが今回はそれはかなわなかった。コロラド州は医療皆保険制度を導入するチャンスを逃した。協同組合コモンウェルスは再び拡大するチャンスを、政治クーデターを起こして何百万もの人々に必要不可欠なニーズを満たすチャンスを逃した。

市場が応えられない部分を補う力

さまざまな時代と場所で、政治家は時折ものわかりよく協同組合事業の発展を支える政策を採用してきた。協同組合の、例えば利益を地域社会——つまり税基盤——に再循環させ、弱者のニーズに市場が応えられない部分を補う力に価値を認めたからだ。その政策とは次のようなものだ。

・**資金調達支援**　低利の融資、融資保証、免税など。低コストで資本を調達できる投資家所有企業と協同組合が競争できるようにする。
・**開発支援**　地域の協同組合経済に助言と支援を提供する組織に資金を出す。
・**指定**　経済のセンシティブ・セクター［さまざまな要因に敏感に影響を受ける分野］に対し協同組合モデルでの運営を求めたり、政府の購買部門に協同組合を優先的に選ぶよう求めたりする。
・**促進措置**　適切な法人設立法や協同組合が協力し合うインセンティブなど。(20)

イタリアには世界で最も発達した協同組合法がある。国の憲法そのものに、政府の干渉を受けない協同組合事業を権利として記した第45条があるほどだ——独立した協同組合を脅威とみなしていたベニート・ムッソリーニ政権の後では切実に求められた条項だった。ムッソリーニは社会主義者の連盟とカトリック教徒の連盟を解体し、自分の連盟に置き換えようとしたが、ムッソリーニの死後、これらの連盟はたちまち息を吹き返して自分たちで規定を作るだけの政治力を獲得した。今では世界中の協同組合関係者がその規定を学ぼうとイタリアを訪れる。

例えば1970年代前半にできたある法律は、協同組合が非課税の「不分割積立金」を保有することを認め、組合員から資本を集めやすくしている。その後の10年間で、協同組合は非協同組合の子会社を所有し管理する力も獲得した。1991年の法律は社会的協同組合に法人格と税優遇措置を与え、公的福祉制度の延長としての役割を担わせた。翌年には協同組合に剰余金——資本家の言葉で言えば利益——の3パーセントを所属する連盟に供出し、新しい協同組合の設立や既存の協同組合の成長の原資にできるようにすることを求める法律が成立した(21)。その結果、協同組合セクターの自助努力で存続する力はいっそう高まった。お互いの繁栄を支援する協同組合の協力ネットワークができたのである。

アメリカは最近まで協同組合に関する政策立案をほとんど行わず、第二次世界大戦以前の法律の名残りに頼ってきた。しかし状況は変わりつつある。特に、経済がいかに投資家所有に有利な仕組みになっているかを身をもって知った起業家たちが先頭に立ち、労働者所有企業を勢いづけようとしている都市部の変化は顕著だ。法律は強力なてこ入れの手段となる可能性がある。このような政策は他から借用して修正改変され、忘れられ、その後復活を果たしてきた。だが方法にたった一つの正解はない。

政策は先立つ慣習や歴史と無縁では成り立たない。過去が政策を実行する者にその意味を教えてくれる場合がある。政策とは政治だ。そして公正な政策を最も切実に求める者にとって、政治とは闘争を意味する。

誰が市長を殺したのか？

マルコムXのこの世の肉体がハーレムで暗殺者の銃弾に倒れてからちょうど49年後の2014年2月21日、ミシシッピ州ジャクソン市長チョクウェ・ルムンバは帰宅して停電に気づいた。ところが電気が止まっているのは彼の自宅だけで、同じブロックの他の家はどこも電気が消えていない。彼は市の運営に何らかの形で関わっていた友人たち――電気配線工、電気技師、長い付き合いのボディガードも含む――に電話して助けを求めた。彼らにも問題の原因が突き止められなかった。皆で電力会社に連絡し作業員を待つことにしたが、その間にしばらく前から出回っていた奇妙な噂について語り合った。例えば数週間前、ジャクソン市に初進出したホールフーズの開店イベントで、1人の白人女性が町内会の集まりで市長が死去したと聞かされたと言った。市長はこのところ咳がひどく血圧も高かったが、ちゃんと生きている。その日ホールフーズで彼はスピーチをしたのだ。

ルムンバの友人たちは警戒せずにはいられなかった。ルムンバは黒人の地位向上と人権を掲げて南部州ミシシッピの州都の市長に就任した。数十年間ブラックナショナリズム運動〔黒人の自決権を求める急進的な運動〕で最も積極的に発言してきた弁護士の1人として、彼はアメリカ全国に支持者のネットワークを、地元には政治的基盤を築いた。当時、ブラック・ライブズ・マターは創生期にあり、まだリアルな世界の運動というよりはソーシャルメディア上のハッシュタグで呼びかけられている段階だった。ブラック・ライブズ・マターを創始したディレイ・マッケソンはミネアポリス教育委員会で働く傍らツイートを発信していたのだ。だがこの動きに関心を払っていた人々は、アフリカ系アメリカ人が新しい政治と経済を創ろうとしていた州都ジャクソン市を一つのモデルケース、抗議運動よりも持続性のある抵抗の形として注目するようになっていった。

2月の初旬に、ルムンバは進歩派ジャーナリストのローラ・フランダースのビデオインタビューを受けていた。フランダースはカメラの前で市長に目標をたずね、彼は前年7月の就任以来初めてといっていいほど踏み込んだ話をした。(22) ルムンバはクワンザ［アフリカ系アメリカ人の間で祝われる行事］の中にある協同経済の原則「ウジャマー」に触れ、この原則を指針として利潤の大きな市のインフラ契約の入札法にメスを入れる計画を述べた。彼はそのお金を外部企業よりもこれから創ろうとしている地元の労働者所有協同組合に回したいと考えていた。また彼と盟友たちの悲願であるアフリカ系アメリカ人が自己決定権を持てる安全な自治区「クッシュ地区」構想についても語った。まずは黒人人口の多い18の隣接する行政区から始めたい。ジャクソンをその首都とする予定だ。この話には、白人が居住する郊外から地域人口の多数を占める黒人に権力を移行させる意図がきわめて明確に示唆されていた。

ルムンバの自宅が停電した4日後、彼は30歳の息子、チョクウェ・アンター・ルムンバに電話した。胸に締めつけられるような感覚があるという。父と同じく弁護士だったチョクウェ・アンターは法廷にいたが、家に駆けつけ、父親をそっと車に乗せると、ジャクソンのひび割れや穴だらけの道路をセント・ドミニク病院に向かった。検査が行われ、父子は待たされた。午後4時頃、看護師が来て輸血のためルムンバを別室に連れて行った。体重測定の後、ルムンバはベッドに寄りかかり、心臓の異常を訴えて叫び、体を震わせ始め、痙攣して意識を失った。それが最期だった。市長に就任してまだ8カ月も経っていなかった。

市庁舎じゅうに訃報が流れる中、カリ・アクーノは各所に電話をかけた。アクーノは市長の側近中の側近の1人だった。彼やルムンバ市長をはじめ市長の下で市政に携わっていた多くの人々が属していた組織「マルコムXの草の根運動」の地域および全国の警備手順を彼は発動させた。しかしアクーノの目の前で市の職員たちが無造作に市長室の片づけをし、階下では早くも、空席となった市長の座をめぐって市議会で鞘当てが繰り広げられていた。ルムンバ市長政権はアクーノの職務ともどもすでにお役御免になっていたのだ。

その晩、アクーノ自身も胸に違和感を覚えた。アクーノにも以前から心臓に血栓の問題があった。彼は10時頃、自分でセント・ドミニク病院に行き、市長の遺体が安置された部屋の近くに通された。診察を待っていると、廊下の奥から声が聞こえた。

「あいつが死んでよかった」という言葉をアクーノは覚えている。「いったいどうするつもりだったのかね。ここをキューバにしようとしていたんじゃないのか」。

ミシシッピ州の流儀にルムンバは従わなかった。越えてはならないラインのいくつかを彼は越えていた。ジャクソン市の多くの黒人が考えていた疑問を、ある郡政執行官がテレビで声に出して言った。「誰が市長を殺したんだ?」。

ルムンバが残したもの

ルイス・ファラカン［ブラックナショナリズムを中心としたアフリカ系アメリカ人のイスラム教組織「ネーション・オブ・イスラム」代表］の資金援助もあり、公民権運動に殉じたジャクソン市で最も有名な活動家メドガー・エバースの埋葬後の検死や、ファーガソンで白人警官に銃殺された黒人青年マイケル・ブラウンの検死を担当した、マイケル・バーデンによる検死が行われた。バーデンは死因を大動脈瘤と判定した。市長の過労と栄養不足になりがちだった生活を考えれば十分可能性のある結果だ。ルムンバは自分の健康よりも、つかんだチャンスを最大限に生かして、持ち時間でできるかぎりの仕事をしようと必死だった。

画面には映っていないが2月のフランダースのインタビューに同席したアクーノは、ルムンバがついに既存勢力に対してこれまでの友好的な態度をやめる覚悟だと感じていた。蜜月は終わった。決戦が始まろうとしていた。

「歴代市長は私たちが今やろうとしていることをやらないのがふつうでした」とルムンバは語った。「一方、革命家はふつうは市長にならないものです」。

ジャクソンの市政の中心地区には、かつてのミシシッピ州の州議事堂が議事堂通り《キャピトルストリート》沿いにそびえている。アメリカ全土の空洞化した都市を席巻している都市再開発をわが街でも、と行われてきた改修の試みが一部は成功している建物だ。キャピトルストリートと交差して北、人種隔離政策時代の黒人商業地区に向かって伸びるファリッシュストリートは閑散としている。通行人の数より歴史看板の方が多い。旧州議事堂博物館には奴隷制とインディアン強制移住の展示がある――市の名前はインディアン強制移住法を制定したアンドリュー・ジャクソン大統領の功績を称えてつけられた――いずれも倫理的に明らかにあってはならないことというより、検討を要する困った問題という扱いだ。結局、法律だったのだから仕方がない。条約や契約があったのだから。同じことが、世界恐慌の際、特にジャクソンのような場所で、公民権のおかげでアフリカ系アメリカ人が手にした富を霧消させた略奪的条件の住宅ローンについても言われるのかもしれない。

街の西端で鉄道線路を横断し、市営動物園に向かうとキャピトルストリートの雰囲気はがらりと変わる。改装の済んだキング・エドワード・ホテルの影になる地所は空き地で、雑草が伸び放題になっている。貧困の影がうかがえ、再開発のチャンスを匂わせる。まさにそこ、板で囲われた西部の玄関口にあたるこの場所に、元デイケアセンターを赤と緑と黒のペンキで塗った平屋建ての建物がある。チョクウェ・ルムンバ経済民主主義開発センターだ。地域の高級化が進むのに抗うかのように立つセンターは、亡き市長が40年の活動で街に遺したレガシーの最も目に見えやすいようすがとなった。

ルムンバが初めてミシシッピの地を踏んだのは1971年、23歳の時だった。デトロイト生まれで元の名をエドウィン・フィンリー・タリアフェローといったが、1960年代にブラックナショナリズム運動に身を投じた多くの仲間と同様、彼もヨーロッパ由来の名前を捨て、アフリカ系の名前に改名した――姓も名も植民地主義に抵抗する意味のあるものを選んだ。ミシガン州南西部のカラマズー大学に在学中に彼は新アフリカ共和国（RNA：Republic of New Afrika）という組織に加入する。

RNAの目的は単なる人種差別廃止や投票権の実現ではなく、北部と南部それぞれの形の人種差別から脱した、黒人の自治が可能な新たな国家を、アメリカの奴隷制の中心だった場所に樹立することだった。信奉者たちにとって新国家の希求は、当時アフリカ全土で広がっていた独立運動の自然な延長だった。

ジャクソン当局は敵対する構えをとった。その年の8月、重火器と小型戦車で武装した警官とFBI捜査官がRNAメンバーが住んでいた家に奇襲をかけた。その結果発生したRNA側との衝突で警察官1名が死亡した。ルムンバは現場にはいなかったが、事件の余波で予定より数年長くジャクソンにとどまることになった。ミシシッピ主権委員会——人種隔離主義を取る州政府のゲシュタポ組織——の保管資料に残る1973年のRNAの文書では、ルムンバをRNAの法務大臣と記録している。文書は協同組合という形で奴隷制への補償を求めていた。「私たちは議会に対し、新しい共同体《ニュー・コミュニティーズ》、雇用、訓練、無償の優良な住宅、数千名に適切な食事と健康を創出する協同組合の試験プロジェクトを行うため、ミシシッピ州在住の黒人に2億ドルを提供することを要請する」[23]。

まもなくルムンバはデトロイトに戻り、1975年にウェイン州立大学のロースクールを卒業する。マルコムXは弁護士になりたいと願っていた。ルムンバはマルコムXがなっていたらこうだったであろうという弁護士になることを志した、と後に息子に語っている。彼はブラックパンサー党メンバーや刑務所暴動を起こした囚人たちの弁護をした。敗訴に終わったが、ムトゥル・シャクール——銀行強盗、殺人、姉で同じく活動家のアサータ・シャクールの脱獄を手伝った罪で起訴されていた——の弁護にも立ち、シャクールは自由を求める抵抗運動で逮捕された者として1949年のジュネーブ条約の保護の対象になると主張した。(後年、ムトゥルの義理の息子でラッパーのトゥパック・シャクールの弁護も務めている。) ルムンバは良くも悪くも有名人になった。ニューヨークの連邦裁判所は彼が裁判官を「人種差別主義者の犬」と呼んだため忌み嫌った。[24] やがて1988年に、彼は客室乗務員だった妻のヌビアを説き伏せ、2人の子供たちを連れてミズーリに戻った。何年も前にRNAの仲間たちと始めた取り組みを続けたいと願ったのだ。

1970年代前半以降にジャクソンに訪れた変化は大きな地殻変動であるが、アメリカの都市にはおなじみの話でもあった。(「私にとって、ミシシッピはカナダ国境以南のどことも変わらない」とかつてマルコムXは言った。) 人種隔離政策の終焉によって市の大半の白人住民たちは郊外へ逃げ出したが、政治権力と市との契約から得る経済的恩恵は握ったままだった。白人たちはその後の市の衰退を、人種隔離政策の廃止が失敗である何よりの証拠と見なした。地元の公民権運動の第一人者ホリス・ワトキンスに言わせれば、白人が逃げ出した後の街の変貌は「意図的なサボタージュ」の一言に尽きる。

ルムンバは1984年にニュー・アフリカン・ピープルズ・オーガニゼーションの設立を手伝い、その分派として1990年には「マルコムXの草の根運動」(MXGM:Malcolm X Grassroots Movement) が発足していた。ジャクソン市内に最初の支部が置かれたMXGMは、ブラックナショナリズムを新世代の活動家たちに継承することをめざした。大人たちは組織に加入し、戦略を練った。子供たちはニュー・アフリカン・スカウトに入り、独自のサマーキャンプに参加した。

ルムンバが市長になった時の首席補佐官となるサフィヤ・オマリがジャクソンにやってきたのは

1989年だった。集会では古くからのRNAのスローガン「土地を解放せよ!」をコール・アンド・レスポンスで短く三唱すると、マルコムXの言葉「いかなる手段を取ろうとも」を会場が一体となって続けた。[25] 彼らの名前やメッセージは地元の黒人たちには聞きなれないもので、多くの白人たちには怖がられたが、時とともに風景の一部になっていった。

土地を持ち、自由になる

ルムンバ・センターの多目的室に置かれた間に合わせの執務机にどっしりと構え、カリ・アクーノは世の中はさまざまな「力」の合流だという世界観を私に語った。急進的な人々が実現不可能な要求を掲げ一触即発の怒りを抱えていた世代にしてはめずらしい戦略家だ。彼の頭の中では物事がきれいに整理されており、過去の過ちも未来の計画も即座に箇条書にして挙げ、分析する。あごひげをなでながら大きく見開いた目をさまよわせる様子は、周囲を渦巻くさまざまな力を見つめているかのようだ。ルムンバ死去の後、アクーノが残った活動のスポークスマンになっていた。

アクーノはカリフォルニア育ちで——1970年代と1980年代のロサンゼルス・ワッツ地区だ——マーカス・ガーベイ［黒人解放運動家］とニュー・アフリカンに心酔した人々の流れをくむブラック・プライドとブラック・パワーの文化にどっぷり浸かって過ごした。アクーノの姓を使うようになったのは後年になってからだが、ファーストネームのカリは生まれた時からのものである。子供の時から、周囲の大人が協同組合経済やモンドラゴンや利用者によって民主的に管理された事業について話すのを聞いていた。カリフォルニア大学デービス校に入学して以降は共同生活や協同組合組織のさまざまな実験を渡り歩いた。ルムンバと仲間たちがＭＸＧＭを創設してからは、引き寄せられるように地元カリフォルニア州のオークランド支部に入った。やがてＭＸＧＭの中心的な理論家の一人になった。

南部に来たのはハリケーン・カトリーナがきっかけだった。ニューオーリンズの黒人居住区の被害の甚大さと政府の対応が事態を悪化させただけであることが明らかになると、ＭＸＧＭは活動を開始した。当時ハワード大学のロースクールに在学中だったルムンバの娘ルキアは、できるかぎり機会を見つけてはワシントンＤ.Ｃ.から飛行機で現地に通い、ボランティアのとりまとめにあたった。アクーノはオークランドから転居し、ピープルズ・ハリケーン救済基金《リリーフファンド》の職務に就いた。

「一般市民による復興の基盤を立ち上げようとしていたのです」とアクーノは言う。「被災したメキシコ湾岸地域のためのいわばマーシャルプラン〔第二次世界大戦後のヨーロッパ復興援助計画〕を、リソースが民主的に分配されるように創りたかった」。だがアクーノらは、復興が公営住宅を取り壊し公立校を解体する体のいい口実となっていくのをほとんどただ見守るしかなかった。再建どころか、むしろ住民の追い出しという方が実態に近いように思えた。

「カトリーナは私たちにとって大きな教訓になりました」とルキア・ルムンバは言う。ＭＸＧＭは政府に入り込んで土地に対する決定権を握る必要性を考え始めた。「土地を持たないかぎり、本当の自由は手に入らないのです」。

ジャクソン・クッシュ計画

アクーノをはじめ全米のＭＸＧＭの理論家たちが作業に取りかかった。完成したものが２０１２年に「ジャクソン・クッシュ計画――黒人の自己決定および経済民主主義のための闘争」として公開された。それはアクーノが執筆した24ページのフルカラーのパンフレットで、地図、チャート、写真、ブラックナショナリズムの偉人たちの言葉の長い引用が満載されていた。パンフレットは「資本主義との決別とアメリカ入植者による植民地計画の廃絶」を呼びかけ、その起点をジャクソン市とミシシッピ州のブラックベルトとし、ふつうの人々が声を上げるための集会、集会に説明責任を負う独立政党、公的な資金援助を受け地域協同組合を通じた経済開発を、実現のための戦略の三本柱に掲げた。(26) 協同組合は相互に情報共有し、支え合う。

２００８年には計画は立候補者を立てようという話に発展していた。ＭＸＧＭがジャクソン市で活動を始めて20年近くが経とうとしており、堅固な地盤ができていた。アクーノはＭＸＧＭからルムンバ（父）を擁立し、息子のチョクウェ・アンタ――当時テキサスのロースクール卒業間近だった――に将来の出馬を見据えて今から勉強してもらおうと提案した。ジャクソン・クッシュ革命を実直に選挙から始めるのだ。

２００９年、ルムンバはジャクソンの市議会議員に立候補した。ＭＸＧＭ幹部らの支援と彼自身の民衆派弁護士としての知名度もあり、当選を果たす。市議会では公共交通機関への財政支援の確保と警察の説明責任強化に票を投じた。しかしジャクソンでは、本当の権力——特にインフラ契約に及ぼす力——は市長職にあった。インフラ契約は依然として主に郊外にある、白人所有企業が獲得していた。ジャクソンの人口の大半を黒人が占めるようになって久しいが、MXGMの戦略家たちは大多数が経済的な恩恵を受けるまでは土地の解放は実現しないと考えた。

2013年にルムンバが市長選出馬を発表した時、ジャクソンの数少ない大卒エリートたちの中にジャクソン・クッシュ計画にわざわざ注目する者はほとんどいなかった。ルムンバはひしめく候補者の一人にすぎなかった。そしてジャクソン・クッシュ計画はまだ構想の域を出ていなかった。協同組合は存在しなかったし、集会は実施されても規模が小さく、参加するのもほとんどがコアな支持層だった。しかしルムンバは、いつか協同組合と集会として形になるはずの大衆の意思を体現するというみずからの役割を理解していた。重要な機会があるごとに彼は「民衆が決定権を持つべきだ」と口にした。

市長選は、ルムンバがジャクソンに築いてきたものと全米のMXGMメンバーの総力を挙げた支持の試金石だった。彼は予備選挙で現職市長と、州の商工会議所の友人以外にはほとんど無名だった若い黒人実業家のジョナサン・リーに圧勝した。リーが2013年に集めた選挙資金33万4560ドルは、同じ年に選挙を戦ったルムンバが集めた6万8753ドルよりはるかに多かった。だがMXGMの支持者獲得活動とルムンバの評判が大勝利をもたらした。5月21日、彼は民主党予備選挙で票の86パーセントを獲得し、市長の座を確実にした。ルムンバの選挙スローガン「One city, one aim, one destiny（一つの街、一つの目的、一つの運命）」——かつてマーカス・ガーベイが唱えた「One God, one aim, one destiny」へのオマージュ——が実現するかに思われた。

しかし、すべての人が思いを一つにしていたわけではない。「ルムンバが市長に選出された時に白人の事業主たちから山のように電話を受けたのを覚えています——みんな戦々恐々としていました」と市議会議員のメルビン・プリースター・ジュニアは私に語った。「彼らは自分たちが多くの黒人を扱ったのと同じ扱いを、今度は自分たちがされるのではないかと恐れていたのです。ローデシアで白人政権が覆った時のようにね」。

ルムンバと新たに発足した市政権——MXGMの仲間たちで占められた——の最初の仕事は復旧対策だった。市の道路や配管は劣化するままに放置され、機能不全に陥っていた。連邦環境保護庁の同意判決により、老朽化した下水道システムに手を施す必要に迫られていた。補修のための資金を調達しなければならない。そのお金をおそらく後で、必要な作業をする協同組合事業の種蒔きに使えるのではないか。ルムンバは選挙で勝ち取った支持者からの信任を頼りに、住民投票により1パーセントの売上税増税案を通過させた。水道料金の値上げを敢行した。緊急事態という大義名分があればこそだった。

「私たちはジャクソンにおける権力を勝ち取ったわけではなかったのです」とアクーノは後に言った。「私たちは選挙に勝った。この二つは別物でした」。

1パーセントの増税案を通すため、ルムンバは州議会の息のかかった委員会による資金の監視を受け入れざるをえなかった——自分よりも保守的な前任者でさえ受け入れなかったであろう譲歩だ。後日ジャクソン市民の支持を集めて、市民のものである税収の完全な管理権を要求できるだろうと彼は期待した。街が切迫した状況にある今は監視もやむをえない。

アクーノは特別プロジェクトおよび外部資金調達のディレクターという新しい立場から、ジャクソン・クッシュ計画を安定軌道に乗せようとした。ルムンバ市政がどれだけ続くかわからないが、市長が変わった後も残る体制を確立したかった。アクーノは市、信用組合、外部の寄付者を資金源とした1500万ドルの協同組合開発基金の計画を作り上げた。市の主要な支出――ゴミ収集、学校給食の食材の供給、山積するインフラ課題への取り組みにそれぞれ対応した、労働者所有の協同組合を設立しようという考えだった。市が学校に協同組合教育を取り入れ、協同組合研修を提供し、協同組合の資金調達や不動産取得を援助する。(27) また、ブラジルとニューヨークを手本に、公共資金の配分をジャクソン市民が決定できる参加型予算策定プロセスを開始する計画もあった。一方、ルムンバはもっと慎重に動いていた。

2013年時点で、ジャクソン市の問題は黒人と白人だけの問題ではなくなっていた。カリフォルニア州サンタモニカの投資会社が中心街の私有ビルの半数以上を買い占めていた。イスラエルと中国の投資家もその動きに加わりつつあった。ルムンバは1970年代からのRNAの黒人国家樹立という戦略を離れ、共闘できるところでは、自分と協力する意思があれば相手を問わず連携していった。少なくとも市長の仕事としては、協同組合と集会よりも財政の健全化を優先した。

市の開発会社の社長、ベン・アレンは新市長と親交を深めるようになり、嬉しい驚きを覚えた。アレンが自分のカントリークラブで開催したガーデンパーティーにルムンバを招待すると、市長は出席したのだ。「私たちの懸念はすっかり消えたのです」と白人のアレンは回想した。「この人はわれわれと協力する気があるのだ、とね」。

中心街からキャピトルストリートを2マイル［約3・2キロメートル］進んだ、動物園入り口からほんの数ブロック先に、もう一つの協同組合ビジョンの萌芽が現れ始めていた。2013年の初めにMXGMメンバーのニアとタクマのウモジャ夫妻がテキサス州フォートワースから子供たちを連れ、地域のゴミ投棄場の隣にある小さな木造住宅に引っ越してきた。新しい隣人たちと仲よくなる一方で、一家はゴミを片づけて土を耕し、菜園のための土壌を作り始めた。多くが小作農として育った隣人たちもいつしか仲間になり、作物を育て始めた。彼らは8ブロックからなる地区を新西ジャクソン協同組合共同体とし、共同体の土地信託に移そうと志して共同で土地の購入を始めた。隣人たちで建設チームを結成し、廃屋を改修して明るい色のペンキを塗り直した。アクーノがまだ資金調達と選挙に忙殺されている間に、ウモジャ夫妻と隣人たちは協同組合構想の実現を実地に進めていたのだ。

これら一つひとつが目標をめざす歩みだった。だがどの成功もまだ弱々しく感じられた。フォートワースでは、ウモジャ夫妻の暮らしていた共同体の中心部が土地収用の脅威にさらされていた。その脅威はジャクソンでも他人事ではなかった。当時ベン・アレンはメールのシグネチャにこんな文言を使っている。「中心街の再開発は戦争のようなものだ(28)」。

「ブラック・ライブズ・マター」が示すもの

#ブラック・ライブズ・マターのハッシュタグが2013年に初登場してからずっとトレンドに残

り続けた要因は、黒人男性が警察に殺されたニュースの見出しから人がおそらく想像するものとは少し異なる。実は、それは性的少数者と女性が先頭に立った抗議運動である場合が多かった。リーダーたちは「資本主義」という言葉を臆さずに使い、使う時には侮蔑をあらわにした。（「ブラック・ライブズ・マター」というスローガンの生みの親は全米家事労働者同盟のまとめ役、アリシア・ガーザだ。）彼らには何が、誰が大切かを決める別のシステムがなければ黒人の生命も大切に扱われないという信念があり、協同組合経済はその運動の政策提案でも大きな存在感を放っていた。だが過去のあまたある社会運動と同じく、ニュースになるのは運動の多面的な本質のほんの一部にすぎなかった。

1960年代の公民権運動も例外ではない。運動がめざしたのは公民権の獲得だけではなかった。マルコムXはむしろ「人権」について語るのを好み、彼が国連にアメリカ合衆国を告訴しようとしたのも人権の観点からだった。マーティン・ルーサー・キング・ジュニアは「正義と職」を求めて行進し、暗殺される直前にはゴミ収集作業員のストライキを応援していた。「ブラック・パワー」、「黒人の解放」、「黒人の生命《ブラック・ライブズ》」――これらの言葉はニュースの見出しや後年の神話化された見方からはわからない、要求の全体像を誤解させてしまう。そして、これらは常に経済と関連していた。

「ブラック・パワー」という言葉が運動の語彙に登場したのは1960年代半ば、ストークリー・カーマイケル［反人種差別活動家］がアラバマ州ラウンズ郡の土地所有協同組合メンバーと生活していた時のことである。当時の公民権運動活動家で協同組合の設立に取り組んでいたウェンデル・パリス師が、ジャクソンを教区とする教会の執務室を訪ねた私に説明してくれた。「ブラック・パワーという概念が誕生したのは、自立・自活していて、集団で組織を作り集団で所有する価値を理解していた農夫たちがいたからです」と彼は言った。都市ではブラック・パワーといえばブラックパンサー党員たちの銃で武装した示威行進のイメージがあったが、ブラック・パワーは彼らが取り組んでいたもっと目立たない食材、住宅、医療の提供プログラムにも発揮されていたのだ。

パリスは長年にわたって南部一帯を回り、黒人農家が協力して自分たちの土地を維持し富を築く手伝いをしてきた。それは生き抜くためであるとともに抵抗のための戦略だった。ルイジアナ州の黒人農家は卸したサツマイモに正当な支払いを受けられず、サツマイモ協同組合を立ち上げて自力で市場を――多くの場合、はるばる北部に――開拓した。アラバマ州では、地元の肥料会社から不当な扱いを受けていた農民たちが協同組合を結成し、よそから肥料を大量購入するようになった。パリスの支援で1967年に南部協同組合連合（Federation of Southern Cooperatives）が創設された。この時代の黒人活動家たちはアフリカとイスラエルの協同組合を視察した。マーティン・ルーサー・キング・ジュニアはモンゴメリー・バス・ボイコット［バス車内で人種隔離策に抵抗したローザ・パークスが逮捕された事件をきっかけに起きた、黒人のバス乗車ボイコット運動］の際やアトランタの自分の教会で、信用組合を設立しようとした――が、その試みは連邦規制当局からの抵抗に遭っている。ファニー・ルー・ヘイマーは何年間も選挙権を求める運動に携わった後、勝ち取った公民権を食の主権によって守ろうという主旨の協同組合、「フリーダム・ファーム」を組織した。学生非暴力調整委員会メンバーらが選挙権を求めてジャクソンで運動した時、彼らは協同組合の設立支援も行った。後に黒人教会がその仕事を引き継ぎ、ホープ信用組合などの支援機関を作った。(29)生き抜くことと抵抗を協同が結びつけた。

1960年代と1970年代に南部協同組合連合の下で結束した世代の農民たちはやがて高齢になって世を去り、新世代の黒人主導の協同はまだ現れ始めたばかりだ。多くの都市で個別の協同組合が始動しており、新しくできた南部補償融資基金（Southern Reparations Loan Fund）が最初の融資を行っている。物語は続く。だがこの黒人協同組合の物語は、不屈と事業家精神の物語であると同時に、喪失の物語でもある。アラバマ州知事ジョージ・ウォレスの命令で州警察がトラック一台分のキュウリを引き抜き、野ざらしにされた作物が夏の日差しの下で腐っていったあの頃。時代下って、戦車を使った警察による急襲。そして、大動脈瘤に斃れたルムンバ。

選挙戦

チョクウェ・アンターは病院の一室で父の遺体と対面した時、父が始めたことを完遂しようと心に決めた。最初のうちは沈黙を守っていた。MXGM内で次の動きについての議論が行われねばならなかったからだ。妻は妊娠中だった。彼には経験が足りないと感じている人々もいた。だが結局、MXGMの決断は彼自身の決意と重なり、チョクウェ・アンターは特別選挙で父の後任として市長に立候補した。MXGMは再び全米で支持者の動員にあたった。だがルムンバが亡くなる頃にはジャクソン・クッシュ計画が明るみに出ており、ジャクソン市の実業家層には対抗する構えができていた。

ソクラテス・ギャレットはジャクソン市で最も著名な黒人起業家だ。ギャレットは1980年に独立し、政府に清掃用品を販売する事業を立ち上げた。現在は約100名の従業員を抱え、産廃処理事業に特化している。彼が成功したのはミシシッピ州の白人男性で固められた排他的な人脈に入り込んだゆえであり、そのために彼の政治姿勢は主に事業上の利害に終始するようになった。ギャレットは商工会議所の前会頭を務め、各種慈善団体の理事に名を連ねる。彼は進歩派を自称しつつ共和党知事のヘイリー・バーバーを支持していた。MXGMのパルチザンほどイデオロギー色は強くないが、あなどれない政治力を持つ人物になっていた。

「政治家と人間関係を築くことは必須でした」とギャレットは私に語った。「政府との取引がなければアメリカでは主流になれません」。

選挙戦の勝者がおおよそ予想できる段階になって初めてギャレットはルムンバ支持に回り、まもなく幻滅するようになった。MXGMが中心となった市政は彼が得意とする政略とは異なっていた。「彼らは異質な人間を政権に入れるようになったのです」と彼は振り返る。「イスラム教徒みたいな、聞きなれない名前の連中が多かった」。ギャレットは特別待遇を期待できないことを知った。ルムンバの首席補佐官、サフィヤ・オマリはギャレットを他の請負業者と別け隔てなく扱うべきと主張したが、ギャレットは突き放されたと感じた——同時に、彼には闘士だった黒人市長が白人の既存勢力の機嫌を取ろうと必死になっているように見えた。大規模な市との契約には資金も設備も要する。協同組合がどうやってそんな事業を請け負うつもりなのか、ギャレットにはまったく理解できなかった。ミシシッピ州法には労働者ないし消費者の協同組合に関する条項すらない。協同組合は別の州で法人化しなければならなかった。

「考えてもみてください、黒人がゼロから事業を立ち上げ、30年間さんざん苦労を重ねて這い上がってきた——ここにきて、私のビジネスモデルは間違っていると？」ギャレットは言った。「私に言わせれば、あのままでは大混乱を招くところでした」。

ギャレットは新しい市長を擁立しようと人探しを始め、まもなく目をつけたのが、貧困地区出身の牧師で蝶ネクタイがトレードマークの若手市議会議員、トニー・ヤーバーだった。彼の積極的な協力姿勢は年齢の若さと経験不足を埋め合わせて余りあった。ギャレットとヤーバーは2017年のルムンバ再選選挙で対抗馬となる準備をひそかに始めたが、市長の急死によってチャンスは思いがけず早く訪れた。ルムンバ市長を容認し好感を持つようにさえなっていた白人既存勢力も、ほぼ無名の息子に賭ける心構えはできていなかった。辛辣な保守系ブログ「ジャクソン・ジャンバラヤ」はチョクウェ・アンターを「お坊ちゃま」と揶揄した。チョクウェ・アンターのたくさんの「!」が並ぶ選挙ポスターは「ビジョンを継続する」と約束していた。一方ヤーバーは『ジャクソン・フリー・プレス』紙に「私が市民にお約束するのはよい政府にする、ただそれだけです」と語った。(30) 個人献金者の筆頭はギャレットだった。

結果は前年の選挙とは逆になった。ジャクソン人口の80パーセントは黒人で、チョクウェ・アンターは黒人居住地域の票の大多数を獲得した。しかし少数派の白人が、裕福な地域で直前に行われた戸別訪問によって大挙して動き、その90パーセントがヤーバーに投票した。4月22日にヤーバーがからくも当選した。

ヤーバーは前市長のスタッフをほぼ一掃した。ルムンバが市長になる以前から、市が所有する土地に市民農園を作る仕事にパートタイムで従事していたウェンデル・パリスさえも解任された。1年後に私が市庁舎を訪れると、警官をしているヤーバーの妹が入り口の金属探知機の横に座って、かつてルムンバに支給されていたｉＰｈｏｎｅをいじっていた。

ジャクソン・ライジング

「みんなで大きなことをやろうという気運そのものがかき消えてしまった感じがします」とサフィヤ・オマリは私に語った。

最初の市長選の時からの色あせたＴシャツを着て、小さな赤い星マークの中にチェ・ゲバラの顔をあしらった黒いキャップをかぶり、自宅の玄関ポーチに座ったアクーノは、幼い2人のわが子に天然の虫よけをしっかりと塗ってやりながら、私にその時の経験を説明してくれた。1パーセントの増税と水道料金値上げによって、支持基盤の一部が離れていった。だが資本主義は他の選択肢を許さなかった。アクーノはギリシャの急進左派政党シリザが欧州連合（ＥＵ）、欧州中央銀行（ＥＣＢ）、国際通貨基金（ＩＭＦ）の3機関（通称トロイカ）に歩み寄るニュースを追っていた。「彼らが舞台裏で交わしている会話がそっくり聞こえる気がしますよ」と彼は言った。「私自身が同じ立場にいましたからね」。

同じ街の別の場所では、ギャレットが幸せに浸っていた。ヤーバー市長が自分のなじみのやり方に戻してくれた。「神は必ず祈りに応えてくださる」と彼は私に語った。「だがあの運動はまだ意気盛んだ。ヤーバーが気を緩めれば奴らはきっと戻ってきますよ」。

チョクウェ・アンター・ルムンバ、2015年に法律事務所の執務室にて。
彼の前には父と写っている子供の頃の写真が飾られている

その通りだ。ルムンバの死からわずか数カ月後の2014年5月、全米そして世界中から数百人が「ジャクソン・ライジング」というカンファレンスに出席するため、ジャクソン州立大学に集まった。カンファレンスでは黒人主導の協同組合の歴史を、同じテーマで著書を出したばかりのジェシカ・ゴードン・ネンバードが講演し、参加者らはジャクソンでの現状と今後の可能性を検討した。プログラムの表紙をルムンバの写真が飾り、1ページ目には市長の執務机にあった署名され捺印された決議案の言葉で、故人が語りかけていた。「私たちの街はジャクソン・ライジング・カンファレンス開催と協同組合発展の展望に心を燃やしています」と、何一つ変わっていないかのように、そこには記されていた。

その間、MXGMは着手した事業を続行するために新たな組織「コオペレーション・ジャクソン」計画を温めていた。アクーノは4部からなるアジェンダを策定した。すなわち、協同組合の育成機関、教育センター、金融機関、協同組合連合組織である。ほどなく計画は実行に移され、まずは都市農場、2003年に死去していたルムンバの妻ヌビアの名を冠したケータリング会社、ケータリング会社から出た生ごみを農場にリサイクルする堆肥会社、という連携関係にある3つの協同組合が立ち上げられた。アクーノは各種財団、芸能人、小口寄付者から資金を集め、南部補償融資基金の協力も得た。コオペレーション・ジャクソンは自前の共同体土地信託用に土地の購入を始めた。メンバーがルムンバ・センターとなる建物を修復し、ペンキを塗った。

土地を解放せよ!

2015年のジャクソンの夏の暑さはことさら世の終末を思わせた。サウスカロライナ州チャールストンの教会で、ディラン・ルーフが9人のアフリカ系アメリカ人信者を殺害する銃乱射事件が起きた。南部の黒人教会が放火されるニュースが毎日のように報じられた。サウスカロライナ州議事堂敷地内に掲揚されていた南北戦争時の「南部連合旗」を撤去すべきだという声が高まったが、どこにでもあるミシシッピ州旗が南部連合旗を大きくあしらったデザインになっていることを問題にする意見は比較的少なかった。連邦最高裁判所は同性婚を違法と定めたミシシッピ州の婚姻法改正を覆して同性婚を合憲と認め、ジャクソン市のラジオ各局に多数の番組を持っていた宣教師たちはアメリカ合衆国がついに悪魔の手に落ちたと言い立てた。

ルムンバ・センターの裏庭にあるコオペレーション・ジャクソンのフリーダム・ファームには耕された畝が並び、調理場ではヌビアズ・プレイス・カフェ・アンド・ケータリング協同組合の試運転が始まっていた。アクーノは仲間たちと国連気候サミットのためパリに行く計画を立てていた。同じ通りにある新西ジャクソン協同組合共同体では、ニア・ウモジャと隣人たちが自分たちの土地信託のために買い集めた不動産が56にも及んでいた。「廃屋のほぼすべてを投機市場から買い取りました」とウモジャは言った。

ルーフの銃乱射事件の後、チョクウェ・アンターは地元の政治家や名士や有志らとともに、ミシシッピ州旗のデザイン変更を求める州議事堂前での集会を組織する手伝いをした。黒いMXGMのTシャツを着た護衛を両脇に従え、女優のアーンジャニュー・エリスが「私たちの州のイメージを一新しましょう」、「今のやり方を変えましょう」、と呼びかけた。チョクウェ・アンターが先導して「現州旗撤廃に立ち上がろう！」と叫ぶと群衆の「土地を解放《フリー・ザ・ランド》せよ！」コールが応えた。そしてもちろん「いかなる手段を取ろうとも」が続いた。

1週間後、チョクウェ・アンターの名は全国ニュースに登場した。ミシシッピ州クラーク郡で、馬車に乗っていた黒人男性ジョナサン・サンダースが警察官に止められ、押さえつけられた後に死亡した。チョクウェ・アンターが遺族の弁護を引き受けた。この事件はブラック・ライブズ・マター運動のうつろいやすい関心をとらえて引火する可能性をはらんでいたが、全米の注目は長くは続かず、翌年1月、大陪審は警察官の起訴を見送った。南軍旗は今もミシシッピ州議事堂に翻っている。

現州旗の撤去を求める集会の数日前に、チョクウェ・アンターは市長選への再出馬を決めた。ドナルド・トランプが大統領に選出された後の２０１７年民主党予備選が近づくと、彼は全米で勢いづいた進歩派の支持を背に立候補した。彼はジャクソン・クッシュ計画を撤回も宣伝もしなかった。そのかわり共同所有について——グリーンベイ・パッカーズやランドオレイクスやエース・ハードウェアを引き合いに出して語った。「市がその公権力を使って協同組合事業の発展を促進する、というのが私のビジョンです」と彼はある記者に述べている。[31] ヤーバーは一連のスキャンダルと災難に巻き込まれ、ギャレットは支援から手を引いた。チョクウェ・アンターが大勝した。だが選挙での勝利は、まだ選挙に勝っただけのことでしかない。

２０１５年6月下旬に話を戻すと、ルムンバ・センターの裏庭でディナーの野菜とチキンを焼きながらの話題が州旗撤去運動だった。アクーノはグリルの前を行ったり来たりしながら会話をリードした。「この南部連合旗の件は、脱線だと思っているのです」と彼は言った。「あれは本当にわれわれの取り組むべき課題なのか。われわれは、あるいはメディアは、この件を取り組み課題の範囲内に入るものと定義したのだろうか」。彼はチョクウェ・アンターにも同じことを言ってきた。アクーノは協同組合と集会と選挙——自給自足に支えられた、既存権力への真の対抗勢力の構築から意識が逸れるのを危惧していた。

「州旗が撤去されようがされまいが、何も変わらないわ」とピクニックテーブルの向かい側からニューオーリンズの住宅問題活動家、ステファニー・ミンゴは言った。「赤と白と青は残るのだから」。「私はブラック・ライブズ・マターには肩入れしていない——なぜって、正直な話、黒人の生命は大事じゃないからだ」とアクーノは続けた。「黒人が貴重な所有物だった時代には黒人の生死は問題にされた。かつては黒人が貴重な財産だった時代があった。でもわれわれはもう、金銭価値のある所持品ではないのです」。彼の足と視線はグリルに戻り、彼は鶏肉を引っくり返した。

「要するに、他の黒人にまず現実からスタートしようと言おうじゃないか、ということです」。

紛争地帯の協同組合

現実を見分けるのは時として、はなばなしく大きく描いた夢の中ではなおさら、難しい場合がある。コオペレーション・ジャクソンの事業は、実際に現地に足を運んでみると、アクーノの話しぶりに比べてだいぶ見劣りがした。私は協同組合の立派な成果に囲まれて暮らしていたのに、ろくにその存在に気づかなかった。逆にさんざん話には聞いていながら1度も見ていないものもある。白状すれば、私はかのモンドラゴンをこの目で確かめるために訪れたことがない。

協同組合コモンウェルスが本当に力を手にして定着できるのか、ウォーバスが空想したように国家や企業を解体させうるのか、その民主体制は創設第1世代が去った後も続くだけの耐久性を持てるのか、私にはわからない。だが、見るべきところを見れば、コモンウェルスの片鱗は現れ続けている――古くからの協同組合運動が新たな進化を遂げるたび、次世代の公正先駆者たちが民主主義の領域を拡大するたびに。

ウォーバスの国家を持たないコモンウェルスがもうすぐ実現するかもしれない場所が、私には少なくとも一つ思い浮かぶ。ロジャバのことを初めて知った――ニューヨーク市の無政府主義者が運営する店で、外国の武装グループへの融資を禁じる法律に抵触しないよう慎重に配慮した資金集めイベントで――時から、私はその実態を理解しようと努めてきた。ライバルのジャーナリスト、フリーの外交官、雑誌編集者など複数の知り合いが現地を訪れたが、ロジャバ革命に参加しようと現地に赴く人々には何がしかの自己選択バイアスが働くため、彼らの発信は信頼性が低い。カタラン・インテグラル・コーポラティブのコロニー「カラフォウ」を案内してくれた気さくな生物学者、パブロ・プリエトはビットコイン・ハッカーのアミール・ターキとロジャバに向かった。[32] 私は彼と数カ月にわたって暗号化メールでやりとりしたが、私が依頼していた現地リーダーとのインタビューの手はずはついにつかなかった。そこはやはり紛争地帯だ。

ロジャバはトルコと国境を接するシリア北部の、クルド人が多数を占める三地域で共有された構想である。同地域は女性や外国人義勇兵を含むクルド戦闘員を供給し、アメリカ軍がＩＳＩＳとの戦いで頼りにするようになっていた。（代々の政権が数十年にわたり国内のクルド人の蜂起を抑圧してきたトルコにとっては、頭の痛いなりゆきだった。）ようやくシリア政府の支配を脱したクルド人は２０１２年、ＩＳＩＳに占領され解放された後の廃墟と化した街々で自分たちの新政府樹立を宣言した。彼らは、クルド人指導者アブドゥッラー・オジャランがトルコの獄中でアメリカの哲学者マレイ・ブクチンの思想をもとにまとめ上げた「民主連邦」主義を公表した。これは、複数の地域「コミューン」のネットワークを重複させることによって、国民国家という古い政体をなくしてしまおうとするシステムである。ジェンダーの平等、環境保護主義、民族的多元主義を高らかに掲げ、警察——戦争が継続している間はおそらく必要だろうが——はいずれ廃止を見込んでいる。

連邦主義経済は協同組合で構成されている。まず、２０１２年の解放後、連邦の経済は農業協同組合から始まった。シリア政府が所有してきた土地は分割され、戦闘員の家族優先で地域住民に与えられた。まもなくパン、織物、洗剤製造の協同組合ができた。協同組合のネットワークが形成された──その中には女性の協同組合を創設・支援するものも含まれている。ともあれ、協同組合には外部からの支配に抗う仕組みがあった。協同組合は、連邦体制の基本単位である地域コミューンに説明責任を負う。例えば、コミューンは所属する人の協同組合員の身分を取り消すことができた[33]。

シリア紛争を解決に導こうとしてきた世界の大国は、戦闘員たちの決死の覚悟に助けられていながら、現地で起きていた革命を無視するか存在しないことを願った。それは協同する意思のない者にとっては不可解な経済なのだ。タカ派イスラエル・ロビーと結びつきのあるワシントンD.C.のシンクタンク、ワシントン・インスティテュートはロジャバについてかつて次のように苦言を漏らした。「このような反資本主義体制に投資家を誘致するのは難しいだろう。ロジャバでは起業が奨励されているが、あくまで協同組合という枠組みの中においてである[34]」。世界中の無政府主義者のインフォショップでさかんに称揚されているコモンウェルスが本当に実現しつつあることを部外者が認めた、まれな例だ。

2015年の10月にプリエトはこっちに来いと私を誘ってくれた。私も行きたかった──と思う。彼は「スペイン革命にどこからどこまでそっくりなんだ。共通点がたくさんあるよ」と書いてきた。彼の言うスペイン革命とは、スペイン内戦で権力が不在となった時につかのま現れたユートピア、バルセロナと農村地帯の大部分を無政府主義者の共同体が支配した時代を指す。「土地には好きなだけアクセスできるし、資源も豊富だ。可能性は無限だよ、ただ人が足りない。僕たちはここにオープンソース・シティを築こうとしている。無政府主義者村のようなもの、一種のカラフォウになるだろう。

ずっと大規模で優れたものになるけれどね」。

彼の別のメールにはこう書かれていた。「待ち望んだ革命が本当に実現しようとしている！　少なくとも最大限それに近いものが起きているよ」。

第7章

文明の危機と「所有権」のゆくえ
——ピアツーピアとコモンウェルス

初めて目にした時は喩えを真に受けてしまった。「首都キトの『クレーター状の山頂《サミット》』でお会いしましょう」。ウェブサイトにはそう書かれていた。「一緒に火山の山腹を登り、クレーターの中に降りて作業します」。この文言の横には、エクアドル国内のアンデス山脈にあるカルデラ湖、キロトアの写真が掲載されていた。700年前の大噴火の火口跡に水が溜まってできた、直径2マイルのエメラルドグリーンの湖だ。(1)

エクアドルの構想

ウェブサイトが訪問者を誘っていたのは、キロトアほど地質学的な壮観を味わえる場所ではないが、別の意味でおそらく大地を揺るがすインパクトのあるものだった。エクアドル政府は、議会よりもハッカースペースやスタートアップ企業になじみ深いコンセプトに基づいた、新しい経済のための政策を策定するプロジェクトを後援していた。プロジェクトにはFree〔自由〕、Libre〔無制限〕、Open Knowledge〔知識の共有〕の頭文字をとってFLOKソサエティという名称がつけられた。その集大成ともいえるイベントが2014年5月に開催されたサミットだったが、キロトアのクレーターになぞらえたのには通常のトップダウン型の政策会議との違いを示す意図があった。関係者の顔ぶれも通常の政策担当者とは異なっていた。

FLOKソサエティの研究チームのリーダーで56歳のミシェル・バウエンスには、博士号も、政府で働いた経験も、定職も、健康保険もない。ベルギー出身の彼は妻と2人の子供とともにタイのチェンマイに暮らし、長期の講演旅行に出る以外はそこを拠点としていた。服装はいたってシンプルだ――サミット初日はTシャツで参加し、重要な演説を行う日だけ縞のネクタイを着けた。白髪交じりの髪は短く刈りそろえられ、頭頂部が禿げているのが修道士のように見える。語り口は穏やかで、周囲の人間が思わずじっと耳を傾けてしまうようなところがあった。FLOKを構想したスペイン人ハクティビストらとエクアドルの官僚たちは、政策顧問に無職の一般市民を選んだのだ。

ミシェル・バウエンス。キトのコンベンションセンターにて

エクアドルが世界の覇権国を一足飛びに追い抜くつもりなら、常識破りの戦略が必要となる。「世界の他の国々が知への制限を強めようとしているからこそ、その支配的モデルの制約にとらわれない生産法を考え出す必要があります」とレネ・ラミーレス教育科学技術イノベーション大臣は私に語った。ラミーレスら政府官僚は著作権、特許、企業の階層などの縛りをなくすことについて話し合っていた。「この試みにおいてわが国は基本的にパイオニアです。まったく新しい領域に乗り出そうとしているのです」。

当初この常識破りはゲストと主催者側の双方にとって有益だった。サミットの数カ月前、バウエンスはＦＬＯＫがエクアドルを、ことによるとグローバル経済までをも「横方向にハックする」と言っていた。「エクアドルで斬新かつ変革的なことをやる歴史的チャンスをものにしますよ」。コモンウェルスの下地作りをする好機だと彼は見ていた。

ＦＬＯＫは当時のエクアドルについていたブランド

のスタイルと矛盾を背負っていた。ラファエル・コレア大統領は時々オープンソース・ソフトウェアに好意的な発言をしていた。ウィキリークス創設者のジュリアン・アサンジは２０１２年からロンドンにあるエクアドル大使館で暮らしている［２０１９年に逮捕された］。熱帯雨林の石油資源を乱開発し、反対する人々を黙らせる一方で、コレア政権はエクアドルの「生産マトリクス」を、地中に眠る有限資源への依存から制約のない知という無限の可能性に転換することを求めていた。しかし私がキトで出会った北米人の大半は職のない状態だった。最近コレアが、人権に関する不都合な情報を発信しそうな外国の組織を非合法化したからだ。

文明の危機

サミットが近づくにつれ、地元の政治家たちはバウエンスと彼が連れてきた研究者チームを避けるように見えた。チームメンバーへの支払いは遅れていた。オープンナレッジについてのワークショップがエクアドル全国で20回ほど開催されたが、反応は賛否両論だった。サミットが始まる数日前、バウエンスがキトに借りていた妙に豪華な内装のアパートメントで会った時、彼はスペイン人たちとの内輪もめとスタッフの給料を政府に出させるための交渉で憔悴して見えた。「予想したよりはるかに苦戦しそうです」と彼は言った。

バウエンスには有力な知を探し出す嗅覚があった。彼はそれぞれに天涯孤独だった両親の一人息子としてベルギーに生まれ育った。十代の頃はマルクス主義に興味を持ったが、成人後は好奇心がカリフォルニア発のさまざまなスピリチュアル思想に向かい、その流れでアジアのスピリチュアル思想を経て、薔薇十字団やフリーメイソンなどの秘密結社へと遍歴した。一方で、バウエンスはひたむきな意欲を企業で働くことにも向けた。まずイギリスの石油会社ＢＰでアナリストとして働き、その後１９９０年代前半に、フランドル語でインターネットの可能性を紹介する雑誌を創刊した。ベルギー最大の通信企業ベルガコムの幹部になってからは、いくつかのスタートアップ企業を買収して同社のネット参入を主導した。そして２００２年に、彼はもう限界だと感じた。バウエンスは退職し、2度目の妻とともに妻の実家があるチェンマイに移住した。

「資本主義は矛盾したシステムです。支配階級の人間すら生活の質は最低だ」と彼は言う。バウエンスは自分の不幸は社会の大変化に要因があるのではないかと考えるようになった。

タイに移ってからの2年間、バウエンスは歴史書を読みあさった。古代ローマ帝国の崩壊と封建主義の台頭――彼が言うところの「移行フェーズ」――を研究した。「移行フェーズ」とはそれまでの文明が危機に陥った時代だが、彼は前進を導いたのは生産の主要形態の変化であるという結論に達した。古代ローマ帝国の奴隷制が崩壊すると、修道院のネットワークがヨーロッパ中にイノベーションを広め、新秩序の種蒔きを助けた。やがて登場したのが、職人ギルドの交流からできた自由都市と、城壁の中から支配した領主と、共有地を耕して生活していた農民たちだった。封建制度が不安定になってくると、商人のネットワークが次の商工業中心の秩序再編に向けて道ならしをした。

インターネットのネットワークによって、産業文明もまた同じ危機に直面し、次にやってきそうなものの萌芽が出てきたとバウエンスは信じるようになった。彼はコモンズを基盤としたピア・プロダクション――オンライン上のネットワークによって可能になった、上下関係ではなく対等な横の関係で人々が創造しシェアする生産様式――の概念に注目した。それは中世のコモンズを新たな形で再現したものだが、周縁部で生き延びる手段にとどまらず、主流のパラダイムになろうとしていた。バウエンスはこの世界の変革がすでに起きている例を探し始めた。そして見つけた。

バウエンスの研究成果の大部分は、彼が創設したファウンデーション・フォー・ピアツーピア・オルタナティブス（略称P2P財団）の共同ウィキ上に残っている。[2] 3万ページ以上におよぶそれは、彼がネット上の2000人以上の共著者と一緒にまとめたもので、クラウドソーシングから分散型エネルギーや仮想通貨までさまざまなテーマの資料が含まれている。彼のライフワークはコモンズという形を取っているのだ。

バウエンスは「私たち」と共同体を主語にして自分のビジョンを話す傾向がある。彼1人ではなく形成されつつある運動を代表して語っているのだ。彼は自分が拠りどころとする用語の多くを他の人々から借用するが、それを言い出した人が思い描いたよりも壮大なスキームに巧みに取り込んでしまう。別の言い方をすれば、「私はみんなから盗んでいるんですよ」。だが敵らしい敵は見当たらない。彼は他人を非難するより、そんな相手にも自分のシステムのどこかに居場所を見つけてあげる人なのだ。

ピアツーピアのコモンズ

バウエンスが次なる世界の歴史的なフェーズの移行を初めて具体的に描き出したのは、エクアドルのため、エクアドル滞在時にチームと共同作業をしていた時だった。彼は協同組合が事象の地平線であると考えている。協同組合は資本主義の中でも持ちこたえられるピアツーピアの可能性の気泡であり、やがて訪れる移行の前進を助けることができる。協同組合は地域のメーカースペースを通じて生産を分散化しながら、オープンソースデザインの共有ストックを継続的に向上させていける。オープンブック・アカウンティング［会計情報の開示・共有］を実践してサプライチェーンの協調や二酸化炭素排出の削減を図ることができる。[3] 公開型知的財産ライセンスが、協同組合の互恵的なリソース共有に役立つだろう。このようなネットワークが成長すれば、ネットワークが構築するコモンズも育ち、今政府や民間市場が果たしている役割を引き継ぐだろう。やがて自由に流通する情報が協同組合事業と結合して、経済を巨大なウィキペディアかリナックスのようなものに変える――すべての人による、すべての人のための経済だ。資本家所有であれ協同組合所有であれ、企業はピア同士の共同作業に変容していく。バウエンスはこのプロセスを「協同蓄積」と呼んでいる。

協同組合それ自体が目的ではない。協同組合は最終地点ではない。ピアツーピアのコモンズへの道筋だ。「協同組合こそまさに戦略的セクターだと私たちは考えています」と彼は私に言った。新たな協同組合の実験はミシシッピ州からシリアに拡大し、さらにいかにして一国規模に成長するかを示すチャンスがここにあった。

キトのコンベンションセンターは堂々たる白い柱とガラス壁に囲われた廊下のある2階建ての複合ビルだ。そこから数ブロック先には、FLOKソサエティの提案の最終目的地である国会議事堂の建物が見えている。その背後には遠く火山が連なっており、街は山腹のできるかぎり高くまで延びている。通称「グッド・ナレッジ・サミット」と呼ばれた本イベントの4日間の会期中、ビジネスカジュアル姿の官僚たちがTシャツのハッカーたちと肩を並べて討論し、政策に落とし込む作業に取り組んだ。

開会日の夜には大胆な宣言もあった。「これは単なる漠然とした夢ではありません」とエクアドルの知識・人材大臣ギジャウメ・ロングは言った。「今回、私たちが話し合ったことの多くが現実になるでしょう」。そして科学技術イノベーション省次官のリナ・パソスが、タックスヘイブンよりも「オープンな共有のナレッジ・ヘイブンを確立する必要があります」と付け加えた。

バウエンスはセッションの持ち時間の大半を協同組合のための政策に費やした。エクアドルでも、ご多分に漏れず、私企業に比べて協同組合を設立するのは難しい。バウエンスの研究チームに加わっていたカナダ人の協同組合専門家、ジョン・レスタキスがエクアドルの官僚らに、協同組合の規制と報告義務を緩和し、より柔軟なマルチステークホルダー構造にすることを求めた。官僚らは、協同組合の失敗や悪用が多発したため、理由があって規制ができたのだと反論した。レスタキスとバウエンスはなおも粘った。2人は、エクアドル政府がコモンズを志向する活動を管理や支配せずに育成する、彼らの言う「パートナー国家」の役割を果たすことを望んでいた。(4)

サミット終了時にはワーキンググループは多数の提案を積み上げていた。なかでも発展的だったのは、ウィキ教科書や学校でのフリーソフト利用、政府のオープンデータ化、先住民の知識のライセンス新設、地域共同体の種子銀行、分散型大学などだ。エクアドルの中でも貧しい地方の一つ、シグチョス郡の知事に選出されたばかりのマリオ・アンディーノは、耕作が困難な山腹の農地用にオープンソースの農具を開発したいと希望していた。サミットの前にバウエンスはシグチョスを訪問し、彼のプレゼンは総立ちの喝采を受けた。「私たちはモデル・コミュニティになれるはずです」とアンディーノは言った。だが具体的な約束は何もなされていない。

プラトンは一生の間にアテネからシチリア島のシラクサに何度か旅をした。この地を著書『国家』で描いたような社会のモデルにしようと希望を抱いてのことだった。だが現地の統治者たちにはプラトンが求めた哲人王となる資質がまったく欠けていた。彼は帰国して隠遁し、以前よりもシニカルな政治理論を著した。そこまでの失意に襲われたわけではないにせよ、バウエンスはサミット閉幕後、虚脱状態に陥ったように見えた。FLOKソサエティの仕事はエクアドル人に引き継がれたが、この頃にはもう、政府がスタンドプレーに終わらせず本格的な努力を注ぐ気配はほとんど見えなかった。バウエンスはすでに次の挑戦に目を向け始めていた。エクアドルで行われた取り組みのおかげもあり、スペイン、ギリシャ、ブラジル、イタリア、シアトルの人々から関心を寄せる動きがあった。サミットと同じ月にはコオペレーション・ジャクソンがジャクソン・ライジング・カンファレンスを開催している。

「国民国家から認知されればコモンズ構想は新たな段階に入ります」とバウエンスは言った。「とはいえ、私たちが一国をハックできるなどという考えは捨てなければなりません。国と国民は実行可能なプログラムではないのですから」。

所有権のノマド化

14世紀のチュニジアの博学者イブン・ハルドゥーンは、世界の歴史は定住民と遊牧民《ノマディック》という二つの集団の交流によって作られると書いた。(5) 1カ所に定着して不動産や資産や文明を通じて権力を形成していく人々と、彼らの世界の周縁を移動し続ける人々がいる。イブン・ハルドゥーンは筋金入りの懐疑論者だったから、一つの分類ですべては説明できないと真っ先に指摘するだろう。だが、ハルドゥーンの分類は今の時代にこそ再び活かせると私には思える。バウエンスの心をあれほどとらえていた「フェーズの移行」はこれによってある程度説明できる。これは私たちが何を必要とし、どのように所有するかについての分類なのである。

イブン・ハルドゥーンの時代には定住者の文明が支配的であり、封建制度はやがて重商主義になっていった。今日は遊牧《ノマディズム》が優勢になりつつある。私は今の息子と同じくらいの幼児だった頃、両親の2軒の持ち家で暮らしていた。両親は2人で2台の自動車を所有していた。父は小さな不動産仲介会社のパートナーとして多忙で、家族連れが彼らにとって最大の資産となるマイホームを購入する手伝いに情熱を傾けていた。それに対して、私の息子は生まれた時から借家のアパートメントに暮らし、家具もレンタルだ。親は2人で1台の自動車に乗り、カーシェアリングの会員になっている。これは私たち世代のトレンドで、要因の一端は教育ローンおよび不動産価格の高騰と、追い打ちをかけるような不況後の就職難にある[6]。だが選択と投資の結果でもある。妻と私はチャンスが現れたら身軽に移動できるよう、持ち物を少なくすることを重視している。自宅に庭がないかわりに、市民農園の一画を借りているし、他の人々と共有している公園を好きなだけ選べる。可能なかぎり移動《ノマディック》できる状態でいる利点を私たちは知っている。

　これはある意味、選択によるノマド生活である。しかし私たちほど自発的ではない形でノマド生活に入る人々もいる。２００８年の世界金融危機以降、巨大持株会社がかつては住民が所有していた住宅を買い上げるようになり、借家人になる住民が増えた。一方、戦争と気候変動と飢餓という要因が連動し、大量の移民が発生する時代を私たちは生きている。国家を持たないゲリラが派手なテロを行い、恐怖の種を蒔いている。自動化をはじめとする破壊的変革の呪いで労働者は腰が落ち着かず、一生の間の転職回数がかつてなく増えている。今は地方から都市への人口移動が起きている時代であり、その移動はイブン・ハルドゥーンが持っていた歴史データよりはるかに徹底的かつ急激である。ただし、私たちの時代の都市はハルドゥーンの描いた都市とは違う。今の都市はかつてほど土地に定着していない。多国籍企業によって各国の都市は同じ顔をしたフランチャイズに変わった。出張者は飛行機で世界中を飛び回り、行く先々で同じホテルチェーンに宿泊し、最も都合のよい国の市民権をお金で手に入れることができる。そのすべてを覆っているのはクラウド——物理的、技術的、比喩的な意味で「どこでも同じ」という魅力を提供するモノたちだ。グーグルのクラウドはあなたが求めるおよそどんな情報でも与えてくれるのと引き換えに、あなたの検索データを収集する。ウーバーとエアビーアンドビーは異文化理解や価格交渉などの面倒なしに便利な地元住民を紹介してくれる。[7]

今、世界の歴史を動かす何かが起きているというバウエンスはたしかに正しい。だがそこから生まれるのは国境のない、誰の許可もいらない、ピアツーピアで生産が行われる平等主義のコモンズではないかもしれない。新しいノマドが誕生する一方で、膨大な定着階層は残る——世界をまたにかける層にも突然移民を迫られる層にも入らない、運勢がこれまでと変わらないか下降してきた私たちだ。アメリカ全体では地理的な移動は減少傾向にある。新しいノマド生活はあまりにも高くつくからだ。[8]定住者にとっては、不本意な移民も特権的な「世界主義者」も非難の対象だ。私たちの大多数を占めるこの層は国境の強化、自民族至上主義、世界の変化の速さが止まるまで民主主義を一時停止することに票を投じている。一部の人々にとってポスト産業主義時代のアイデンティティ危機は、再びやってきた産業革命のトラウマによるものだ。ただし今回の産業革命は数十億単位の人々の身に起きている。

定住民の不満の一部には、所有権もまたノマド化したことがある。昔の封建制度では、領主はその土地の領主だった。つまり権力は土地と結びついていた。今は富が世界中を、人間よりも自由に動き回っている。ジャクソンの中心街のビルの所有権が遠い外国企業のものであったり、カリフォルニア企業のアプリがデンバーのタクシー運転手を苦しめていたりするのがその例だ。政情不安定地域から経営に直接関与しない不在投資や租税回避策まで、資本は蓄積可能な場所を次々に渡り歩く。新しい封建領主の領土はバーチャルであり、彼らが所有し制御しているバーチャル・クラウドを通じて、その支配は過去の封建主義では想像もできないほど遠くに及んでいる。彼らのノマディズムはあらゆる場所にいながらにしてどこにもいない、少なくともそう思わせるよう意図されている。基本的には、過去の封建領主と同様に、現代の封建領主たちも自分たちの所有権──倉庫にずらりと並んでうなりを上げているサーバーや、専有アルゴリズムや、政府および協定の強制力に裏付けられた権利に対する──の主張を皆が尊重することに依存している。

テック業界はかねてから別の主張をしようとしてきた。ジョン・ペリー・バーロウが1996年に発表した「サイバースペース独立宣言」はインターネット世界を代表して、産業世界の資産や管理の概念はもはや通用しないと主張した。「彼らが拠りどころとするのはすべて物質だが、ここには物質は存在しない」と彼は書いている。バーロウはシリコンバレー文化の預言者の役割を果たし、彼の主張はシリコンバレー企業が設計するユーザー・エクスペリエンスに実現されている。自動車を所有する必要はない。ウーバーがあなたの運転手になってくれる人を見つけるからだ。自分の生活データを管理する手間はいらない。フェイスブックで友達とシェアすればよいからだ。旧態依然の制度や官僚主義を、自由に連携する庶民《コモナーズ》同士の自由な形のプロジェクトに置き換えよう。こうした誘いは、すべてのものが真に共有される、財貨の普遍的使用目的というしえの思想に私たちを近づけるようにさえ見える。本書がテーマとしてきた、所有を志向する協同組合の伝統はすたれようとしているのかもしれない。

私の中には、バーロウが想像したほど簡単にモノを持つ負担がなくなればと願う部分もある。財産を持つのは窃盗と同じだと主張した初期の無政府主義者たちはいい点を突いていた。しかし現代の庶民が所有権を放棄しているのに対して、クラウド領主たちは放棄していない。彼らは自分たちの所有権を主張し続けている。シェアリングの新時代が来るとすれば、彼らはそれを自分たちの条件で、自分たちのルールで、自分たちが恩恵を受けられる形になることを望んでいる。

法律の世界では所有権とは権利の束であるとされる。束であれば解いて、バラして、組み替えることができる。クラウド上で起きたのがそれであり、ユーザーはクラウドの所有者がほぼ無制限にユーザーデータを集めてそこから利益を得ることを知ってか知らずにか許可した後も、自分のデータを所有している体裁になっている。反面、コーダーが著作権法をハックしてオープンソースのフリーソフトウェアを作ったり、グアテマラの織物職人たちが企業の模倣品に対抗して伝統柄の共同所有権を確保したりしているのにも、同じ手法が使われている。(9) どこかの完成された出来合いのコモンズに一足飛びに直行するわけにはいかないのを彼らは知っているのだ。彼らは財産という領域にしっかりと足場を置きながら、自分たちの価値を自分たちなりの所有形態に組み込んでいる。歴史的な解体と組み換えが再び起きつつあるが、その行方は私たちが所有権をどう編成するかにかかっているだろう。

所有権の選択

今進んでいるように見える移行はある選択をともなう。これからの支配的原理となるのは領主権か、それともコモンズか。きれいな空気、自由時間、個人データ――これらが少数の人々にだけ許された贅沢品になるのか、それとも皆があたりまえに享受するものになるのか。私たちは前に進みつつ、取捨選択しながら、皆で次の社会契約を書いているところだ。だが協同組合運動が何世代にもわたって

アメリカにおける組織所属と格差の逆相関

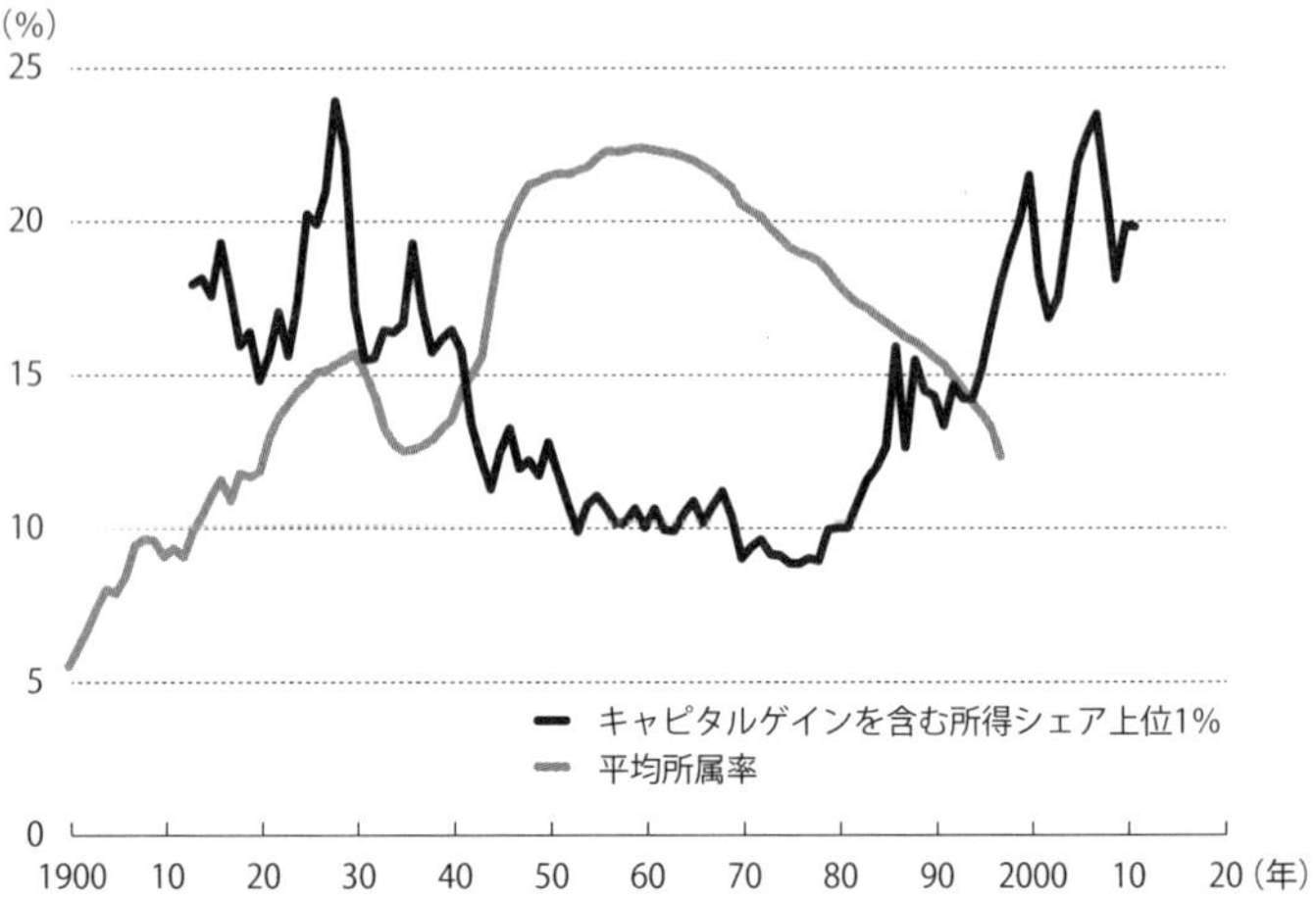

粘り強く投げかけ続けた問いは、しばしばなおざりにされてきた。経済のエンジンを誰が所有し、どのように統治するのか、である。

2017年の前半に、フェイスブックCEO（そしてイブン・ハルドゥーンの愛読者）のマーク・ザッカーバーグが「グローバルなコミュニティを構築する」と題した6000ワード近い書簡を公開した。その中に「トランプ」の名前は出てこないが、どうしても数カ月前の大統領選の事後検証に読めてしまう。この選挙の後、フェイスブックは外国からの選挙介入を拡大させたとして厳しい視線を浴びることになった。「民主主義が多くの国で後退しています」とザッカーバーグは記している。「市民参加を促す大きな契機が世界中にあります」。書簡の後半3分の1は、フェイスブックがいかに「コミュニティの統治が大きな規模でどう機能するかの事例を探求できる」かを説明している。[10]

ザッカーバーグの提案は要するに、ユーザーに参加している自覚があるかどうか不明瞭な、カスケード状に展開するネット上の実験である。人工知能がユーザーの入力データを選択的に集めて解釈し、フェイスブックのとりとめのない環境を世界の諸文化に合わせて微調整し、同時にクラスター間の健全な統合も促進するだろうという。彼の言う「コミュニティの統治」とは果てしなく続くフォーカスグループ［マーケティング調査の手法］ではないかと思える。

反動政治の時代に民主主義が生き残る最大の希望がネット上のプラットフォームだというのはたしかかもしれない。世界のどの国の国民よりも、どの宗教の信者よりも、フェイスブックユーザーの方が数が多い。だが意味のある民主主義は意味のあるコントロール権から始まる。フェイスブックのような企業では、たとえユーザーが期待を込めてコモンズと扱おうとも、コントロール権は所有権から始まる。

100年前、北米とヨーロッパの国々で、重工業が破壊的変革からあたりまえの産業へと成熟した頃、社会契約は今と同じく誰もが獲得を争う対象になった。私たちはその闘争の果てにもたらされた状況を今も生きている。資本市場の競争に適合した形の近代企業が誕生した。それでも、一部のセクターではもっと民主的な組織体制が根づいた。アメリカの農民たちが電気が引かれる場所や時期を大都市の企業の判断にまかせるしかなかったらどうなっていただろうか。北イタリアの食品産業が協同組合によって連携した職人生産者ではなくコングロマリットの支配下に置かれていたらどうなっていただろうか。大銀行が手を出したがらない領域に信用組合が融資できなければどうなっていただろうか。

エンリック・ドゥランのフェアコープはひょっとしたら本当に多国籍銀行規模の信用組合になって、地域協同組合の動力源になるかもしれない。協同組合間の協定によって国境をまたいだ新種のパスポートか医療保険ができ、国家が自国の権力を補強しようとして建てた壁を無力化してしまうかもしれない。アンモナステリーのネットワークが、同志の協同組合に好意的なライセンスで自分たちの発明を共有し、これからのイノベーションの毛細血管として機能するようになるかもしれない。デルタ・モントローズ電力協会の組合員たちのように、従来の電力網を地域住民が自分たちで管理する小型ソーラーパネルや風力発電機や蓄電池に置き換えるかもしれない。さらには、独占的なインターネットサービスプロバイダとの契約をやめ、自前のブロードバンドサービスも立ち上げるかもしれない。このようなことが生活のあらゆる局面で起き——地域の結節点がいたるところで連合を作り、根っこの部分に対して説明責任を負った大規模な経済へと発展する。

もしこれからの社会契約を民主的なものにしようとするなら、民主主義的な実験が私たちの生産、取引、消費に根づかなければならない。私たちには、過去世代の協同組合の伝統が教えてくれる教訓——そして今最先端にいる公正先駆者たちが得ている学びが必要だ。それらがなければ、かわりに民主性に欠けた衝動が変化の渦の中で私たちを導こうとするだろう。今は、遠いＳＦの世界のように思えることが知らないうちに現実になる時代だ。

ロボット！

シンギュラリティ大学は、サンフランシスコ中心部のマウンテンビューとサンフランシスコ湾の中間にあるＮＡＳＡリサーチパーク内の一画に置かれている。キャンパスとなっている建物群の周囲には、政府が後援した冒険精神の風化した残骸――鉄骨だけになった巨大な飛行船格納庫、錆の浮いた飛行機の胴体、活気の消えた兵舎――がある。それらははるか昔、シリコンバレーのビジネス帝国の基礎を作った公共投資の名残りだが、民間のベンチャーキャピタルの支配下に置かれた今では忘れられがちな記憶だ。そこからほど近い、高圧電線と自転車専用道路とトレーラーパーク［トレーラーハウス専用の駐車場］を隔てたところに、すべて同じあの有名な社名が入った看板のついた広い駐車場とオフィスビルの集まる敷地がある。真ん中に鎮座するのは本館のグーグルプレックスだ。シンギュラリティ大学で通常の意味での学位は取れない。ここはテクノロジーが人類の進歩を先駆け、やがて抜き去るという信念に捧げられた、いわば世俗世界の神学校のようなものである。学生は経験と自分たちがここで創業するスタートアップ企業の持株を目当てに受講料を支払う。「指数関数的に飛躍せよ」とシンギュラリティ大学のスローガンが学生たちをけしかける。(11)

２０１４年６月に、シンギュラリティ大学の共同創設者でチェアマン、宇宙旅行事業の起業家でもあるピーター・ディアマンディスが、自動化による失業という難題を議論するため仲間のテクノロジー界トップ層を招集した。「ロボットにはできないと思うことを言ってください。それをロボットができるようになる時期を答えてみせますよ」と会場で講演した若いイタリア人のフェデリコ・ピストーノは言ってのけた。ピストーノは数ある実績の一つとして『ロボットがあなたの仕事を奪う、だがそれでよい（*Robots Will Steal Your Job, but That's OK*）』なる著書を書いている。シンギュラリティ大学で行われたこの会議で、ピストーノは当時まだ新奇なアイデアと思われたユニバーサル・ベーシックインカムを支持する筆頭に立った。彼は少し前にインドで行われ、テクノロジー経済に取り残された人々の貧困対策としての有望性が示されたベーシックインカム実験を引き合いに出した。ディアマンディスはその可能性に「驚嘆した」と後に報告している。[12]

同年、著名投資家のマーク・アンドリーセンも『ニューヨーク』誌にベーシックインカムは「非常に興味深いアイデア」だと考えていると語り、世界最高レベルの起業家育成プログラム、Yコンビネータのサム・オルトマンは、ベーシックインカムの実施が「明白な結論」だと述べた。[13]これらは一斉にわき上がったベーシックインカム擁護論のごく初期の例にすぎない。

ユニバーサル・ベーシックインカムとは一般に、すべての人に生きるための必需品をまかなえるだけのお金を配るというアイデアをいう。例えば、アメリカ国民全員に毎年2万ドルの小切手を支給するようなものと考えてほしい。このアイデアは人道的で平等主義のコモンウェルス待望論にアピールする――お金を何に使うべきかについては、現在貧しい人々も含めて国民の方がトップダウン型の福祉制度よりもわかっているはずだという認識である。また、大きな問題を一気に解決できるシンプルでエレガントなアルゴリズムを好むシリコンバレーの気風にも訴求力がある。支持者はベーシックインカムがもたらす可能性を並べ上げる。官僚機構をほとんど介入させずとも貧困がなくなり、格差を縮小させることができる。受給者は手持ちの時間とリソースが増え、起業を思い立ったり家族の世話をしたりするだろう。中には、批判勢力が懸念するように、遊んで暮らす人々もいるだろう。[14] だがエグゼクティブ層に最も魅力的なのは、支給金のおかげでロボット企業が稼働するために必要な消費需要を不完全雇用者からも確保できるだろうという点だ。

シリコンバレーは私たちに与えたものがまだ足りないかのように、お金もくれてやろうという。ただし、例の協同組合の問いかけへの答えはいまひとつ不明確だ。誰が何を所有し、統治するのは誰なのか。

ベーシックインカム構想

ジョージタウン大学外交政策大学院カタール校で政治哲学を教えるカール・ワイダークイスト教授は、高校生だった1980年代初めからベーシックインカムを説いてきた。彼によれば、今はアメリカのベーシックインカム運動の3度目の波が来ているという。第1の波は2度の世界大戦の合間に起きた経済危機の最中だった。第2の波は1960年代と1970年代、ミルトン・フリードマンらリバタリアニズムの旗手が負の所得税を提唱した時期に来た。この時ほぼ唯一、貧困層に対する最低限の所得保障についてだけはマーティン・ルーサー・キング・ジュニアとリチャード・ニクソン大統領の意見が一致している。（ベーシックインカムと多少似たところのあるニクソン大統領の「家族支援計画」案は下院を通過したが上院で否決された。）今回の波は2013年後半、スイスでベーシックインカムを国民投票にかける運動が盛り上がっているというニュースが話題になり、勢いづいたようだ。ワイダークイストは関心の再燃を喜んだが、テクノロジー界のもくろみには警戒している。

シンギュラリティ大学の会合に出席した一人が科学サイト「ハウ・スタッフ・ワークス（How-StuffWorks.com）」の創設者マーシャル・ブレインで、彼はベーシックインカムに対する彼なりのビジョンを中編小説の形で自分のウェブサイト上に発表している。タイトルは「マナ（*Manna*）」。ある男がファストフード店の仕事をロボットに奪われた後、エリックという名の先見的な起業家がオーストラリアの奥地《アウトバック》を開拓して作ったベーシックインカム植民村に救済を見出す物語だ。（そこに元々住んでいたかもしれないアボリジニの人々がどうなったかは不明である。）植民村は一種の協同組合で、1人1株の条件で住民たちによって所有されている。彼らはイノベーションに日々を費やしている。やがて彼らは価値の高いプロジェクトを追求する時間と特権のある融通無碍な起業家集団として、ベンチャーキャピタリストの垂涎の的となる。だが植民村の基本理念は「何物も所有してはならない」――そして「ルールに従え」と命じており、ルールを作るのはエリックである。[15] それはロバート・オーエンの織物工場の家父長主義に似た、エリックの意に従ったイノベーションなのだ。アウトバックに作られたエリックのコモンウェルスには人間らしい政治的な摩擦が著しく欠けている。

オフィス業務を自動化するソフトウェアの開発で財を成した30代の投資家、クリス・ホーキンスは『マナ』に影響を受けたという。彼にとってベーシックインカムの魅力は官僚機構を無用にする可能性にある。「再分配に資金を充てて政府の施策を廃止すればいい」と彼は私に言った――公営住宅、食糧援助、メディケイド「低所得者向け医療保険制度」その他もろもろはお蔵入りさせ、小切手一つに置き換えればよい。公共の優先課題に関する討論や意思決定もいらなくなる。現金を手にした消費者の市場が、競合する企業に購買という形で投票すればよい。

このような理屈がまもなくワシントンにも支持者を得るようになった。リバタリアンの立場を取るチャールズ・コーク［コーク兄弟の兄の方］のシンクタンク、ケイトー研究所が2014年にベーシックインカムの是非を論じた一連のエッセイを発表した。同じ週に、連邦政府の権限を委譲する前提で「保守派として最低所得保障型ベーシックインカムを支持」する記事が『アトランティック』誌に掲載された[16]。ベーシックインカムは、多くの提唱者が予想した以上に早く右派からも左派からもすんなりと妥当性を認められた、めずらしい概念の一つなのである。

ベーシックインカム構想はもはや夢物語ではなくなってきた。バラク・オバマは大統領在職期間の最後の方でベーシックインカムについて賛成ととれる発言をした。フィンランドからハワイに至るまでさまざまな政府や自治体が政策オプションを模索し、Yコンビネータの非営利部門はオークランドで独自の民間実験に資金を提供している。ジャーナリストで起業家のピーター・バーンズは何年も前から社会の共有財産、特に二酸化炭素排出税を財源とする万人への《ユニバーサル》配当金を提唱してきた。現在までに、カリフォルニア州やオレゴン州からコロンビア特別区［ワシントンD.C.の正式名称で連邦政府直轄の特別区］まで各地の自治体政府がこのような制度の実施計画を検討してきた。バーンズの支持者の1人はデジタル活動家のナタリー・フォスターで、彼女はフェイスブックの共同創設者クリス・ヒューズと組み、各界のエグゼクティブ、組合、思想的リーダーらを動員して、万人への所得保障の支援を集めようとしている[17]。

通常のお金をまったく介在させないベーシックインカム案もある。ビットコインやイーサリアムから派生した暗号資産は、ベーシックインカムとして誕生し普及することによって価値が出るように設計された。ベーシックインカムを起点として貨幣制度をまるごと作ってしまおうという試みだ。[18] 現体制下では、銀行が貸し出さなければ新しいお金は発生しない。そうではなく、万人に同じだけ与えられた仮想の存在としてお金が誕生したらどうなるだろうか。

どんな形であれ、頼りになる最低保障所得があれば、さまざまなものからの解放が連鎖的に実現するかもしれない。フェミニスト学者のキャシー・ウィークスは、女性たちが家事と賃金労働の板挟みにならずにすむ、時間が拡大した世界を思い描いている。仕事を選ぶ余裕ができれば、労働者が労働組合の衰退で失った交渉力を取り戻せるのではないかと期待する労働運動家もいる。[19] そしてさらに――ベーシックインカムによって実現されうる解放された時間には、予想もつかない未来の民主主義が芽吹く新たな土壌があるかもしれない。だが封建主義もまた、そこに根を下ろす可能性がある。

消費ではなく生産の手段を

すでにそんな状況が訪れている兆しがある。これは一つの考え方だが、例えばGメールかフェイスブックにアカウントを持つのは、大半のユーザーにとって少額――サービスの対価として支払うはずの分――の収入を継続的に得るという経済的な取り決めをしているのに相当する。サービスが普及すればするほど私たちはそれに依存するようになる。未来の人々もそっくり同じようにベーシックインカムに依存するだろう。フェイスブックが自分の個人データをどんな形でマネタイズしようとユーザーに発言権がなくなるように、ベーシックインカムの受給者には給付金の出所についていずれ何も言えなくなってしまうおそれがある。ベーシックインカムは私たちのネット上の行動習慣データを加工したり、吸っている空気を汚染したりして生み出されるかもしれない。そしてそれを止める所有権や統治権という操縦桿はないのだ。重要な意思決定をアルゴリズムが引き受けるようになれば、説明責任を誰に求めるべきか明確にしづらくなる。私たちは売り買いされる存在になるだろう。

人々に無償のお金を配れば貧困撲滅、格差縮小、時間の解放には確実に役立つかもしれない。だがそれを、プラットフォームの領主たちはどのような条件で提供するのだろうか。過去に経済から疎外された人々は、権力を共有しなければ真の意味で繁栄の共有はありえないと学んでいる。

エド・ホイットフィールドはベーシックインカムの提案に対して、テクノロジー界の人々のように楽観一色ではない。ホイットフィールドは民主的共同体基金（Fund for Democratic Communities）とその派生組織である南部補償融資基金の共同ディレクターを務める。民族楽器の演奏を趣味とし丸いサングラスをかけた巨漢のホイットフィールドは、過去の物語で未来を語る。以前彼はカリ・アクーノとジェシカ・ゴードン・ネンバードとの会話で、祖先が奴隷制から解放されて40エーカーの土地とラバ１頭を所望した時、彼らは消費の手段ではなく生産の手段を求めたのだ、と指摘した。[20] 彼らは経済成果の分け前を求めるだけでなく、経済に貢献もしたいと願った。自由が再び奪われないようにするためには、所有者にならなければならないことを彼らは知っていた。

いずれにせよ、エビデンスを見ると、驚異の自動化技術によって仕事がなくなっているとは言いきれない。アメリカでは生産性の伸びは歴史的な水準に照らすと停滞しており、２００８年の金融危機から10年経った今、雇用数は再び上昇している。ただし問題は、その雇用が以前に比べて不確実ないし不安定であり、オーナー側の利益の取り分が増えていることである。機械が人間に取って代わるよりも、新しい仕事では人間が機械のように動くことを期待されているように見える。(21) 仕事の未来に関する本当の先覚者はもしかするとアプリメーカーではなく急成長中の介護セクターであり、この最も難度の高い仕事が生身の人間の体と心に説明責任を持ち続けられるようにと協同組合を組織している人々ではないだろうか。過去の協同組合のレガシーがなければ、彼らの取り組みはおよそ不可能に思われたかもしれない。だが困難ではあるが不可能ではない。

私が本書で紹介してきた物語が示すように、協同《コオペレーション》は万能の解決策ではない。それは無数のやり方で同時進行するプロセス、多様化した民主主義である。問題点も成功の見込みもそれぞれの現場によって違う。協同は私たちがすでに持っている能力を、共通の問題を解決するために組み直すところから始まる。コモンウェルスは、世界が何か革命的な出来事を経るまで始動を延ばすわけではない。事態が底を打って上昇するしかなくなるまで待っているわけではない。虚空から出現してすべてに破壊的変革をもたらすわけではない。コモンウェルスは世代と世代をつなぎ、不当な巨利を得る人々にも壊せない強い絆を作りながら、グレース・リー・ボッグズの言う「つながりの臨界点《クリティカルコネクション》」を超えて成長していく。

近年になって協同組合活動に惹かれた人々の多くは、これがユニバーサル・ベーシックインカムのようなすべてを変える抜本的で徹底的な解決策になることを期待している。最難関の問題を解決するために、過去にまったく試されたことのない手段を使って、政策提案や財団助成金やカンファレンスの討論会から夢を形にしようと協同組合の設立に挑戦する。こうした動きに関するニュースを私はつぶさに観察している。だが最も注目すべきもののいくつかはもっと目立たない形で、私たちの生活の中に眠っていたリソースを活用しながら、実現しつつある。

地味なものに眠る民主主義精神

ワシントンD.C.にある共同体購買同盟（CPA：Community Purchasing Alliance）の若き事務局長、フェリペ・ウィチガーから初めて電話をもらうまで、私は彼の名前も団体の名前も知らなかった。フォローしているニュースレターやニュースフィードでも見たことがない。2017年のCPAの年次総会に出席してみて、自分の目は何という節穴だったかと気づかされた。

私の周りには160のワシントンD.C.地区の団体代表が座っていた――主に教会とチャータースクール〔民間の有志が認可を受けて運営している公立校〕で、ほとんどが有色人種だ。彼らは電力、警備、下水設備、造園管理といった地味なものの購買にCPAを利用していた。創設から3年でCPAはこれらの団体と利用者の300万ドル近い経費節減に貢献してきた。（私の隣に座っていたパートタイムの教会スタッフの女性は、コピー機のリース契約だけで1万7000ドル削減できたそうだ。）協同組合は彼らの多くが再生可能エネルギーに移行するのを手伝い、これまでに580基のソーラーパネルを購入して、すでに地域全体の太陽光発電の価格を下げていた。[22] 会場の一隅には黒人が所有する警備会社の従業員たちがいたが、この会社はCPAと契約したおかげで規模が2倍以上に拡大した。ウィチガーはCPAの契約者の一部と、彼らの事業を労働者協同組合に転換する話し合いをしていた。

このような地に足をつけて着実に段階を踏む協同は世界金融危機以降、斬新で抜本的に見える理論的な言説の追求に比べると、あまりもてはやされてこなかった。例えば、厳密な生産の場所にこだわるあまり、労働者所有の協同組合における統治権の対象を物理的に製品を作っている「生産者」である労働者のみに限定し、電話に応答したり、清掃したり、契約をしたりする「縁の下の力持ち」を除外する人たちがいる。[23] こんな原理・原則に固執しても、生産の自動化や海外委託、サービス業の需要増、オンラインプラットフォームの偽装労働に備えるにはたいして役に立たない。また、工場の製造現場以外の経済活動領域、例えば学校、教会、ゴミ廃棄からコモンウェルスの小さなかけらが生まれることを見落としやすくなってしまう。過去の協同組合からのヒントや現在の隠れたチャンスの方が、数十億ドルの資金で有利なスタートを切って不当な巨利を得る人々の中で生き残るには向いているのではないだろうか。

大昔からある農業協同組合が、都会の請負労働者に団体交渉や団体保険作りの方法を教えられるかもしれない。ヴァンガードのような保守的なミューチュアルファンドが、本当の共同所有権を土台としたベーシックインカムのお手本になるかもしれない。

人間の労働に従来ほど依存しない経済がやってくるというシリコンバレーの予言者が正しいかどうかはさておき、協同組合は人々が特定のタイプの労働者としてだけでなく、消費者、ユーザー、コントリビューター、零細事業主、クラウドファンディング利用者などさまざまな形で経済と関わることを認識し、多様性を基盤として構築しなければならない。たくさんの信用組合、電力協同組合、保険相互会社、従業員持株制度に眠っている民主主義精神をよみがえらせる方法を私たちは学ぶことができる。単一の、はなばなしい、そのまますぐに適用できるモデルなど存在しない。コモンウェルスは多様な形で拡大していく。

わが街最大の労働者協同組合は、１００名以上の組合員兼所有者のいるソーラーパネル設置会社、ナマステ・ソーラーだ。２０１１年に協同組合に転換して以来、同社の事業は好調で、組合員に年間６週間の有給休暇を取得させるＢコーポレーション認証企業でもある。支配権を要求せず喜んで成長資金を融資する投資家を見つけるのにも苦労していない。しかし同社の組織としての最大の成功は、労働者兼所有者という組織構造とは別のところにある。まず、ナマステから分離独立する形で、全米の小さなソーラー企業に大企業と張り合える競争力を持たせる購買協同組合のアミカス・ソーラーが誕生した。さらにアミカスから分離独立する形で、メンテナンスサービスを共同で提供する別の協同組合が誕生した。現在ナマステのチームは、全米の持ち家世帯が再生可能エネルギーに移行するための融資を行うクリーンエネルギー連邦信用組合（Clean Energy Federal Credit Union）の設立を支援している。一つの協同組合が次の協同組合を生み、やがて大規模なコモンウェルスが出来上がった。

私の街で新たに合法化された住宅協同組合も同じだ。良質な食品の市場がすでに飽和状態にあるボルダーでは協同組合食料品店がずっと苦戦していたが、協同組合住宅が購買力を結集し、小売価格の数分の一で地元産の有機食品を販売する事業を立ち上げた。彼らは自分たちの眠っていた力に気づいて、それを活用した。
過去のモデルの多様性と創意工夫を知れば、今必要な組み合わせを見つけやすくなるだろう。問題は、いまだ復権を遂げられず鈍重な業務手順にとらわれたままの過去の未完成なコモンウェルスよりも、完全無欠なものに私たちが魅力を感じてしまうことだ。資本主義がたえざる破壊的変革を偏愛するのとは違って、協同はすでに足元にあるものを利用できた時に最大限に力を発揮する。

イタリアの協同組合セクターにはザマーニ夫妻という著名な学者カップルがいる。歴史家の妻ヴェラはエミリア＝ロマーニャ州の副知事にあたる役職を務めた経験がある。経済学者の夫ステファノはローマ教皇ベネディクト16世の経済声明の立案者で、この声明は資本主義も社会主義も批判し、冷戦時代の意識から抜けていなかった人々を当惑させた。2人ともヨーロッパ最古の大学、ボローニャ大学で教鞭をとっている。同大学は1088年に、自分たちが師事したい教授を雇った学生たちによる一種の協同組合として創立された。ザマーニ夫妻が現代イタリアの協同組合の業績の源流を語る時に話し始めるのは、ロッチデールでも1948年に制定されたイタリア共和国憲法でも、100年前の初期のイタリアの協同組合でもない。2人の話は中世にさかのぼる。

妥協と矛盾の中で

中世以来、「イタリアは規模の経済をネットワークの経済で代替しようとしてきました」とヴェラ・

ステファノ・ザマーニが先の講義で書き残した板書を前に講義するヴェラ・ザマーニ

ザマーニは言う。今協同が盛んな北イタリア諸州は、皇帝と君主と修道院の時代でさえ共和制の都市国家であることが多かった。こうした都市国家から現代の市場経済の基本要素――複式簿記、保険、都市条例、職人ギルド――が誕生した。ザマーニ夫妻はこの地方の「市民経済」を、植民地の拡大と搾取の資金を供給するためにヨーロッパの他地域でやがて出現する資本主義とは区別する。

プライム・プロデュースやアンモンクスと同様に、夫妻もかつての様式に有用性を見出している。北イタリアの相互につながったヒューマンスケールの協同組合の体系は、かつて定着した習慣の名残りだとザマーニ夫妻は考えている。それに対してイタリア南部に協同組合が相対的に少ないのは、王国の支配が長かったことを反映している。政治学者ロバート・パットナムは１９７０年代以降のイタリアの地方自治体の違いを研究した時、この相関性にも気づいた。「コムーネ共和政が五世紀もの間存続しており」と彼は書いている。「そうした地域特性をほぼ正確に反映して、中世の協調精神の伝統は貧農のなかにさえ生き残ったのである」[24]。

国際協同組合同盟（ＩＣＡ）によれば、「協同組合とは組合員が所有し、組合員によって、組合員のために運営されている事業である」。これはイタリアを含む世界中で認識されている基本的定義の一部だ。しかしイタリアでは、協同組合は組合員のためではない――将来世代のためのものである、という幹部や理事会の主張も聞かれる。協同組合は共同体のものであると。同じ主張を大手製造協同組合の幹部からも、Ｕターン就農者からも聞く。協同組合員は、かつて豪奢な邸館《パラッツォ》だったアパートメントに暮らす一家や、ローマ遺跡に観光客が捨てたゴミを清掃する人々と同じように、大切な財産の管理人なのだ。この歴史感覚がイタリアの協同組合を世界最強にした一要素だった。だが歴史はイタリアの協同組合が抱える矛盾、寡占支配や資本主義への同調に流れる傾向も許容している。

アメリカの小さな、急進的で、純粋と言われる食品協同組合の組合員をイタリアのIpercoop（イーペルコープ）に視察に連れて行きたい。きっとジレンマに気づくだろう。イーペルコープは、数十年にわたってイタリア中の地域消費者協同組合が合併を繰り返してできたイタリア最大の食品チェーン、コープ・イタリア傘下の中でも最大規模の店だ。イーペルコープは純粋ではない。広いショッピングセンターの奥にある、グローバリゼーションを体現したようなありとあらゆる安い輸入物の家庭用品が蛍光灯の下に並んでいる巨大スーパーを想像してほしい。多くがパートタイマーの従業員は特別良い給料をもらっているわけでも、職場で発言権があるわけでもない。９００万人近い消費者兼組合員のうち、総会に参加するのは2万人にすぎない。だが自社ブランドの商品は遺伝子組み換え作物やパーム油を使用していないし、供給業者――その多くもイタリアの協同組合だ――は労働慣行において一定の倫理規定を遵守しなければならない。その分ましと言える。だが競合に負けない低価格をつけて、悪びれもせずに大量消費主義を押し出している。

視察した協同組合活動家たちはこれを自分たちの協同組合に望むだろうか。おそらくほとんどは望まないだろう。わが国の企業なら、純粋であってほしいと思うかもしれない。だが純粋であるとは、協同組合での買い物以外に生活必需品を大量買いするためにターゲットやウォルマートにも立ち寄るという事実を受け入れるか、あるいはそういう買い方をしている隣人に非難がましい目を向けることである。イーペルコープは人々がどうせ唾棄すべき消費主義に走るのなら、せめて利益を投資家兼所有者に送り込まずにすむ、剰余金を自分たちの貯蓄にできる方法もありますよ、という不純な主張の象徴なのだ。自分たちの妥協は自分たちの手で管理できる。

蛍光灯にこうこうと照らされたスーパーはイタリアの協同組合コモンウェルスが抱える矛盾のほんの一端にすぎない。ボローニャ近郊の国際的な製造コングロマリット、ＳＡＣＭＩの本社には、１階にミュージアムを併設したきれいなオフィスビルの裏に、活気ある機械工場がある。ＳＡＣＭＩは労働者協同組合だが、１０００名以上いる組合員資格のあるイタリア人労働者のうち、実際に組合員になっているのは3分の１しかいない。同社の数十ある海外子会社に、イタリア人労働者兼所有者たちは協同組合の価値観や可能性をわざわざ広めようともしていない。（ある幹部に確認したところ、「その意思はありません」とのことだった。）それでもここは正真正銘の協同組合――会費を支払っている、立派なレガコープ会員なのだ。イタリアには「偽の」協同組合も数万単位で存在する。大手連合からの監督を受け入れない、かつての雇用主が労働者の団体交渉権を回避するためだけに協同組合になったと推察される企業だ。有名な社会的協同組合ですらその手の役割を演じている可能性がある。批判的な人々が懸念しているように、社会的協同組合が生まれたのは長期にわたった公共サービスの民営化プロセスと時を同じくしており、地方自治体が自治体水準の賃金を払わずにサービスを提供することを可能にした。

「協同組合は制度の抜け穴になってしまいました」と協同組合の労働市場を研究してきたミラノ大学の若い研究者、リーサ・ドリガティは強く主張する。協同組合を擁護する発言を繰り返してきたフランシスコ教皇もその問題に気づいている。「偽の協同組合を阻止しましょう」と教皇は2015年のコンフコーペラティーヴェの総会で語った。「なぜなら協同組合は正直な経済を推進するのが使命なのですから[25]」。

ユートピアでなくとも

100年前にイタリアの協同組合運動を築いたような先駆者タイプの人々は、今日、必ずしも協同組合に流れ込んでいるわけではない。こういう人々はコープ・イタリアの年次総会に出席したり、SACMIの組合員になることに期待を持たせて他人を勧誘したりしない。彼らが協同組合を組織するとしたら、そのために求められる理事会体制を法律上必要な形だけのものと割り切って、自分たちはオープンソフトウェア・プロジェクトのような統治方法を取るだろう——事業内容がコードを書くか野菜を育てるかにかかわらず。彼らは協同組合の用語を一切使わず、「ポリティカル・コンシューマリズム［政治や社会問題に対する立場を明らかにした消費活動］」や「ソリダリティ・パーチェシング［社会的連帯を意識した購買活動］」について語っている。それでも、ベルガモ大学の社会学者フランチェスカ・フォルノの考えによれば、「私たちはコーポラティビズムのルーツに戻りつつあります(26)」。彼らはイーペルコープよりも協同的《コオペラティブ》なものを求めているのだ。

協同組合の中にいる人々も外にいる人々も同じように、協同組合事業をユートピア計画とよく混同する。だが協同組合がユートピアだったことはかつて1度もないし、いつまでもユートピアのままであり続けるはずもない。コモンウェルスを築くとは原則にこだわりながら妥協を容認することだ。「毎日のように非難していますよ」とステファノ・ザマーニは大手協同組合について言う。だが彼は辛抱強く構えている。たとえそこにコモンウェルスが部分的にしか実現されていなくても、時とともに理想を拡散するのには役立つ。

私が本書の冒頭部分で紹介した、国際協同組合（ICA）の定める価値観と原理は誤解を招きかねない。一定の公式があると言っているように見えるからだ。だが共有された原則は、多彩な人々がこれまで身に着けてきた、そして21世紀を生き抜くという共通の課題に向けて携えていこうとしている協同の慣習をまとめたものであるにすぎない。経済は文化の一形態である。カナダのバンシティ信用組合で働くケニア人女性が同胞のケニア人たちと金融互助会を始められるのも文化のおかげだ。しかし彼女のカナダ生まれの友人たちは、同じ信用組合の組合員でさえ、このような発想に驚く。彼らは母親が金融互助会の集まりに出かける姿を見て育っていないのだ。

現代の協同組合活動家が地域の多種多様な、妥協した形のレガシーを顧みないのは損をしている。

アメリカのどこの地方にもある年季の入った協同組合の穀物倉庫や、イタリアのイーペルコープの蛍光灯にまぶしく照らされた通路――これらの実績は未来のコモンウェルスの足がかりになり、支持政党や社会階層の分断を超える助けになってくれるかもしれない。小さな先駆的な実験の数々によって、新しい世代の志はいっそう鍛えられていくだろう。しかし私たちが今すでに手元にあるもの、今のありのままの自分たちを基にこれからを築いていかなければならないのもまた事実だ。

アメリカで協同組合コモンウェルスを提唱する人が労働者協同組合だけでなく農業協同組合、電力協同組合、購買協同組合、信用組合も奨励するつもりなら、支援してくれる政治家の対象を思い切って広く考えてもいいのではないか――バーモント州で労働者所有協同組合を昔から後押ししてきたバーニー・サンダースだけではない、マイク・ペンスもその支持基盤に電力協同組合や信用組合を抱えている。このような横断的な考え方は政治が分極化した時代には不愉快に感じられるかもしれないが、不可能ではない。イタリアのカトリック教徒と共産主義者がコモンウェルス構築の実作業で団結できるのなら、民主党支持者と共和党支持者にだってできるはずではないだろうか。

今、イタリアの協同組合は政治的分断よりもさらに大きな溝を越えることを迫られている。アフリカや中東からの移民が約30年足らずでイタリアの人口構成を大きく変え、社会的協同組合は新しくやってきた彼らを雇用し溶け込ませるよう努めてきた。イタリア生まれならカトリック教徒でも共産主義者でも共通して持っている中世から継承した遺産を、移民たちは持ち合わせていない。だが移民たちは今イタリアで、自分たちが携えてきた文化と協同の慣習を取り入れた独自の協同組合を作っている。移民をルーツとする私の家族史とまったく同じように、協同組合という事業は別の形であれば閉ざされてしまう扉を開けてくれる。誰も排除しない、人それぞれの条件に柔軟に合わせられる経済を模索する人々は、過去のコモンウェルスの教訓をたえず学び直さなければならない――今あるものを生かし、互いに分かち合うものの最大限の可能性を見つけ出すために。

分断を超えて

ＩＣＡが打ち出した、協同組合がいかに「組合員が所有し、組合員によって、組合員のために運営されている事業である」かの公式には落とし穴がある。既存の組合員と彼らが世の中に対して持っている既成概念に奉仕することだけがその事業のすべてであったら、事業は停滞に陥り、変化する世の中で停滞していては組合員のためにもならない。投資家所有企業は常に期待を上回るという前提を掲げて投資家兼所有者を惹きつける。協同組合がそれよりも控えめな、すでにわかっている日常のニーズに応えるという前提のもとで組合員を集めがちなのは、良さでもあるが危険でもある。

今日の協同組合運動には世代間ギャップによる分断がある。資力とノウハウと権力は、もともと定住時代の経済に対応するために誕生した古い協同組合が持っている。だがもはや定住の時代ではない。古い協同組合の役員たちは維持管理者としての役割に慣れきっており、新たな創業者のメンターを務める心構えが薄い。一方、ノマド的な時代要因にさらされている新世代の協同組合活動家は、自分たちが必要とするコモンウェルスを独力でゼロから築かなければならないつもりで行動している。大きな協同組合銀行が目と鼻の先にあるというのに（わが家の近所にもある）、自分たちのスタートアップ企業を支援してくれる融資先を見つけられずにいる。学校でビジネスを勉強すると投資家に利益をもたらすことばかり教わるが、周囲を見渡せば目立たないが協同を実践している企業はいくらでもある。今日の公正先駆者たちは新しい協同組合の形を発案して、まったく検証されていない領域にコモンウェルスを進出させてきたが、理由はそれ以外の方法を知らず、他に選択肢がなかったからであることが多い。

コモンウェルスは進化しなければならない――技術的にはもちろん、文化と組織体制も。協同組合は殊勝なリスク回避体質をどうにか乗り越えて、新しいベンチャーを支援するだけのリスクを取る手段を見つけなければならない。民主主義は昔からリスクだった。協同組合の後継者たちも、創業者と同じようにリスクを取るチャンスに挑戦してよいはずだ。

未来は不当な巨利を得る人々だけに席が確保された世界である必要はない。人類を月に送ったのはまがりなりにも民主的な諸機関だった。シリコンバレーの投資家たちが自分たちが発明したかのような顔をしている技術も、多くはそれらの機関が後援したのだ。そして協同組合は、主流の経済では不可能な形で人々の生活を支えてきた。未来にはまだ、今以上に、コモンウェルス実現の可能性がある。

同じ船に乗って

コロラドの祖父が亡くなった時私はまだ小さかったが、祖父が身に着けていたベルトの銀のバックルは、今目の前にあるかのように覚えている。バックルにはブランドの名前が入っていた。

「TRUSTWORTHY（信頼）」。TRUSTのTが伸びて下のWORTHYの一部になっている。祖父にとってその言葉が意味したものがわかるようになるずっと前から、何か大事な意味があることは感じ取っていた。祖父はその言葉への覚悟を示すためにバックルを着けているように見えた。

今ならその理由がもう少しわかる気がする。「信頼」は祖父の会社、リバティ・ディストリビューターズ社が加盟店に提供していたブランドだった。店は希望すればそれを使うこともできたし、自前のブランドを使い続けてもよかった。ブランドは大規模店が幅を利かせる一方の金物業界に対抗して商品がたしかな本物であるという宣言、リバティ・ディストリビューターズ社が協同所有の仕組みと地域密着の小規模店を代表して行う大量購入によって裏づけた宣言だった。祖父は引退した後もベルトにその宣言をつけていた。

私が最近会う公正先駆者たちに祖父と似たところはあまりない。彼らが協同を始める理由はさまざまで、方法もさまざまだ。過去のコモンウェルスが達成したことは忘れられた遠い記憶になり、今の公正先駆者たちには扉を叩くすべもわからない。でもそれでいいのだろうか。新旧の先駆者たちが互いの存在に気づくようになれば、個々に見つけていたコモンウェルスのかけらがつながり始める。孤立しなくなる。自分たちが切り拓いていると思っていたものが過去の継続、前進する流れの一部になる。

本書を書いている間に、私はコロラド協同組合勉強会というグループの結成に関わった。最初はメンバーは私と、協同組合開発コンサルティング会社を立ち上げようと苦労していたデンバー在住の1人の友人だけだった。なるべく気楽にやろうと心がけた――勉強会は肩ひじ張らず、ネットで告知し

祖父が持っていたバッジの中の２つ

て、自分たちが興味のあるテーマを取り上げ、お菓子をつまみながら行う。

まもなく勉強会に20名、30名、あるいは40名もの人々がやってくるようになった。彼らは私たちが招いた協同組合専門の弁護士を質問攻めにしたり、降臨した本物の全国農業保護者連盟会員から奥義を学んだり、人種や階層の分断と格闘したりした。やってきた人たちは部分的な知識、部分的な経験でそれぞれの取り組みをしており、さらに先をめざそう——力を合わせて新しいコロラド・コモンウェルスを作ろうという意欲にあふれていた。始めた時、私たちは徒手空拳で臨む気持ちでいた。でも実際は違った。私は深夜の時間を使って勉強会のシンプルなウェブサイト上にコロラド州の協同組合名簿を作ったが、簡単な作業だと思っていたのに、夜ごと掲載リストは長くなっていき、ついには４００近い協同組合が収録された。[27] 周りじゅうに仲間がいた。手本になる先人たちがいた。もうすぐ私たちはアメリカ屈指の大規模な協同組合と提携し、共同のマーケティングと購買を通じてコモンウェルスをつなぐ取り組みを始める。自分たちのお金を未来の協同組合に投資する投資クラブも結成した。顔ぶれはさまざまで、ほとんどが投資の初心者だ。

勉強会を始めて1年目にデンバーで協同組合教育協会の会合があった時、ついでにパーティーをやろうということになった。何カ月も前からやりたいねと話してはいたが、ようやく実現した。クイーンシティ住宅協同組合が夕食会の場所を提供してくれ、たくさんの手料理でもてなしてくれた。クイーンシティの組合員の一人は屋外に設けたバーカウンターに立って、懇意にしている醸造所の樽生ビールとモヒートのパンチボウルをふるまい、大人気だった。ある近所のお年寄りは私たちに空中浮遊の手品を教えようとした。協同組合ビジネスコンサルタント、協同組合の文書記録を調査している研究者、通訳としてデンバーのコミュニティ・ランゲージ協同組合に入ったばかりの大学新卒生——会合に出席した者の多くがすっかり遅くはなったものの、パーティーに参加した。農家の人々は若い人も年配の人もほとんどその晩は自宅にいた。私はボルダーの住宅協同組合で政治に働きかける活動をしている一人としばらくポーチで話し込んだ。彼は入居者募集中の新しい住宅や新たに立ち上げた労働者協同組合の話を聞かせてくれた。その労働者協同組合は、化石燃料発電所の罪を証明するデータの解析ソフトを作っているという。彼は腕に協同組合のシンボルである二本松のタトゥーを入れていた。だがこの夜の主役はプエルトリコ系の協同組合活動家たちだった。年齢差40歳以上という幅広い年代が集まった彼らは、すでに子供向けプログラムのプレゼンで本土のアメリカ人たちを圧倒していた。水泳教室、絵画コンテスト、スポークスマンにはオリンピック選手たちまで迎え入れている。そして夜の部でもやはり、ダンスフロアで彼らは本土のわれわれを圧倒した。

クイーンシティには以前も何度か来る機会があったが、玄関を入ってすぐ左にある看板に気がついたのはこの時が初めてだった。黒いフェルト地の上に可動式の白いプラスチックの文字を並べて額に入れたものだ。それはもともとカイロプラクティックの診療所のもので、下の方にまだ「ギフト券についてはお問い合わせください」と書かれていた。その上には組合員たちのファーストネームと「2015年設立」の文字があった。だが額の中心はマーティン・ルーサー・キング・ジュニアの名言からとったとわかる文章だった。「私たちは各々別の船に乗ってここまで来たかもしれません。でも今は同じ船に乗っています」。

謝 辞

本書は、これまでに私が発表した記事の内容を再編集して制作した——文章をそのまま使用したものもあるが、加筆修正したところが多い。過去記事のリストを以下に掲載する。本書の背骨となったレポートをよりよくするため力になってくださった編集者、校閲者、校正者、文字起こし担当者、媒体の支援者、読者の皆さんに感謝申し上げたい。

第1章

"Commies for Christ," *New Inquiry* (December 13, 2013).

"'Truly, Much Can Be Done!': Cooperative Economics from the Book of Acts to Pope Francis," in *Laudato Si': Ethical, Legal, and Political Implications*, ed. Frank Pasquale (Cambridge University Press, forthcoming).

"Can Monasteries Be a Model for Reclaiming Tech Culture for Good?" *Nation* (November 27, 2014).

第2章

"10 Lessons from Kenya's Remarkable Cooperatives," *Shareable* (May 4, 2015).

"Interviewed: The Leaders of Kenya's College for Cooperatives," *Shareable* (April 24, 2015).

"'Truly, Much Can Be Done!': Cooperative Economics from the Book of Acts to Pope Francis," in *Laudato Si': Ethical, Legal, and Political Implications*, ed. Frank Pasquale (Cambridge University Press, forthcoming).

"How Communists and Catholics Built a Commonwealth," *America* (September 7, 2017).

"A New Way to Work," *America* (August 15–22, 2016).

"Curricular Cop-Out on Co-ops," *Chronicle of Higher Education* (October 9, 2016).

第3章

"Detroit at Work," *America* (October 24, 2014).

"Denver Taxi Drivers Are Turning Uber's Disruption on Its Head," *Nation* (September 7, 2016).

"Sharing Isn't Always Caring," *Al Jazeera America* (May 18, 2014).

"Owning Is the New Sharing," *Shareable* (December 21, 2014).

"Figuring Out the Freelance Economy," *Vice* (September 2016).

"Living, Breathing Platforms," *Enspiral Tales* (June 23, 2016).

"Why One City Is Backing a Different Kind of Family Values: Housing Co-ops," *America* (January

4, 2017).

第4章

"For These Borrowers and Lenders, Debt Is a Relationship Based on Love," *YES! Magazine* (September 21, 2015).

"After the Bitcoin Gold Rush," *New Republic* (February 24, 2015).

"Code Your Own Utopia," *Al Jazeera America* (April 7, 2014).

"Are You Ready to Trust a Decentralized Autonomous Organization?" *Shareable* (July 14, 2014).

"A Techy Management Fad Gives Workers More Power —— Up to a Point," *YES! Magazine* (September 30, 2015).

"Be the Bank You Want to See in the World," *Vice* (April 2015).

第5章

"The Joy of Slow Computing," *New Republic* (May 29, 2015).

"A Techy Management Fad Gives Workers More Power —— Up to a Point," *YES! Magazine* (September 30, 2015).

"Can Monasteries Be a Model for Reclaiming Tech Culture for Good?" *Nation* (November 27, 2014).

"An Internet of Ownership: Democratic Design for the Online Economy," *Sociological Review* 66, no. 2 (March 2018).
"How the Digital Economy Is Making Us Gleaners Again," *America* (October 17, 2015).
"Intellectual Piecework," *Chronicle of Higher Education* (February 16, 2015).
"Users Should Be Able to Own the Businesses They Love Instead of Investors," *Quartz* (March 27, 2017).
"Our Generation of Hackers," *Vice* (November 11, 2014).
"The Rise of a Cooperatively Owned Internet," *Nation* (October 13, 2016).
"The Associated Press Is a Joint Media Venture. Maybe Twitter Should Be Too," *America* (April 21, 2017).

第6章

"Economic Democracy and the Billion-Dollar Co-op," *Nation* (May 8, 2017).
"How Colorado Voters Could Usher in the Future of Healthcare in America," *Vice* (December 14, 2015).
"Colorado's Universal Health Care Proposal Is Also a Seismic Expansion of Democracy," *America* (June 30, 2016).
"How Communists and Catholics Built a Commonwealth," *America* (September 7, 2017).

"Free the Land," *Vice* (April 2016).

第7章

"Why We Hack," in *Wisdom Hackers* (The Pigeonhole, 2014).
"Why the Tech Elite Is Getting Behind Universal Basic Income," *Vice* (January 2015).
"Dear Mark Zuckerberg: Democracy Is Not a Facebook Focus Group," *America* (February 21, 2017).
"How Communists and Catholics Built a Commonwealth," *America* (September 7, 2017).

また、ハチェットグループのネイションブックスのチームと、スチュアート・クリチェフスキー著作権エージェンシー、特に私を担当してくれたエージェントのデービッド・パターソンと編集者のケイティ・オドネルには、本書のレポートの再構成と再検討にあたってお世話になった。バーバラ・クロイサントとダグ・オブライエンには原稿に親身なご意見を賜った。コロラド大学ボルダー校の同僚たちは、特にナビル・エシャイビのリーダーシップを通じて、かつてのギルドのような連帯を示してくれた。そして成長していくわが家族とその先の人間関係にまつわる妻クレア・ケリーのコーポラティビズムには、常に教えられることばかりである。最後になるが、本書は私にご自身の物語を体験させてくださり、お話しくださった新しい公正先駆者の皆さんなしには書けなかった。本書で紹介した方々に加え、私をご指導くださったのは以下の方々である（ここにお名前を挙げなかった方々もいる)。ニコル・アリクス、マティーン・アレッツ、アーメド・アッティア、デビン・バルカインド、ケイリー・バーカー・バン・バルケンバーグ、ハリエット・バーロウ、ポール・ビンデル、ジョゼフ・ブラーシ、デービッド・ボリアー、ベックス・ブーン、ジェニファー・ブリッグス、グレッグ・ブロードスキー、ハワード・ブロードスキー、アレクサ・クレイ、ニシン・コカ、マット・クロップ、ブレンダン・デノバン、エイブリー・イーデンフィールド、ハナン・エル・ユセフ、ローラ・フランダース、ナタリー・フォスター、カレン・ガルガメッツリ、シャミカ・ゴダード、マリナ・ゴービス、ジョナサン・ゴードン＝ファーリー、ジェシカ・ゴードン・ネンバード、ニール・ゴレンフロ、ステファニー・グイコ、イェシカ・ホルグイン、ジェン・ホロンジェフ、サラ・ホロウィッツ、ブレント・ヒュース、アラナ・アービング、カミル・カー、ベン・ナイト、コーリー・コーン、マーシャ・リー、リース・リンドマーク、ピア・マンシーニ、アニー・マクシラス、ミッキー・メッツ、メリナ・モリソン、ダグ・オブライエン、ジャネル・オルシ、リンダ・フィリップス、ルドビカ・ロジャーズ、ダグラス・ラシュコフ、キャロライン・セイブリー、トレバー・ショルツ、アダム・シュウォーツ、ゼイン・セルバンス、パラク・シャー、ヌーノ・シルバ、ダニー・スピッツバーグ、アーミン・ステューアネイゲル、ビル・スティーブンソン、ミシェル・スターン、キース・テイラー、スタッコ・トロンコーソ、サンディープ・バヒーサン、マーガレット・ビンセント、ハリシ・ビンソン、トム・ウェッブ、ジェイソン・ウィーナー、エランドリア・ウィリアムズ、フェリペ・ウィチガー、エリック・オリン・ライト。私が皆さんから集めた知恵が世の中の役に立ちますように。

ネクスト・シェア
ポスト資本主義を生み出す「協同」プラットフォーム

2020年8月13日発行

著　者——ネイサン・シュナイダー
訳　者——月谷真紀
発行者——駒橋憲一
発行所——東洋経済新報社
〒103-8345　東京都中央区日本橋本石町1-2-1
電話＝東洋経済コールセンター　03(6386)1040
https://toyokeizai.net/

装　丁…………秦　浩司
D T P…………アイランドコレクション
印刷・製本……丸井工文社
編集協力………パプリカ商店
編集担当………渡辺智顕
Printed in Japan　ISBN 978-4-492-21242-4

著者紹介

ネイサン・シュナイダー（Nathan Schneider）

ジャーナリスト、コロラド大学ボルダー校メディアスタディーズ学部助教授。

経済、技術、宗教について執筆活動をしており、『ニューヨーク・タイムズ』『ニューヨーカー』『ニュー・リパブリック』『カトリック・ワーカー』などに寄稿している。

最近の著書に、*Thank You, Anarchy: Notes from the Occupy Apocalypse* と、共編著 *Ours to Hack and to Own: The Rise of Platform Cooperativism, a New Vision for the Future of Work and a Fairer Internet* がある（いずれも未訳）。

訳者紹介

月谷真紀（つきたに まき）

翻訳家。上智大学文学部卒業。訳書に『デジタルエコノミーはいかにして道を誤るか』（東洋経済新報社）、『Learn Better――頭の使い方が変わり、学びが深まる6つのステップ』（英治出版）、『自分で「始めた」女たち』（海と月社）、『大学なんか行っても意味はない？――教育反対の経済学』（みすず書房）、『不可能を可能にせよ！ NETFLIX 成功の流儀』（サンマーク出版）など。

【図版の出所について】

写真はすべて私が取材中に撮影したものである。チャート、地図その他の図は、関連団体からの許可を得て以下の資料から転載させていただいた。

p.6　Liberty Distributors, *Policies and Procedures* (December 1978).

p.70　James Peter Warbasse, *Cooperative Democracy through Voluntary Association of the People as Consumers*, 3rd ed. (Harper and Brothers, 1936).

p.90　University of Wisconsin Center for Cooperatives.

p.112　Southeastern Michigan Council of Governments and Courtney Flynn, Wayne State University Center for Urban Studies.

p.117　Lawrence Mishel, "The Wedges between Productivity and Median Compensation Growth," Economic Policy Institute, Issue Brief no. 330 (April 26, 2012).

p.163　Blockchain Luxembourg SA, api.blockchain.info/charts/preview/market-price.png?timespan=all&lang=en.

p.217　Richard Florida and Karen M. King, "Spiky Venture Capital: The Geography of Venture Capital Investment by Metro and Zip Code," Martin Prosperity Institute (February 22, 2016).

p.266　Rural Electrification Administration, *A Guide for Members of REA Cooperatives* (U.S. Department of Agriculture, 1939), 20–21.

p.326　Concept from Peter Turchin, "The Strange Disappearance of Cooperation in America," Cliodynamica (blog) (June 21, 2013), peterturchin.com/cliodynamica/strange-disappearance. Data from Robert D. Putnam, *Bowling Alone: The Collapse and Revival of American Community* (Simon & Schuster, 2000), 54 (ロバート・D・パットナム『孤独なボウリング――米国コミュニティの崩壊と再生』柴内康文訳、柏書房、2006年), and Facundo Alvaredo, Anthony B. Atkinson, Thomas Piketty, and Emmanuel Saez, "The Top 1 Percent in International and Historical Perspective," *Journal of Economic Perspectives* 27, no. 3 (Summer 2013): 3–20.

序章：公正を志す先駆者たち

1. LeRoy Croissant, *Ancestors and Descendants of Fred Henry Croissant (1791–2001)*, 私的な家族史 (2001); カセットテープはクロイサントの著書執筆のための調査の一環として作成され、1989年1月14日と15日に録音された。
2. Liberty Distributors, *Policies and Procedures* (December 1978). 私の叔母のジャネット・フィンリーが自宅の地下室で発見した手引書には日付の異なる文書が複数含まれている。財務データは1980年のもので、この年の会社の売上推定は6億6000万ドルだった。また私はリバティ社の組合員兼所有者だったアマリロ・ハードウェア社のチャック・ショートに同社について話を聞いた。リバティ社の創業は1935年で、ショートによれば法律上は協同組合ではなかったが、協同組合として運営されていたという。1991年に買収合併により、リバティ・ディストリビューターズ社は別の協同組合であるディストリビューション・アメリカ社の傘下に入った。
3. Croissant, *Ancestors and Descendants*; ウエスタンシュガーコオペラティブのサイト "History," westernsugar.com/who-we-are/history によれば、同社は2002年に協同組合になった。
4. 以下の文献全般で繰り返されている。Peter Maurin, *Easy Essays* (Wipf and Stock, 2010).
5. John Curl, *For All the People: Uncovering the Hidden History of Cooperation, Cooperative Movements, and Communalism in America*, 2nd ed. (PM Press, 2012), 190–191; アメリカの協同組合が初期に受けた抑圧の分析については以下を参照のこと。Marc Schneiberg, "Movements as Political Conditions for Diffusion: Anti-Corporate Movements and the Spread of Cooperative Forms in American Capitalism," *Organization Studies* 34, no. 5–6 (2013).
6. 「協同組合コモンウェルス」という言葉が初めて定着したのはLaurence Gronlund, *The Co-operative Commonwealth in Its Outlines: An Exposition of Modern Socialism* (Lee and Shepard, 1884) によってである。この本はマルクスの包括的な国家を維持しつつも、カール・マルクスの思想をもっと漸進主義的に、明らかにダーウィン的に進化させて協同組合的な取り決めに翻案している。; Norman Thomas, *The Choice Before Us: Mankind at the Crossroads* (AMS Press, 1934); デュボイスとコモンウェルスについては以下を参照のこと。Olabode Ibironke, "W.E.B. Du Bois and the Ideology or Anthropological Discourse of Modernity: The African Union Reconsidered," *Social Identities* 18, no. 1 (2012), and Jessica Gordon Nembhard, *Building a Cooperative Solidarity Commonwealth* (The Next System Project, 2016); 以下も参照のこと。Edward K. Spann, *Brotherly Tomorrows: Movements for a Cooperative Society in America, 1820–*

1920 (Columbia University Press, 1989), and Alex Gourevitch, *From Slavery to the Co-operative Commonwealth: Labor and Republican Liberty in the Nineteenth Century* (Cambridge University Press, 2014).

7. 1912年の演説が原文として使われることが多いが、この言葉は1911年のジェームズ・オッペンハイムの詩にインスピレーションを与えているので、演説に先立って存在していた。Minerva K. Brooks, "Votes for Women: Rose Schneiderman in Ohio," *Life and Labor* (September 1912), 288; Margaret Dreier Robins, "Self-Government in the Workshop," *Life and Labor* (April 1912), 108–110; 労働時間をめぐるアメリカでの闘争については以下を参照のこと。Benjamin Kline Hunnicutt, *Free Time: The Forgotten American Dream* (Temple University Press, 2013).
8. ここで取り上げた法律は1856年の会社法と1852年の産業および節約組合法である。; Henry Hansmann, "All Firms Are Cooperatives —— and So Are Governments," *Journal of Entrepreneurial and Organizational Diversity* 2, no. 2 (2013).
9. *State of the Global Workplace* (Gallup, 2017); Francesca Gino, "How to Make Employees Feel Like They Own Their Work," *Harvard Business Review* (December 7, 2015) (フランチェスカ・ジーノ「仕事を『自分ごと』だと思わせるだけで、従業員の意欲や生産性は劇的に上がる」Diamondハーバード・ビジネス・レビュー、2016.2.25); Jocko Willink and Leif Babin, *Extreme Ownership: How U.S. Navy Seals Lead and Win* (St. Martin's Press, 2015); 次のような広く普及した例も参照されたい。Micah Solomon, "The Secret of a Successful Company Culture: Spread a Sense of Ownership," *Forbes* (July 7, 2014), and Joel Basgall, "Build a Culture of Ownership at Your Company," *Entrepreneur* (October 1, 2014); さまざまな従業員所有形態については以下を参照されたい。Joseph R. Blasi, Richard B. Freeman, and Douglas L. Kruse, *The Citizen's Share: Reducing Inequality in the 21st Century* (Yale University Press, 2013).
10. "ESOPs by the Numbers," National Center for Employee Ownership, nceo.org/articles/employee-ownership-by-the-numbers; ただし以下の文献によると意味のある規模ないし統治権のあるESOPを経験している労働者は200万人ほどしかいない。Thomas Dudley, "How Big Is America's Employee-Owned Economy?" *Fifty by Fifty*, on Medium (June 23, 2017).
11. 国際協同組合同盟 (ICA：International Cooperative Alliance) は名称に「Co-operative」を使用しているが、私はアメリカの表記と異なる他の単語と同様、表記の統一性をはかるためハイフン (イギリス英語で標準的に用いられる) を省いた。本文では以降もハイフンなしの「cooperative」を用いるが、巻末注では文献を正確に記載するためハイフンを残したものを用いる。Dave Grace and Associates, *Measuring the Size and Scope of the Cooperative Economy: Results of the 2014 Global Census on Co-operatives* (United Nations Secretariat Department of Economic and Social Affairs Division for Social

Policy and Development, 2014); Hyungsik Eum, *Cooperatives and Employment: Second Global Report* (CICOPA, 2017); International Cooperative Alliance, "Facts and Figures," ica.coop/en/facts-and-figures.

12. Liminality, "Cooperative Awareness Survey" (April 2017), commissioned by Cooperatives for a Better World.
13. Brent Hueth, "Missing Markets and the Cooperative Firm," Toulouse School of Economics, Conference on Producer Organizations (September 5–6, 2014).
14. Roberto Stefan Foa and Yascha Mounk, "The Danger of Deconsolidation: The Democratic Disconnect," *Journal of Democracy* 27, no. 3 (July 2016).
15. ジョージ・W・ブッシュ大統領は海外には民主政治、国内には「所有権社会《オーナーシップ》」を推進しようとした。ただしこの所有権社会とは、医療や教育を公共で所有し共有していたのを、民間セクターのサービスを個人が購入することに置き換えようという構想に基づいた概念である。イギリスのトニー・ブレア首相はもっと協同組合的要素のある所有権社会を構想した。
16. アップルについては以下を参照のこと。Lori Emerson, *Reading Writing Interfaces: From the Digital to the Bookbound* (University of Minnesota Press, 2014), 77 and 81; ネイスビッツの言葉は以下に引用されたもの。Theodore Roszak, *The Cult of Information: The Folklore of Computers and the True Art of Thinking* (Pantheon, 1986), 161. (セオドア・ローザック『コンピュータの神話学』成定薫・荒井克弘訳、朝日新聞社、1989年).
17. International Cooperative Alliance, "Cooperative Identity, Values and Principles," ica.coop/en/whats-co-op/co-operative-identity-values-principles; 以下も参照のこと。*Guidance Notes to the Cooperative Principles* (International Cooperative Alliance, 2015). 協同組合原則は他にもある。アメリカ政府にも、農業協同組合に特化した独自の原則集があり、以下の文献で論じられている。Bruce J. Reynolds, *Comparing Cooperative Principles of the U.S. Department of Agriculture and the International Cooperative Alliance* (U.S. Department of Agriculture, June 2014) ; 特に労働者協同組合はICAの原則とほぼ内容が重なるが独自の原則集*World Declaration on Worker Cooperatives*を明文化し、コロンビアのカルタヘナで行われたICA総会（2005年9月23日）で承認されている。; Mondragon Corporation, "Our Principles," mondragon-corporation.com/en/co-operative-experience/our-principles.
18. Jonathan Stempel, "Arconic Is Sued in U.S. over Fatal London Tower Fire," *Reuters* (July 14, 2017); Geoffrey Supran and Naomi Oreskes, "What Exxon Mobil Didn't Say about Climate Change," *New York Times* (August 22, 2017).
19. 労働組合と協同組合の協調については1worker1vote.orgおよびcincinnatiunioncoop.orgを参照のこと。; フランシスコ教皇については私の以下の記事を参照のこと。"How

Pope Francis Is Reviving Radical Catholic Economics," *Nation* (September 9, 2015); 「黒人の命のための運動」プラットフォームについては以下を参照のこと。policy.m4bl.org/economic-justice; イギリス労働党については以下を参照のこと。Anca Voinea, "Corbyn's Digital Democracy Manifesto Promotes Co-operative Ownership of Digital Platforms," *Co-operative News* (August 30, 2016); バーニー・サンダースの選挙運動用ウェブサイトには12の政策提案の最後のものとして「労働者協同組合の創設」が含まれていたが、サンダースはこれについて公に発言することはほとんどなく、やがてこのアイデアは綱領の項目の一つに格下げされてしまった。(以下を参照のこと。web.archive.org/web/20150430045208/berniesanders.com/issues); 社会運動と協同《コオペレーション》の関係についての全般的な議論は以下を参照のこと。Schneiberg, "Movements as Political Conditions for Diffusion."

20. George Lakey, *Viking Economics: How the Scandinavians Got It Right —— and How We Can, Too* (Melville House, 2016); Jessica Gordon Nembhard, *Collective Courage: A History of African American Cooperative Economic Thought and Practice* (Penn State University Press, 2014); M. K. Gandhi, *Constructive Programme: Its Meaning and Place*, 2nd ed. (Navajivan, 1945).
21. マルチステークホルダー協同組合を開発するイギリスの組織、フェアシェアーズ (Fair-Shares) を通じて設計されたオンラインプラットフォーム、エニイシェア (AnyShare) がそれである。; Josef Davies-Coates, "Open Co-ops —— An Idea Whose Time Has Come?" Open Co-op (blog) (January 7, 2014); Michel Bauwens, "Open Cooperativism for the P2P Age," P2P Foundation (blog) (June 16, 2014); Pat Conaty and David Bollier, *Toward an Open Co-operativism: A New Social Economy Based on Open Platforms, Co-operative Models and the Commons* (Commons Strategies Group, 2014), commonsstrategies.org/towards-an-open-co-operativism.
22. 有益な批判的議論には例えば以下がある。Matthew D. Dinan, "Keeping the Old Name: Derrida and the Deconstructive Foundations of Democracy," *European Journal of Political Theory* 13, no. 1 (2014).

第1章：すべてのものが共有されていた

1. John Coney (dir.), *Space Is the Place* (1974), 32:00.
2. Jean Leclercq, *The Love of Learning and the Desire for God* (Fordham University Press, 1961), 175.
3. E.g., Lynn Margulis, *Symbiotic Planet: A New Look at Evolution* (Basic Books, 1998) (リン・マーギュリス『共生生命体の30億年』中村桂子訳、草思社、2000年); Martin A. Nowak and Roger Highfield, *SuperCooperators: Altruism, Evolution, and Why We Need Each Other to Succeed* (New York: Free Press, 2012).

4. Margaret Mead, ed., *Cooperation and Competition Among Primitive Peoples* (McGraw-Hill, 1937), 16; Alexa Clay, "Neo-Tribes: The Future Is Tribal," keynote at re:publica in Berlin, Germany (May 4, 2016).
5. 文字通りの引用ではないが、以下から採録した。Elinor Ostrom, *Governing the Commons: The Evolution of Institutions for Collective Action* (Cambridge University Press, 1990), 90; オストロムのフレームワークを歴史上のコモンズにあてはめたものとしては以下を参照のこと。"Collective Action Institutions in a Long-Term Perspective," a special issue of the *International Journal of the Commons* 10, no. 2 (2016); コモンズの入門書としては以下が優れている。David Bollier, *Think Like a Commoner: A Short Introduction to the Life of the Commons* (New Society Publishers, 2014).
6. Ed Mayo, *A Short History of Co-operation and Mutuality* (Co-operatives UK, 2017).
7. 『使徒行伝』第2章43〜45節。これを含む聖書からの引用はすべてNew American Bibleを使用した。(日本語訳は『口語　新約聖書』(日本聖書協会、1954年) を使用。)
8. 『使徒行伝』第4章32節、第5章12節。
9. 『使徒行伝』第6章1〜6節。
10. Augustine of Hippo, *The Rule of St. Augustine*, trans. Robert Russell (Brothers of the Order of Hermits of Saint Augustine, 1976) ; Benedict of Nursia, *RB 1980: The Rule of St. Benedict* in English, trans. Timothy Fry (Liturgical Press, 1981) , chap. 3; ベネディクトゥスの戒律が現代のコーポラティビズムに通じることは、以下の文献のテーマとなっている。Greg MacLeod, "The Monastic System as a Model for the Corporate Global System," Work as Key to the Social Question conference, Vatican City (September 12–15, 2001).
11. Chap. 4 of the Rule of St. Clare, in *Francis and Clare: The Complete Works*, trans. R. J. Armstrong (Paulist Press, 1988), 215–216.「私たちの中の」という言葉は原典ではカッコに入れられている。
12. この論争の詳細は以下を参照のこと。Giorgio Agamben, *The Highest Poverty: Monastic Rules and Form-of-Life*, trans. Adam Kotsko (Stanford University Press, 2013) (ジョルジョ・アガンベン『いと高き貧しさ——修道院規則と生の形式』上村忠男・太田綾子訳、みすず書房、2014年).
13. Robert Harry Inglis Palgrave, ed., *Dictionary of Political Economy*, vol. 1 (Macmillan, 1915), 212; 私は「すべての男性 (all men)」を「万人 (everyone)」に変更した。以下の文献でもそのように翻訳されている。Agamben, *The Highest Poverty*, 112. *Catechism of the Catholic Church*, 2nd ed. (Libreria Editrice Vaticana, 1993) , pt. 3, sec. 2, chap. 2, art. 7.I.
14. Benedict of Nursia, *RB 1980*, chap. 33.
15. Steven A. Epstein, *Wage Labor and Guilds in Medieval Europe* (University of North

Carolina Press, 1995), 40–41.

16. Thomas Müntzer, *Sermon to the Princes* (Verso, 2010), 96–97.
17. キリスト教徒の協同の歴史について、プロテスタント派寄りのものを以下で読むことができる。Andrew McLeod, *Holy Cooperation! Building Graceful Economies* (Cascade Books, 2009).
18. 以下を参照のこと。Peter Linebaugh, *The Magna Carta Manifesto: Liberties and Commons for All* (University of California Press, 2009); Karl Polanyi, *The Great Transformation: The Political and Economic Origins of Our Time* (Beacon Press, 2001 [1944]) (カール・ポラニー『[新訳] 大転換』野口建彦・栖原学訳、東洋経済新報社、2009年); Silvia Federici, *Caliban and the Witch: Women, the Body and Primitive Accumulation* (Autonomedia, 2014 [2004]) (シルヴィア・フェデリーチ『キャリバンと魔女——資本主義に抗する女性の身体』小田原琳・後藤あゆみ訳、以文社、2017年).
19. "The True Levellers Standard Advanced," in Gerrard Winstanley, *A Common Treasury* (Verso, 2011), 17.

第2章：美しい人生のための原則

1. James Peter Warbasse, *Cooperative Democracy through Voluntary Association of the People as Consumers*, 3rd ed. (Harper and Brothers, 1936), 61–62. 当初はアメリカ協同組合連盟 (Cooperative League of America) と呼ばれ、1922年に名称変更した。組織の一部は1909年にニューヨークのロウワーイーストサイドで設立されたユダヤ人協同組合連盟 (Jewish Cooperative League) を下敷きとしている。
2. Murray D. Lincoln, *Vice President in Charge of Revolution* (McGraw-Hill, 1960), 108.
3. Warbasse, *Cooperative Democracy*, 270.
4. この部分を含め、アメリカの協同の初期の歴史は以下の文献に拠った。John Curl, *For All the People: Uncovering the Hidden History of Cooperation, Cooperative Movements, and Communalism in America*, 2nd ed. (PM Press, 2012); Jessica Gordon Nembhard, *Collective Courage: A History of African American Cooperative Economic Thought and Practice* (Penn State University Press, 2014); Joseph G. Knapp, *The Rise of American Cooperative Enterprise: 1620–1920* (Interstate, 1969); and Edward K. Spann, *Brotherly Tomorrows: Movements for a Cooperative Society in America, 1820–1920* (Columbia University Press, 1989). タラ漁の話は以下の書籍の序章でも述べられている。Joseph R. Blasi, Richard B. Freeman, and Douglas L. Kruse, *The Citizen's Share: Reducing Inequality in the 21st Century* (Yale University Press, 2013).
5. 以下の文献に引用されている。Gordon Nembhard, *Collective Courage*, 36.
6. Abraham Lincoln, "Address Before the Wisconsin State Agricultural Society, Milwaukee, Wisconsin," in *Collected Works of Abraham Lincoln*, vol. 3 (University of

Michigan Digital Library Production Services, 2001).

7. さらに長い哲学の伝統については以下を参照のこと。David Ellerman, "On the Renting of Persons," *Economic Thought* 4, no. 1 (2015); ローウェルの話は以下に拠った。Bruce Laurie, *Artisans into Workers: Labor in Nineteenth-Century America* (University of Illinois Press, 1997), 87; 歌詞は流行歌 "I Won't Be a Nun" の替え歌だった。

8. George Jacob Holyoake, *The History of Co-operation*, rev. ed. (T. Fisher Unwin, 1908 [1875]), 11 and 13. 同時期の記録としてもう一つ有名なのが以下である。Beatrice Potter Webb, *The Co-operative Movement in Great Britain* (Allen and Unwin, 1899). (ビアトリス・ポッター『消費組合發達史論――英國協同組合運動』久留間鮫造訳、同人社書店、1925年).

9. Holyoake, *The History of Co-operation*, 34.

10. Holyoake, 40.

11. ロッチデールはホリヨークの影響によって持ち上げられ過ぎたという示唆が、例えば以下の文献でなされている。Brett Fairbairn, *The Meaning of Rochdale: The Rochdale Pioneers and the Co-operative Principles* (Centre for the Study of Co-operatives, University of Saskatchewan, 1994), and John F. Wilson, Anthony Webster, and Rachael Vorberg-Rugh, *Building Co-operation: A Business History of The Co-operative Group, 1863–2013* (Oxford University Press, 2013); ロッチデール以前のイギリスにおける協同組合の地図を以下の文献で見ることができる。Ed Mayo, *A Short History of Co-operation and Mutuality* (Co-operatives UK, 2017); しかしイギリスの主流の協同組合組織の確立に果たしたロッチデールの役割を考えれば、これらの見直された歴史もホリヨークの熱烈な支援と完全に矛盾するわけではない。

12. Holyoake, *The History of Co-operation*, 280–281; Webb, *The Co-operative Movement in Great Britain*は私有財産に対するアプローチの対比を強調している。

13. George Jacob Holyoake, *The History of the Rochdale Pioneers*, 10th ed. (George Allen and Unwin, 1893), 21 (ジョージ・ヤコブ・ホリヨーク『ロッチデールの先駆者たち』協同組合経営研究所訳、協同組合経営研究所、1968年); Holyoake, *The History of Co-operation*, 287–288.

14. この歴史の最も信頼のおける情報源はWilson, *Building Co-operation*である。

15. 失われていた市場：Brent Hueth, "Missing Markets and the Co-operative Firm," Toulouse School of Economics, Conference on Producer Organizations (September 5–6, 2014); Kazuhiko Mikami, *Enterprise Forms and Economic Efficiency: Capitalist, Cooperative and Government Firms* (Routledge, 2011) ; E. G. Nourse, "The Economic Philosophy of Co-operation," *American Economic Review* 12, no. 4 (December 1922). 立ち上げコスト：Hueth, "Missing Markets." 生産性のメリット：Peter Bogetoft, "An Information Economic Rationale for Cooperatives," *European Review of Agricultural*

Economics 32 (2005); Peter Molk, "The Puzzling Lack of Cooperatives," *Tulane Law Review* 88 (2014); Virginie Pérotin, *What Do We Really Know About Worker Co-operatives?* (Co-operatives UK, 2016). 搾取からの保護：Henry Hansmann, *The Ownership of Enterprise* (Harvard University Press, 2000)（ヘンリー・ハンズマン『企業所有論――組織の所有アプローチ』米山高生訳、慶應義塾大学出版会、2019年）; Pérotin, *What Do We Really Know.* 情報共有：Bogetoft, "An Information Economic Rationale."; Timothy W. Guinnane, "Cooperatives as Information Machines: German Rural Credit Cooperatives, 1883–1914," *Journal of Economic History* 61, no. 2 (2001); Mikami, *Enterprise Forms.* 失敗する確率：John W. Mellor, *Measuring Cooperative Success: New Challenges and Opportunities in Low- and Middle-Income Countries* (United States Overseas Cooperative Development Council and United States Agency for International Development, 2009); Molk, "The Puzzling Lack." ; Erik K. Olsen, "The Relative Survival of Worker Cooperatives and Barriers to Their Creation," in *Sharing Ownership, Profits, and Decision-Making in the 21st Century*, ed. Douglas Kruse (Emerald Group Publishing, 2013) ; Pérotin, *What Do We Really Know.* 不況期の抵抗力：Johnston Birchall, *Resilience in a Downturn: The Power of Financial Cooperatives* (International Labour Organization, 2013); Clifford Rosenthal, *Credit Unions, Community Development Finance, and the Great Recession* (Federal Reserve Bank of San Francisco, 2012); Guillermo Alves, Gabriel Burdín, and Andrés Dean, "Workplace Democracy and Job Flows," *Journal of Comparative Economics* 44, no. 2 (May 2016). コストの節約：Hansmann, *The Ownership of Enterprise*; Hueth, "Missing Markets." ; Pérotin, *What Do We Really Know.*

16. 以下の巻頭文からの引用。Holyoake, *The History of Co-operation*, 312 and 355–356; Curl, *For All the People*, pt. I, chap. 3, epub; Victor Rosewater, *History of Cooperative News-Gathering in the United States* (D. Appleton and Company, 1930).
17. 以下の文献に引用されたUnion Co-operative Association No. 1 of Philadelphiaのポスター。Steve Leikin, *The Practical Utopians: American Workers and the Cooperative Movement in the Gilded Age* (Wayne State University Press, 2005) , 1; *Iron Molders' International Journal* (May 1868), Leikin, 28に引用されたもの。
18. David T. Beito, *From Mutual Aid to the Welfare State: Fraternal Societies and Social Services, 1890–1967* (University of North Carolina Press, 2000) ; Blasi, Freeman, and Kruse, *The Citizen's Share*, 141–142.
19. Curl, *For All the People*, pt. I, chaps. 5–6, epub; Lawrence Goodwyn, *The Populist Moment: A Short History of the Agrarian Revolt in America* (Oxford University Press, 1978); Knapp, *The Rise of American Cooperative Enterprise;* Leikin, *The Practical Utopians.*

20. W. E. Burghardt Du Bois, ed., *Economic Co-operation Among Negro Americans* (Atlanta University Press, 1907), 4. 以下も参照のこと。Gordon Nembhard, *Collective Courage.*
21. Gordon Nembhard, *Collective Courage*, 85.
22. Charles Caryl, *New Era: Presenting the Plans for the New Era Union* [...] (1897); Silvia Pettem, *Only in Boulder: The County's Colorful Characters* (History Press, 2010); Bradford Peck, *The World a Department Store: A Story of Life Under a Coöperative System* (1900); Spann, *Brotherly Tomorrows*, 216–219. CarylとPeckの作品はいずれもEdward Bellamyの1888年に刊行され非常に人気のあった*Looking Backward*（ベラミー『顧りみれば』山本政喜訳、岩波書店、1953年）のスタイルに似ている。
23. 特に以下を参照のこと。Knapp, *The Rise of American Cooperative Enterprise*; 反トラスト法については以下を参照のこと。John Hanna, "Antitrust Immunities of Cooperative Associations," *Law and Contemporary Problems* 13 (Summer 1948), and Christine A. Varney, "The Capper-Volstead Act, Agricultural Cooperatives, and Antitrust Immunity," *Antitrust Source* (December 2010).
24. Cooperative League of the U.S.A., *The Co-ops Are Comin'* (1941), filmpreservation.org/preserved-films/screening-room/the-co-ops-are-comin-1941#. 映画では「勉強会」を強調している。
25. Andrea Gagliarducci, "The Man Who Put Laudato Si into Practice in Ecuador——Forty Years Ago," *Catholic News Agency* (July 8, 2015).
26. J. Carroll Moody and Gilbert C. Fite, *The Credit Union Movement: Origins and Development, 1850–1980* (Kendall/Hunt, 1984); Susan MacVittie, "Credit Unions: The Farmers'Bank," *Watershed Sentinel* (January 16, 2018); William Foote Whyte and Kathleen King Whyte, *Making Mondragón: The Growth and Dynamics of the Worker Cooperative Complex*, 2nd ed. (ILR Press, 1991)（ウィリアム・ホワイト、キャサリン・ホワイト『モンドラゴンの創造と展開——スペインの協同組合コミュニティー』佐藤誠・中川雄一郎・石塚秀雄訳、日本経済評論社、1991年）.
27. ユダヤ教についてはNoémi Giszpenc, "Cooperatives: The (Jewish) World's Best-Kept Secret," *Jewish Currents* (Autumn 2012); プロテスタント派についてはAndrew McLeod, *Holy Cooperation! Building Graceful Economies* (Cascade Books, 2009) を参照のこと。; 協同組合はイスラム教徒や仏教徒が多数派を占める地域や移民先に形成した共同体にも普及しており、協同組合活動家たちは地元に定着した宗教言語を通じてこのモデルを再解釈している。
28. Leo XIII, *Rerum Novarum*, sec. 46.
29. カトリックのコーポラティビズムの思想基盤は毀《き》誉《よ》褒貶《ほうへん》のある進展を遂げた。レオ13世

の主張をより明確に協同組合的な形態として繰り返したピウス11世は戦前ベニート・ムッソリーニとの関わりに巻き込まれ、ベロックやチェスタトンは分配主義への憧れとともにファシズムと人種差別主義への共感を抱いていた。このような傾向はカトリックの協同の現実の実践家たちの間にはあまり見られなかった。

30. José María Arizmendiarrieta, *Reflections* (Otalora, 2013), sec. 213; 以下も参照のこと。Race Mathews, *Jobs of Our Own: Building a Stakeholder Society; Alternatives to the Market and the State*, 2nd ed. (Distributist Review Press, 2009), and *Of Labour and Liberty: Distributism in Victoria 1891–1966* (Monash University Publishing, 2017); モンドラゴンの仕組みを解説した書籍としてWhyte and Whyte, *Making Mondragón*も重要である。あるバスク人伝記作家が著書の冒頭で述べたように、「アリスメンディアリエタは——歴史上も仕組み上も——歴史や生産の理論の哲学的分析から始めたのではない。彼の着想の最大の源は、人間という具体的な哲学的概念にある」(Joxe Azurmendi, *El Hombre Cooperativo: Pensamiento de Arizmendiarrieta* [Lan Kide Aurrezkia, 1984], via a draft translation by Steve Herrick of the Interpreters' Cooperative of Madison).
31. "Father Albert McKnight," Cooperative Hall of Fame, heroes.coop/archive/father-albert-mcknight; Albert J. McKnight, *Whistling in the Wind: The Autobiography of The Rev. Albert J. McKnight, C. S. Sp.* (Southern Development Foundation, 2011), epub; Mary Anne Rivera, "Jubilee: A Magazine of the Church and Her People: Toward a Vatican II Ecclesiology," *Logos: A Journal of Catholic Thought and Culture* 10, no. 4 (Fall 2007); 以下を参照のこと。Catholic Relief Services, "Agency Strategy," crs.org/about/agency-strategy; "Interfaith Partners," Equal Exchange, equalexchange.coop/our-partners/interfaith-partners; カトリックの伝統、フランシスコ教皇、協同に関して詳しくは、以下の書籍の私が執筆した章を参照されたい。"'Truly, Much Can Be Done!' : Cooperative Economics from the Book of Acts to Pope Francis," in *Care for the World: Laudato Si' and Catholic Social Thought in an Era of Climate Crisis*, ed. Frank Pasquale (Cambridge University Press, 2019).
32. L. Cannari and G. D'Alessio, "La Distribuzione del Reddito e della Ricchezza nelle Regioni Italiane," Banca d' Italia, *Temi di Discussione del Servizio Studi* no. 482 (June 2003); Flavio Delbono, "The Sources of GDP in [the] Emilia Romagna Region and the Role of Co-operation," Emilia Romagna Cooperative Study Tour lecture at the University of Bologna (June 8, 2017); 著名な経済学者でボローニャの元市長であるDelbonoは、この講義とその後のやりとりで、協同組合は同地域の経済指標に因果関係があると主張した。私はセント・メアリーズ大学とボローニャ大学経済学部が共催した視察旅行での経験をここにかなり盛り込んだ。
33. イギリス式に「Co-operative Bank」というスペルになっている。

34. ケニアの協同組合経済とその歴史の概要については以下を参照のこと。Ndwakhulu Tshishonga and Andrew Emmanuel Okem, "A Review of the Kenyan Cooperative Movement," in *Theoretical and Empirical Studies on Cooperatives*, ed. Andrew Emmanuel Okem (Springer, 2016); Fredrick O. Wanyama, "The Qualitative and Quantitative Growth of the Cooperative Movement in Kenya," in *Cooperating Out of Poverty: The Renaissance of the African Cooperative Movement*, ed. Patrick Develtere, Ignace Pollet, and Fredrick Wanyama (International Labour Organization, 2008).
35. E. N. Gicheru, "Engaging Co-operatives in Addressing Local and Global Challenges: The Role of Co-operatives in Generating Sustainable Livelihoods," エチオピアのアジスアベバで開かれた国連の協同組合会議（2012年9月4〜6日）にて発表; CoopAfrica, "Kenya," International Labour Organization, ilo.org/public/english/employment/ent/coop/africa/countries/eastafrica/kenya.htm.
36. Roderick Hill, "The Case of the Missing Organizations: Co-operatives and the Textbooks," *Journal of Economic Education* 31, no.3 (Summer 2000); 以下も参照のこと Panu Kalmi, "The Disappearance of Cooperatives from Economics Textbooks," *Cambridge Journal of Economics* 31, no. 4 (2007).
37. 以下からの引用。Lee Altenberg, "An End to Capitalism: Leland Stanford's Forgotten Vision," *Sandstone and Tile* 14, no. 1 (Winter 1990).
38. Joss Winn, "Democratically Controlled, Co-operative Higher Education," *openDemocracy* (April 23, 2015); The Schools Co-operative Society, co-operativeschools.coop.
39. Altenberg, "An End to Capitalism."

第3章：もう一つのシェアリング・エコノミー

1. 彼女の思想の最終的な要約は以下を参照のこと。Grace Lee Boggs with Scott Kurashige, The Next American Revolution: Sustainable Activism for the Twenty-First Century, 2nd ed. (University of California Press, 2012).
2. 以下を参照 Kathi Weeks, *The Problem with Work: Feminism, Marxism, Antiwork Politics, and Postwork Imaginaries* (Duke University Press, 2011).
3. 生産性と民間セクターの雇用を比較した2011年の労働統計局のデータをもとにしたJared Bernsteinによる造語。; Bernstein, "The Challenge of Long Term Job Growth: Two Big Hints," *On the Economy* (blog) (June 5, 2011), jaredbernsteinblog.com/the-challenge-of-long-term-job-growth-two-big-hints; Andrew McAfee, "Productivity and Employment (and Technology): In the Jaws of the Snake," (March 22, 2012), andrewmcafee.org/2012/03/mcafee-bernstein-productivity-employment-technology-jaws-snake. 以下も参照されたい。Lawrence Mishel, "The Wedges between Productivity

16. Alex Burness, "At Long Last, Boulder Approves New Co-op Housing Ordinance," *Daily Camera* (January 4, 2017).
17. James Howard Kunstler, "The Ghastly Tragedy of the Suburbs," TED Talk (May 2007).

第４章：分散自律型社会の「ゴールドラッシュ」

1. 以下を参照のこと。John T. Noonan Jr., *The Scholastic Analysis of Usury* (Harvard University Press, 1957); Jacques Le Goff, *Your Money or Your Life: Economy and Religion in the Middle Ages* (Zone Books, 1988).
2. 以下を参照のこと。Nathan Schneider, "How a Worker-Owned Tech Startup Found Investors —— and Kept Its Values," *YES! Magazine* (April 26, 2016).
3. Credit Union National Association, "Credit Union Data and Statistics," cuna.org/Research-And-Strategy/Credit-Union-Data-And-Statistics; CoBank, "About CoBank," cobank.com/corporate/about.
4. Satoshi Nakamoto, "Bitcoin Open Source Implementation of P2P Currency," P2P Foundation Ning forum (February 11, 2009), p2pfoundation.ning.com/forum/topics/bitcoin-open-source; ビットコイン白書のオリジナル版は以下で読める。bitcoin.org/bitcoin.pdf; ビットコイン興隆の全容については以下を参照のこと。Nathaniel Popper, *Digital Gold: Bitcoin and the Inside Story of the Misfits and Millionaires Trying to Reinvent Money* (Harper, 2015).
5. Daniela Hernandez, "Homeless, Unemployed, and Surviving on Bitcoins," *Wired* (September 13, 2013); Kim Lachance Shandrow, "Bill Gates: Bitcoin Is 'Better Than Currency,'" *Entrepreneur* (October 3, 2014); ビットコインへの説得力ある批判は以下を参照のこと。Brett Scott "Visions of a Techno-Leviathan: The Politics of the Bitcoin Blockchain," *E-International Relations* (June 1, 2014) and "How Can Cryptocurrency and Blockchain Technology Play a Role in Building Social and Solidarity Finance?" working paper for the United Nations Research Institute for Social Development (February 2016).
6. 初期にビットコインについて書いている人々の多くはビットコインの所有者でもあったため、信頼性の高いアナリストは非常に少ない。スワンソンの著作はありがたい例外である。彼の著書はofnumbers.comで読むことができる。ビットコインの公開台帳は統計学者の夢だが、口座と実在の人間を関連づけるのは容易ではない。人口動態データは以下を参照のこと。Lui Smyth, "Bitcoin Community Survey 2014" (February 1, 2014), simulacrum.cc/2014/02/01/bitcoin-community-survey-2014; Neil Sardesai, "Who Owns All the Bitcoins —— An Infographic of Wealth Distribution," *CryptoCoinsNews* (March 31, 2014); CoinDesk, *Who Really Uses Bitcoin?* (June 10, 2015), coindesk.com/

research/who-really-uses-bitcoin; Olga Kharif, "The Bitcoin Whales: 1,000 People Who Own 40 Percent of the Market," *Bloomberg Businessweek* (December 8, 2017); Coin Dance, "Bitcoin Community Engagement by Gender Summary," coin.dance/stats/gender (94.73 percent male in March 2018).

7. ブテリンの当初のホワイトペーパーは以下で読むことができる。github.com/ethereum/wiki/wiki/White-Paper.
8. イーサリアムを初めて学術的にまともに取り上げたのはおそらく以下の文献だろう。Primavera De Filippi, "Ethereum: Freenet or Skynet?" luncheon at Berkman Klein Center for Internet and Society at Harvard University (April 15, 2014), cyber.harvard.edu/events/luncheon/2014/04/difilippi; 広く拡散された次の動画も参照されたい。"Vitalik Buterin Reveals Ethereum at Bitcoin Miami 2014," youtube.com/watch?v=l9dpjN3Mwps; ブテリンの世界観についての初期の分析としては以下の文献が優れている。Sam Frank, "Come With Us If You Want to Live," *Harper's Magazine* (January 2015); 技術的な面については、以下を参照されたい。Ethereum Foundation, "How to Build a Democracy on the Blockchain," ethereum.org/dao.
9. Vitalik Buterin, comment on Reddit thread (April 6, 2014), reddit.com/r/ethereum/comments/22av9m/code_your_own_utopia.
10. 現在も継続する仮想通貨の競合は以下のサイトで追うことができる。coinmarketcap.com; CUレジャーについては以下を参照のこと。culedger.com.
11. Joon Ian Wong and Ian Kar, "Everything You Need to Know About the Ethereum 'Hard Fork,'" *Quartz* (July 18, 2016).
12. 以下の文献でドゥランは「パウ」と呼ばれ、重要な情報提供者の役割を果たしている。Jeffrey S. Juris, *Networking Futures: The Movements Against Corporate Globalization* (Duke University Press, 2008).
13. Enric Duran, *Abolim la Banca* (Ara Llibres, 2009).
14. 最新のCICの概要と組織構造の詳細については以下を参照のこと。George Dafermos, *The Catalan Integral Cooperative: An Organizational Study of a Post-Capitalist Cooperative* (P2P Foundation and Robin Hood Coop, 2017).
15. フェアコインの一生の謎に満ちた始まりは、人気の暗号資産フォーラムに記録が残っている。bitcointalk.org/index.php?topic=487212.0.

第5章：スローコンピューティング

1. Christopher M. Kelty, *Two Bits: The Cultural Significance of Free Software* (Duke University Press, 2008).
2. Jodi Dean, "The Communist Horizon," lecture at No-Space in Brooklyn, New York (July 28, 2011), vimeo.com/27327373.

3. W3Techs, "Usage of Operating Systems for Websites," w3techs.com /technologies/overview/operating_system/all.
4. E. Gabriella Coleman, *Coding Freedom: The Ethics and Aesthetics of Hacking* (Princeton University Press, 2012); Christopher M. Kelty, *Two Bits*; David Bollier, "Inventing the Creative Commons," in *Viral Spiral: How the Commoners Built a Digital Republic of Their Own* (New Press, 2008).
5. Theodore Roszak, *The Cult of Information: The Folklore of Computers and the True Art of Thinking* (Pantheon, 1986) (セオドア・ローザック『コンピュータの神話学』成定薫・荒井克弘訳、朝日新聞社、1989年), 138–141; 以下も参照のこと。Fred Turner, *From Counterculture to Cyberculture: Stewart Brand, the Whole Earth Network, and the Rise of Digital Utopianism* (University of Chicago Press, 2006), and Judy Malloy, ed., *Social Media Archeology and Poetics* (MIT Press, 2016).
6. Coleman, *Coding Freedom*; Brian J. Robertson, *Holacracy: The New Management System for a Rapidly Changing World* (Henry Holt, 2015) (ブライアン・J・ロバートソン『HOLACRACY (ホラクラシー) ——役職をなくし生産性を上げるまったく新しい組織マネジメント』瀧下哉代訳、PHP研究所、2016年) ; Frederic Laloux, *Reinventing Organizations: A Guide to Creating Organizations Inspired by the Next Stage of Human Consciousness* (Nelson Parker, 2014) (フレデリック・ラルー『ティール組織——マネジメントの常識を覆す次世代型組織の出現』鈴木立哉訳、英治出版、2018年). 本書のバージョン管理にGitを使ったことは言及しておく価値があるかもしれない。
7. Jennifer Reingold, "How a Radical Shift Left Zappos Reeling," *Fortune* (March 4, 2016).
8. Evgeny Morozov, "The Meme Hustler," *Baffler* 22 (2013).
9. GitHub, "Open Source Survey," opensourcesurvey.org/2017; Coraline Ada Ehmke, "The Dehumanizing Myth of the Meritocracy," *Model View Culture* 21 (May 19, 2015); Ashe Dryden, "The Ethics of Unpaid Labor and the OSS Community," (November 13, 2013), ashedryden.com/blog/the-ethics-of-unpaid-labor-and-the-oss-community.
10. Roszak, *The Cult of Information*, 175 (『コンピュータの神話学』).
11. Aaron Smith, "Gig Work, Online Selling and Home Sharing," Pew Research Center (November 17, 2016) ; プラットフォーム経済全般については以下を参照のこと。Martin Kenney and John Zysman, "The Rise of the Platform Economy," *Issues in Science and Technology* 32, no. 3 (Spring 2016), and Geoffrey G. Parker, Marshall W. Van Alstyne, and Sangeet Paul Choudary, *Platform Revolution: How Networked Markets Are Transforming the Economy and How to Make Them Work for You* (W. W. Norton, 2016) (ジェフリー・G・パーカー、マーシャル・W・ヴァン・アルスタイン、サンジー

ト・ポール・チョーダリー『プラットフォーム・レボリューション――未知の巨大なライバルとの競争に勝つために』妹尾堅一郎監訳、渡部典子訳、ダイヤモンド社、2018年）;「プラットフォーム」という概念の評論は以下を参照のこと。Tarleton Gillespie, "The Platform Metaphor, Revisited," Social Media Collective Research Blog (August 24, 2017); 評価統計は以下のサイトの『フォーブス』誌のデータに依拠した。statista.com/statistics/263264.

12. Julia Cartwright, *Jean François Millet: His Life and Letters* (Swan Sonnenschein, 1902), 177; ユダヤ教の伝統における落穂拾いの経済的な意味を探究した文献としては、以下を参照のこと。Joseph William Singer, *The Edges of the Field: Lessons on the Obligations of Ownership* (Beacon Press, 2000).
13. 以下を参照のこと。Anna Bernasek and D. T. Mongan, *All You Can Pay: How Companies Use Our Data to Empty Our Wallets* (Nation Books, 2015); Nick Couldry, "The Price of Connection: 'Surveillance Capitalism,'" *Conversation* (September 22, 2016); Virginia Eubanks, *Automating Inequality: How High-Tech Tools Profile, Police, and Punish the Poor* (St. Martin's Press, 2018); Frank Pasquale, *The Black Box Society: The Secret Algorithms That Control Money and Information* (Harvard University Press, 2015); Astra Taylor, *The People's Platform: Taking Back Power and Culture in the Digital Age* (Metropolitan Books, 2014); Joseph Turow et al., *The Tradeoff Fallacy: How Marketers Are Misrepresenting American Consumers and Opening Them Up to Exploitation*, report from the Annenberg School for Communication at the University of Pennsylvania (June 2015); ジェイムズ・ジョイス『フィネガンズ・ウェイク』の抜粋は以下の書籍より引用した。Marshall McLuhan, *The Gutenberg Galaxy: The Making of Typographic Man* (University of Toronto Press, 1962), 278 (マーシャル・マクルーハン『グーテンベルクの銀河系――活字人間の形成』森常治訳、みすず書房、1986年).
14. Greetje F. Corporaal and Vili Lehdonvirta, *Platform Sourcing: How Fortune 500 Firms Are Adopting Online Freelancing Platforms* (Oxford Internet Institute, 2017); Lawrence F. Katz and Alan B. Krueger, "The Rise and Nature of Alternative Work Arrangements in the United States, 1995-2015," National Bureau of Economic Research working paper no. 22667 (September 2016).
15. David de Ugarte, "Tipologías de las Cooperativas de Trabajo," *El Jardín Indiano* (September 18, 2011); Sebastiano Maffettone et al., "Manifesto" (2012), cooperativecommons.coop/index.php/en/manifesto; Janelle Orsi, "The Next Sharing Economy" (October 17, 2014), youtube.com/watch?v=xpg4PjGtbu0; オルシの呼びかけは以下の文献に反映されている。Brian Van Slyke and David Morgan, "The 'Sharing Economy' Is the Problem," *Grassroots Economic Organizing* (July 3, 2015); 北米のテック業界の労働者協同組合のディレクトリはtechworker.coopを、イギリスはcoops.techを参照の

こと。; テック業界の協同組合の理論的根拠の説明は以下を参照のこと。Brian Van Slyke, "The Argument for Worker-Owned Tech Collectives," *Fast Company* (November 20, 2013), and Gabrielle Anctil, "Can Coops Revolutionize the Tech Industry?" *Model View Culture* 34 (March 16, 2016).

16. Nathan Schneider, "Owning Is the New Sharing," *Shareable* (December 21, 2014); Trebor Scholz, "Platform Cooperativism vs. the Sharing Economy" (December 5, 2014), medium.com/@trebors/platform-cooperativism-vs-the-sharing-economy-2ea737f1b5ad. ショルツが続いて発表した、この概念についてのもっと充実した説明はパンフレット *Platform Cooperativism: Challenging the Corporate Sharing Economy* (Rosa Luxemburg Stiftung, 2016) および彼と私が共同編集した共同体マニフェスト *Ours to Hack and to Own: The Rise of Platform Cooperativism, a New Vision for the Future of Work and a Fairer Internet* (OR Books, 2016) で参照できる。ショルツはプラットフォーム・コーポラティビズムについて、以下の文献でも詳しく書いている。*Uberworked and Underpaid: How Workers Are Disrupting the Digital Economy* (Polity, 2017). 2015年のプラットフォーム・コーポラティビズム・カンファレンスで最終講演者を務めたダグラス・ラシュコフは以下の文献でこのモデルを提唱している。*Throwing Rocks at the Google Bus: How Growth Became the Enemy of Prosperity* (Portfolio, 2016).
17. 以下はぜひ参照されることを奨める: Marjorie Kelly, *Owning Our Future: The Emerging Ownership Revolution* (Berrett-Koehler Publishers, 2012) ; Managed by Q, "Managed by Q Stock Option Program Press Conference," (March 18, 2016), vimeo.com/159580593.
18. カンファレンスとコンソーシアムについてはplatform.coopを、ディレクトリはioo.coopを参照のこと。「エコシステム」という言葉の使用については、以下のドキュメンタリーから拝借した。Adam Curtis (dir.) , *All Watched Over by Machines of Loving Grace*, BBC (2011).
19. 例：selfhosted.libhunt.com and ioo.coop/clouds.
20. Anand Sriraman, Jonathan Bragg, and Anand Kulkarni, "Worker-Owned Cooperative Models for Training Artificial Intelligence," *CSCW '17 Companion* (February 25–March 1, 2017).
21. José María Arizmendiarrieta, *Reflections* (Otalora, 2013), sec. 486.
22. John Geraci, "Interviewed: Venture Capitalist Brad Burnham on Skinny Platforms," *Shareable* (June 22, 2015).
23. 2017年11月17日にマレーシアで行われたICA総会で、イギリス協同組合連合会[Co-operatives UK]とアメリカ全国協同組合事業連合が後援するプラットフォーム協同組合を支持する決議が全員一致で成立した。; Brewster Kahle, "Difficult Times at Our Credit Union," Internet Archive Blogs (November 24, 2015).

24. Dmytri Kleiner, *The Telekommunist Manifesto* (Institute of Network Cultures, 2010); Stacco Troncoso, "Think Global, Print Local and Licensing for the Commons," P2P Foundation (blog) (May 10, 2016).
25. coopData.orgの創設者で私とともにインターネット・オブ・オーナーシップを構築しているDevin Balkindが、以下のブログ記事で協同組合セクターのデータ慣行の評論を行っている。"When Platform Coops are Seen, What Goes Unseen?" The Internet of Ownership Blog (February 10, 2017).
26. 以下を参照のこと。platform.coop/2015/participants/maria-del-carmen-arroyo; オースティンの事例とその後についてはJeff Kirk, "The Austin Ride-Hail Chronicles: Game Over for RideAustin?" *Austin Startups* (June 15, 2017); Anca Voinea, "Corbyn's Digital Democracy Manifesto Promotes Co-operative Ownership of Digital Platforms," *Co-operative News* (August 30, 2016).
27. Lina Khan, "Amazon's Antitrust Paradox," *Yale Law Journal* 126, no. 3 (January 2017); Jonathan Taplin, "Is It Time to Break Up Google?" *New York Times* (April 22, 2017); Ryan Grim, "Steve Bannon Wants Facebook and Google Regulated Like Utilities," *Intercept* (July 27, 2017).
28. David Talbot, Kira Hessekiel, and Danielle Kehl, *Community-Owned Fiber Networks: Value Leaders in America* (Berkman Klein Center for Internet and Society, 2018); 協同組合や市によるブロードバンドプログラムのリソースについては、非営利団体「地域自立研究所 (Institute for Local Self-Reliance)」のプロジェクト、muninetworks.orgを参照のこと。
29. Victor Rosewater, *History of Cooperative News-Gathering in the United States* (D. Appleton, 1930), 351; William Bryk, "A False Armistice," *New York Sun* (November 10, 2004).
30. Walter R. Mears, "A Brief History of AP," in Reporters of the Associated Press, *Breaking News: How the Associated Press Has Covered War, Peace, and Everything Else* (Princeton Architectural Press, 2007); Rosewater, *History of Coöperative News-Gathering*; Jonathan Silberstein-Loeb, *The International Distribution of News: The Associated Press, Press Association, and Reuters, 1848–1947* (Cambridge University Press, 2014).
31. Liana B. Baker, "Twitter CEO Calls Company 'People's News Network,'" *Reuters* (October 10, 2016).
32. Nathan Schneider, "Here's My Plan to Save Twitter: Let's Buy It," *Guardian* (September 29, 2016).
33. Twitter, Inc., *Proxy Statement: Notice of 2017 Annual Meeting of Stockholders* (April 7, 2017); 証券取引委員会の決定は以下のサイトで読める。sec.gov/divisions/corpfin/

cf-noaction/14a-8/2017/mcritchiesauerteig031017-14a8.pdf; 一部始終についての説明は以下も参照のこと。Danny Spitzberg, “#GoCoop: How the #BuyTwitter Campaign Could Signal a New Co-op Economy,” *Cooperative Business Journal* (Summer 2017); ツイッター社への提案書の先例として、Louis Kelso（広く普及している従業員による株式所有計画を最初に提案した人物でもある）が提案した「消費者による株式所有計画」モデルを参考にした。以下を参照されたい。Louis O. Kelso and Patricia Hetter Kelso, *Democracy and Economic Power: Extending the ESOP Revolution through Binary Economics* (Ballinger, 1986).

34. Fred Wilson, “The Golden Age of Open Protocols,” *AVC* (July 31, 2016). 原典には誤植があり、“more disruptive that”［“more disruptive than”ではなく］になっている。

第6章：土地を解放せよ

1. “Full Speech: Donald Trump Event in Gaffney, SC (2-18-16),” Right Side Broadcasting Network (February 18, 2016), youtube.com/watch?v=pq4wA_jQ8-k.
2. 全米農業電力協同組合の複数の刊行物からのデータ。; 以下のサイトのマップを参照のこと。cooperative.com/public/maps.
3. 電力協同組合の政治史は以下を参照されたい。Jack Doyle, *Lines Across the Land: Rural Electric Cooperatives: The Changing Politics of Energy in Rural America* (Environmental Policy Institute, 1979), and Ted Case, *Power Plays: The U.S. Presidency, Electric Cooperatives, and the Transformation of Rural America* (self-published, 2013); 政治献金のデータは以下から引用した。the Center for Responsive Politics, opensecrets.org; Steven Johnson, “Mike Pence Familiar to Indiana Co-ops,” National Rural Electric Cooperative Association press release (July 25, 2016); Abby Spinak, “Infrastructure and Agency: Rural Electric Cooperatives and the Fight for Economic Democracy in the United States,” (PhD diss., Massachusetts Institute of Technology, 2014).
4. Cathy Cash, “‘Co-ops Vote’ Called a Success,” National Rural Electric Cooperative Association press release (November 14, 2016).
5. “NRECA Statement on Budget Proposal,” National Rural Electric Cooperative Association press release (March 16, 2017); Rebecca Harvey, “Trump’s Budget Blueprint Sees Cuts for Co-ops and Credit Unions,” *Co-operative News* (March 17, 2017); Cathy Cash, “Trump Orders Clean Power Plan Review,” National Rural Electric Cooperative Association press release (March 28, 2017).
6. G&T numbers courtesy of the National Rural Electric Cooperative Association; “What Is U.S. Electricity Generation by Energy Source?” U.S. Energy Information Administration (April 1, 2016), eia.gov/tools/faqs/faq.php?id=427&t=3.

7. “Cooperative Solar Skyrockets,” National Rural Electric Cooperative Association press release (March 9, 2017).
8. Doyle, *Lines Across the Land*, 141 and 300. 長年電力組合コンサルタントを務めている専門家Adam Schwartzのご指導に感謝申し上げる。
9. Rural Electrification Administration, *A Guide for Members of REA Cooperatives* (U.S. Department of Agriculture, 1939); 政府が製作した映画の例としては、以下を参照のこと。Rural Electrification Administration, *Power and the Land* (1951 [1940]), and United States Information Service, *The Rural Co-op* (c. 1950).
10. ここで取り上げた例をはじめとする電力協同組合の放漫財政については、以下で説明されている。Jim Cooper, “Electric Co-operatives: From New Deal to Bad Deal?” *Harvard Journal on Legislation* 45, no. 2 (Summer 2008).
11. 協同組合民主主義プロジェクト (Co-op Democracy Project) についてはこのテーマを取り上げた特別号の以下を参照のこと。*Southern Changes* 18, no. 3–4 (1996).
12. “Subpoenaed Witnesses Evade House Oversight Committee,” U.S. Congressman Jim Cooper press release (June 26, 2008).
13. John Farrell, Matt Grimley and Nick Stumo-Langer, “Report: Re-Member-ing the Electric Cooperative,” Institute for Local Self-Reliance (March 29, 2016).
14. Murray D. Lincoln, *Vice President in Charge of Revolution* (McGraw-Hill, 1960), 133.
15. Cooper, “Electric Co-operatives,” 346.
16. 米国農務省とICAの原則の詳細な比較は以下を参照のこと。Bruce J. Reynolds, *Comparing Cooperative Principles of the U.S. Department of Agriculture and the International Cooperative Alliance* (U.S. Department of Agriculture, June 2014).
17. James Peter Warbasse, *Cooperative Democracy Through Voluntary Association of the People as Consumers*, 3rd ed. (Harper and Brothers, 1936), 25, 266, and 7.
18. Corey Hutchins, “Bernie Sanders: Colorado Could ‘Lead the Nation’ with Its Universal Healthcare Ballot Measure,” *Colorado Independent* (October 26, 2015).
19. Michael A. Shadid, *A Doctor for the People: The Autobiography of the Founder of America’s First Co-operative Hospital* (Vanguard Press, 1939); Paul Starr, *The Social Transformation of American Medicine: The Rise of a Sovereign Profession and the Making of a Vast Industry* (Basic Books, 1984), 302–306; Sabrina Corlette, Kevin Lucia, Justin Giovannelli, and Sean Miskell, “The Affordable Care Act CO-OP Program: Facing Both Barriers and Opportunities for More Competitive Health Insurance Markets,” *To the Point*, published by the Commonwealth Fund (March 12, 2015).
20. 資金調達支援：Camile Kerr, *Local Government Support for Cooperatives* (Democracy at Work Institute, 2015); Peter Molk, “The Puzzling Lack of Cooperatives,” *Tulane*

Law Review 88 (2014); Laura Hanson Schlachter, "MCDC Milestone Reflections: City of Madison Grant Writing Process" (University of Wisconsin-Madison Center for Cooperatives, August 2016); USDA Rural Development, *Income Tax Treatment of Cooperatives* (U.S. Department of Agriculture, June 2013). 開発支援：Oscar Perry Abello, "NYC Set to Triple Number of Worker Cooperatives," *Next City* (January 11, 2016); Kerr, *Local Government Support for Cooperatives*; Lauren McCauley, " 'An Idea Whose Time Has Come': Lawmakers Roll Out Plan to Expand Worker Ownership," Common Dreams (May 11, 2017); Schlachter, "MCDC Milestone Reflections." 指 定：Kerr, *Local Government Support for Cooperatives*; Molk, "The Puzzling Lack of Cooperatives." 促進措置：Antonio Fici, "Cooperation Among Cooperatives in Italian and Comparative Law," *Journal of Entrepreneurial and Organizational Diversity* 4, no. 2 (2015); Sustainable Economies Law Center, "Worker Coop City Policies," theselc.org/worker_coop_city_policies.

21. Antonio Fici, "Italy," in *International Handbook of Cooperative Law*, ed. Dante Cracogna and Hagen Henrÿ (Springer-Verlag, 2013); Tito Menzani and Vera Zamagni, "Co-operative Networks in the Italian Economy," *Enterprise and Society* 11, no. 1 (2010).
22. Laura Flanders, "Remembering Chokwe Lumumba," *YES! Magazine* (February 26, 2014); フランダースによる優れたルムンバ像を以下でも読むことができる。"After Death of Radical Mayor, Mississippi's Capital Wrestles with His Economic Vision," *YES! Magazine* (April 1, 2014).
23. 2014〜16年の連邦情報公開法（FOIA）に基づく情報開示請求の結果はperma.cc/H6T3-GPYM上のmuckrock.comにアーカイブされているので参照のこと。; Donna Ladd, "Jackson Tragedy: The RNA, Revisited," *Jackson Free Press* (March 5, 2014).
24. National Conference of Black Lawyers, "Chokwe Lumumba: A Legal Biography" (March 3, 2014) ; R. L. Nave, "A 'New Justice Frontier'," *Jackson Free Press* (April 3, 2013).
25. このスローガンは、新アフリカ共和国暫定政府によるミシシッピ州の土地購入の祝賀会を阻止しようとした自警団と警察のバリケードを数百名の活動家らが破った、1971年の出来事に由来する。この話は以下の文献でルキア・ルムンバにより再現されている［チョクウェ・ルムンバが若い時に体験したエピソードで、ルムンバはスピーチでたびたびこの話を紹介していた］。Rukia Lumumba, "All Roads Lead to Jackson," in *Jackson Rising: The Struggle for Economic Democracy and Black Self-Determination in Jackson, Mississippi*, ed. Kali Akuno and Ajamu Nangwaya (Daraja Press, 2017).
26. 以下を参照のこと。Kali Akuno, *Casting Shadows: Chokwe Lumumba and the Struggle for Racial Justice and Economic Democracy in Jackson, Mississippi* (Rosa Luxemburg

Stiftung, 2015); ルムンバの立候補と市政についての詳細な記事は、地元紙「*Jackson Free Press*」のアーカイブを参照のこと。同紙はウェブサイト上に選挙運動資金についての文書も掲載している。

27. 詳細については以下を参照のこと。Ajamu Nangwaya, "Seek Ye First the Worker Self-management Kingdom: Toward the Solidarity Economy in Jackson, MS," in *Jackson Rising*.
28. アレンは2017年に横領で有罪判決を受けたが、今も中心街開発会社の社長のポストにある。
29. この歴史の概要は以下の文献に出てくる。Jessica Gordon Nembhard, *Collective Courage: A History of African American Cooperative Economic Thought and Practice* (Penn State University Press, 2014), and Michael Miles, "Black Cooperatives," *New Republic* (September 21, 1968); Matt Cropp, "Martin Luther King, Jr., Credit Unionist," Credit Union History (blog) (January 20, 2014); 学生非暴力調整委員会 (SNCC) の果たした役割は、SNCCオーガナイザーのメアリー・エリザベス・キングの証言に基づく。
30. R. L. Nave, "Candidate Profile: Tony Yarber," *Jackson Free Press* (April 2, 2014); 以下も参照のこと。*Jackson Jambalaya* archives at kingfish1935.blogspot.com.
31. Donna Ladd, "Making of a Landslide: Chokwe A. Lumumba and a Changing Jackson," *Jackson Free Press* (May 10, 2017); D. D. Guttenplan, "Is This the Most Radical Mayor in America?" *Nation* (December 4-11, 2017).
32. アンディ・グリーンバーグによるターキの人物紹介にプリエトも登場する。Andy Greenberg, "How an Anarchist Bitcoin Coder Found Himself Fighting ISIS in Syria," *Wired* (March 29, 2017).
33. "The Social Economy," in Michael Knapp, Anja Flach, and Ercan Ayboga, *Revolution in Rojava: Democratic Autonomy and Women's Liberation in the Syrian Kurdistan*, trans. Janet Biehl (Pluto Press, 2016); Strangers in a Tangled Wilderness, eds., *A Small Key Can Open a Large Door: The Rojava Revolution* (Strangers in a Tanglecl Wilderness, 2015). The Institute for Solidarity EconomicsとCorporate Watchがcooperativeeconomy.infoの "Co-operative Economy in Rojava and Bakur" に有益なブログを掲載している。
34. Fabrice Balanche, "The Kurdish Path to Socialism in Syria," The Washington Institute (May 16, 2017).

第7章：文明の危機と「所有権」のゆくえ

1. 元のウェブサイトのアーカイブがweb.archive.org/web/20181013185600/http://floksociety.org/cuando-va-a-suceder/にある。

2. ウィキは現在p2pfoundation.net/Main_Pageにある。; FLOKの研究を基に構築された財団の仕事のもっととっつきやすいプレゼンテーションをcommonstransition.orgで閲覧できる。
3. オープンな会計方式について、さらに詳しくは以下を参照のこと。Michel Bauwens and Vasilis Niaros, *Value in the Commons Economy: Developments in Open and Contributory Value Accounting* (Heinrich-Böll-Foundation and P2P Foundation, 2017); これは「オープン・コーポラティビズム」のビジョンとも結びついている。: Michel Bauwens, "Open Cooperativism for the P2P Age," P2P Foundation (blog) (June 16, 2014).
4. 以下を参照のこと。Vasilis Kostakis and Michel Bauwens, *Network Society and Future Scenarios for a Collaborative Economy* (Palgrave Macmillan, 2014); Michel Bauwens, "Blueprint for P2P Society: The Partner State and Ethical Economy," *Shareable* (April 7, 2012); John Restakis, *Cooperative Commonwealth and the Partner State* (The Next System Project, 2017).
5. Ibn Khaldûn, *The Muqaddimah: An Introduction to History*, trans. Franz Rosenthal (Princeton University Press, 2015) (イブン＝ハルドゥーン『歴史序説1〜4』森本公誠訳、岩波書店、2001年).
6. トレンドに関する前半部分は以下による。Derek Thompson and Jordan Weissmann, "The Cheapest Generation," *Atlantic* (September 2012);「『所有しない』経済の神話」についての統計学的な評論は以下を参照のこと。*The Millennial Study* (Accel and Qualtrics, 2017); この「投資」への批評は以下を参照のこと。Malcolm Harris, *Kids These Days: Human Capital and the Making of Millennials* (Little, Brown and Company, 2017).
7. 住宅については以下を参照のこと。Laura Gottesdiener, "The Empire Strikes Back: How Wall Street Has Turned Housing Into a Dangerous Get-Rich-Quick Scheme——Again," TomDispatch.com (November 26, 2013); 雇用については以下を参照のこと。Guy Standing, *The Precariat: The New Dangerous Class* (Bloomsbury Academic, 2011) (ガイ・スタンディング『プレカリアート——不平等社会が生み出す危険な階級』岡野内正訳、法律文化社、2016年); 市民権については以下を参照のこと。Atossa Araxia Abrahamian, *The Cosmopolites: The Coming of the Global Citizen* (Columbia Global Reports, 2015); クラウドについては以下を参照のこと。John Durham Peters, *The Marvelous Clouds: Toward a Philosophy of Elemental Media* (University of Chicago Press, 2015).
8. Richard Florida, *Who's Your City?: How the Creative Economy Is Making Where to Live the Most Important Decision of Your Life* (Basic Books, 2008) (リチャード・フロリダ『クリエイティブ都市論——創造性は居心地のよい場所を求める』井口典夫訳、ダ

イヤモンド社、2009年）は、「移動組」、「定着組」（非自発的）、「定着組」（自発的）の三区分を論じている。；もっと最近の政策分析については以下を参照のこと。David Schleicher, "Stuck! The Law and Economics of Residential Stability," *Yale Law Journal* 127 (2017).

9. Jeff Abbott, "Indigenous Weavers Organize for Collective Intellectual Property Rights," *Waging Nonviolence* (July 17, 2017).
10. Richard Feloni, "Why Mark Zuckerberg Wants Everyone to Read the 14th-Century Islamic Book '*The Muqaddimah*'," *Business Insider* (June 2, 2015); Mark Zuckerberg, "Building Global Community" (February 16, 2017), facebook.com/notes/mark-zuckerberg/building-global-community/10154544292806634.
11. 私はシンギュラリティ大学のグローバル・ソリューションズ・プログラムのゲストスピーカーを務めた。
12. Peter Diamandis, "I Am Peter Diamandis, from XPRIZE, Singularity University, Planetary Resources, Human Longevity Inc., and More. Ask Me Anything," Reddit AMA discussion (July 11, 2014), reddit.com/r/Futurology/comments/2afiw5/i_am_peter_diamandis_from_xprize_singularity/ciulffv.
13. Kevin Roose, "In Conversation: Marc Andreessen: The Netscape Creator Turned Silicon Valley Sage on Why Optimism is Always the Safest Bet," *New York Magazine* (October 19, 2014); Sam Altman (blog), "Technology and Wealth Inequality" (January 29, 2014), blog.samaltman.com/technology-and-wealth-inequality.
14. ユニバーサル・ベーシックインカムの最近の概説には以下がある。Philippe Van Parijs and Yannick Vanderborght, *Basic Income: A Radical Proposal for a Free Society and a Sane Economy* (Harvard University Press, 2017), and Rutger Bregman, *Utopia for Realists: How We Can Build the Ideal World* (Little, Brown and Company, 2017)（ルトガー・ブレグマン『隷属なき道―― AIとの競争に勝つベーシックインカムと一日三時間労働』野中香方子訳、文藝春秋、2017年）.
15. Marshall Brain, *Manna: Two Views of Humanity's Future* (2012), marshallbrain.com/manna1.htm; ベーシックインカムとベンチャーキャピタルを対比した別の見方については、以下を参照のこと。Steve Randy Waldman, "VC for the People" (April 16, 2014), interfluidity.com/v2/5066.html.
16. Matt Zwolinski, Michael Huemer, Jim Manzi, and Robert H. Frank, "The Basic Income and the Welfare State," *Cato Unbound* (August 2014); Noah Gordon, "The Conservative Case for a Guaranteed Basic Income," *Atlantic* (August 6, 2014).
17. In Scott Dadich, "Barack Obama, Neural Nets, Self-Driving Cars, and the Future of the World," *Wired* (November 2016), オバマは「ユニバーサル・インカムが適切なモデルかどうか――国民に幅広く受け入れられるか――は、今後10年ないし20年かけて討

議する問題だ」と発言している。社会の共有財産を財源とするユニバーサルな配当金については、例えば以下を参照のこと。Peter Barnes, *With Liberty and Dividends for All: How to Save Our Middle Class When Jobs Don't Pay Enough* (Berrett-Koehler Publishers, 2014); オレゴンの事例については以下を参照のこと。Nathan Schneider, "Soon, Oregon Polluters May Have to Pay Residents for Changing the Climate," *YES! Magazine* (December 9, 2015); フォスターとヒューズの組織はエコノミック・セキュリティ・プロジェクトと呼ばれており、このアプローチについての詳細は以下で読める。Chris Hughes, *Fair Shot: Rethinking Inequality and How We Earn* (St. Martin's Press, 2018).

18. 暗号資産のベーシックインカム・プロジェクトはサークルズ、グラントコイン、グループカレンシー、レジリエンスなどと呼ばれ、以下のサイトで交流している。reddit.com/r/CryptoUBI.
19. Kathi Weeks, *The Problem with Work: Feminism, Marxism, Antiwork Politics, and Postwork Imaginaries* (Duke University Press, 2011); Andy Stern and Lee Kravitz, *Raising the Floor: How a Universal Basic Income Can Renew Our Economy and Rebuild the American Dream* (PublicAffairs, 2016).
20. "Black Cooperatives and the Fight for Economic Democracy," session at the Left Forum at the John Jay College of Criminal Justice (May 31, 2015); Marina Gorbisのユニバーサル・ベーシックインカムだけでなく「ユニバーサル・ベーシックアセット［資産］」への要求も参照のこと。
21. 技術的失業については以下の要約を参照のこと。James Surowiecki, "Robopocalypse Not," *Wired* (September 2017); 雇用と格差については（多くの研究がある中でも）以下を参照のこと。Michael Förster and Horacio Levy, *United States: Tackling High Inequalities, Creating Opportunities for All* (OECD, 2014); 職場の監視については以下を参照のこと。Esther Kaplan, "The Spy Who Fired Me: The Human Costs of Workplace Monitoring," *Harper's* (March 2015); 人間のコンピュータ化については以下を参照のこと。Brett M. Frischmann, "Human-Focused Turing Tests: A Framework for Judging Nudging and Techno-Social Engineering of Human Beings," Cardozo Legal Studies Research Paper no. 441 (2014).
22. Community Purchasing Alliance, *2016 Annual Report* (February 2017). 私はこの総会で基調講演を行い、謝礼をいただいた。
23. 例として以下がある。Richard D. Wolff, *Democracy at Work: A Cure for Capitalism* (Haymarket, 2012); ウルフのフレームワークの適用については以下を参照のこと。Catherine P. Mulder, *Transcending Capitalism through Cooperative Practices* (Palgrave Macmillan, 2015).
24. Robert D. Putnam, *Making Democracy Work: Civic Traditions in Modern Italy*

(Princeton University Press, 1993), 142 (ロバート・D・パットナム『哲学する民主主義――伝統と改革の市民的構造』河田潤一訳、NTT出版、2001年) ; 同書の補遺Fは協同組合と他の市民的関与の相関係数を特定している。ザマーニ夫妻の多数ある著作の中でも、特に以下を参照のこと。Stefano Zamagni and Vera Zamagni, *Cooperative Enterprise: Facing the Challenge of Globalization* (Edward Elgar, 2010).

25. パドバ大学で行われたCooperative Pathways MeetingでのLisa Dorigattiのプレゼンテーション"Workers' Cooperatives and the Transformation of Value Chains: Exploiting Institutional Loopholes and Reducing Labour Costs," (2017年6月8日)。; Cooperative Pathwaysプロジェクト全体の詳細については以下を参照のこと。Erik Olin Wright's "Pathways to a Cooperative Market Economy," at ssc.wisc.edu/~wright/Cooperative-pathways.htm; "Pope Francis Encourages Cooperatives to Build Solidarity," *Vatican Radio* (May 5, 2015); フランシスコ教皇についてさらに詳細は以下の文献で私が執筆した章を参照のこと。"'Truly, Much Can Be Done!' : Cooperative Economics from the Book of Acts to Pope Francis," in *Care for the World: Laudato Si' and Catholic Social Thought in an Era of Climate Crisis*, ed. Frank Pasquale (Cambridge University Press, 2019).
26. パドバ大学で行われたCooperative Pathways MeetingにてFrancesca FornoとPaolo Grazianoによるプレゼンテーション"Reconnecting the Social: How Political Consumerism Enacts Collective Action"でのコメント (2017年6月9日)。
27. 名簿はcoloradocoops.info/directoryに掲載されている。;作成にあたっては、州の法人データを基にしたリストをすでに持っていたRocky Mountain Farmers Unionから大きなご助力をいただいた。